रामचरितमानस

[पाठ : लीला : चित्र : संगीत]

'भक्ति-मीमांसा' श्रृंखला की दूसरी पुस्तक

श्रृंखला संपादक

पुरुषोत्तम अग्रवाल

रामचरितमानस

[पाठ : लीला : चित्र : संगीत]

रमण सिन्हा

राजकमल प्रकाशन
नयी दिल्ली पटना इलाहाबाद

मूल्य : ₹ 250

पहला संस्करण : 2011

प्रकाशक : राजकमल प्रकाशन प्रा. लि.
1-बी, नेताजी सुभाष मार्ग
नई दिल्ली-110 002

शाखाएँ : अशोक राजपथ, साइंस कॉलेज के सामने, पटना-800 006
पहली मंजिल, दरबारी बिल्डिंग, महात्मा गांधी मार्ग, इलाहाबाद-211 001

वेबसाइट : www.rajkamalprakashan.com
ई-मेल : info@rajkamalprakashan.com

आवरण : रमण सिन्हा

मुद्रक : बी.के. ऑफसेट
नवीन शाहदरा, दिल्ली-110 032

RAMCHARITMANAS : Path : Leea : Chitra : Sangeet
by Raman Sinha

ISBN : 978-81-267-2041-5

माँ, पापा के लिए

भक्ति-मीमांसा

यह पुस्तक शृंखला

हिन्दी साहित्य के इतिहास में भक्ति-काल का अवसान सत्रहवीं सदी ईस्वी के मध्य में हो गया मान लिया जाता है। अन्य भारतीय भाषाओं में भी लगभग यही स्थिति है। इस काल को भारतीय इतिहास का 'मध्यकाल' भी माना जाता है। भक्ति-काव्य का अध्ययन करनेवाले कबीर और तुकाराम की कविता पढ़कर चकित होते हैं कि 'मध्यकालीन' होते हुए भी ये लोग 'आधुनिक' चित्त के कितने निकट प्रतीत होते हैं। तुलसीदास की कविता पढ़कर भी लोग चकित होते हैं कि 'मध्यकालीन' होते हुए भी वे अपने सामाजिक सरोकारों को अपनी कविता में इतने स्पष्ट ढंग से लाते हैं, बल्कि अपने समकालीन सामाजिक यथार्थ का इतने सटीक ढंग से चित्रण भी करते हैं। उनके विचार और संस्कार जैसे भी हों, तुलसीदास का भी कविता के प्रति रवैया आधुनिक चित्त के निकट होने की ही सूचना देता है। सवाल यह है कि हम इस बात पर चकित होते रहें कि ये भक्त कवि मध्यकालीन होते हुए भी आधुनिक चित्त और चिन्ताओं के इतने निकट कैसे आ गए या मध्यकालीनता और आधुनिकता की अवधारणाओं पर ही थोड़ा-सा पुनर्विचार करें।

दुनिया भर में ऐसा पुनर्विचार बहुत से लोग इस वक्त कर रहे हैं। हिन्दी में, रामविलास शर्मा अपने ढंग से इस तरह का पुनर्विचार करने का प्रयत्न लगातार करते रहे। बात केवल भारतीय इतिहास तक सीमित नहीं। बात यह है कि क्या आधुनिकता केवल यूरोप में ही उपजी और सारी दुनिया में फैल गई या विभिन्न समाजों में अपनी-अपनी आधुनिकताएँ यूरोपीय आधुनिकता के समानान्तर ही विकसित हो रही थीं। यदि ऐसा हुआ हो तो स्वाभाविक रूप से अगला सवाल यह होगा कि विभिन्न समाजों की देशज आधुनिकताओं के साथ यूरोपीय साम्राज्यवाद के साथ पहुँची यूरोपीय आधुनिकता ने क्या सलूक किया?

भक्ति साहित्य और संवेदना का अध्ययन हमें इस बुनियादी प्रश्न के विचारोत्तेजक और अनपेक्षित उत्तर की ओर ले जाता है। मैं पिछले कई वर्षों से कबीर और भक्ति-संवेदना का अध्ययन करता रहा हूँ। अध्ययन आरम्भ करते समय लगा नहीं था कि कबीर को पढ़ना, पढ़ाना और कबीर का विधिवत् अध्ययन करना एक सभ्यतामूलक जिज्ञासा में बदल जाएगा। कबीर को कैसे-कैसे पढ़ा, बल्कि गढ़ा गया है, इस पर ध्यान देना औपनिवेशिक ज्ञानकांड से टकराने में बदल जाएगा। लेकिन, आज मैं जानता हूँ कि कबीर ही नहीं, किसी भी भक्त कवि को 'पढ़ने' के लिए भारत में ही नहीं, दुनिया भर में देशज और औपनिवेशिक आधुनिकता के परस्पर सम्बन्ध को पढ़ना जरूरी है। बल्कि यह कहना बेहतर होगा कि इस सम्बन्ध को 'पढ़ने-समझने' के लिए भक्ति-काव्य को पढ़ना जरूरी है।

भक्ति-मीमांसा की यह पुस्तक-शृंखला इसी दिशा में एक कोशिश है। विभिन्न भक्त कवियों, रचनाओं और प्रवृत्तियों के विचारोत्तेजक अध्ययन इसमें प्रकाशित किए जाएँगे। मैं इस शृंखला के विचार के प्रति उत्साह दिखाने और इसे व्यावहारिक रूप देने में तत्परता के लिए श्री अशोक महेश्वरी का आभारी हूँ।

कबीर के समय का अध्ययन करते हुए मैंने पाया कि ब्राह्मण सर्वोच्चता की शाश्वतता ऐतिहासिक सत्य नहीं, ब्राह्मणों की फैंटेसी है, जिसे ऐतिहासिक सत्य का दर्जा औपनिवेशिक सत्ता के सहयोगी ब्राह्मणों ने दिया। यह बात स्पष्ट हो जाती है, यदि हम भक्ति-काव्य को उसकी प्रचलित व्याख्याओं से अलग रखते हुए पढ़ें। भक्ति-मीमांसा पुस्तक शृंखला में यही करने का प्रयत्न किया जाएगा। रैदास 'अछूत' थे, काफी विनम्र व्यक्तित्व था उनका लेकिन एक पद में भक्ति की महिमा और भगवान के प्रति कृतज्ञता जिन शब्दों में व्यक्त करते हैं, वे ध्यान से पढ़े जाने चाहिएँ: **''जाके कुटुम्ब के ढेढ़ सब ढोर ढोवन्त फिरहिं, अजहूँ बनारसी आसा पासा/आचार सहित बिप्र करहिं दंडौति तिन तनै रैदास दासानुदासा''**।[1]

आजकल कबीर, रैदास और मीरा को हाशिए की आवाजें मानकर पढ़ा जा रहा है। सवाल यह है कि **इतिहास लेखन** में कबीरादि को **हाशिए के लोग** बनाया किसने। जिस समय का इतिहास लिखने के दावे किए जाते हैं, उस समय तो कबीर व्यापारियों में सर्वाधिक मान्य हैं। समाज के अन्य शक्तिशाली लोगों में भी उनकी मान्यता है। रैदास की शिष्या मीरा थीं या कोई और झाली रानी—यह महत्त्वपूर्ण नहीं, महत्त्वपूर्ण यह है कि 'अछूत' की इतनी मान्यता थी कि कोई रानी उनकी शिष्या बनना चाहे और खुराफाती ब्राह्मण मुँह की खाएँ।

समस्या यह है कि देशभाषाओं के स्रोतों पर ठीक से ध्यान दिया ही नहीं जाता। अफ्रीकी राजनीतिशास्त्री अचील मबेम्बे कहते हैं कि यूरोपीय अध्येता

अफ्रीका के जिन समाजों के अध्ययन करते हैं, उनकी भाषाएँ सीखना तक जरूरी नहीं समझते।[2] भारत के प्रसंग में स्थिति इतनी बुरी नहीं तो कोई बहुत अच्छी भी नहीं रही है। यूरोपीय ही नहीं, यूरोपीय पूर्वग्रहों को ध्रुव सत्य मान बैठे सभी अध्येताओं की यही हालत है। भारतीय इतिहास और सांस्कृतिक अनुभवों को समझने के लिए संस्कृत या फारसी की ही जानकारी पर्याप्त मान ली जाती है। यह जानकारी भी कितनी प्रामाणिक होती है, यह एक अलग सवाल है।

'मध्यकालीन' भारत का इतिहास लिख दिया जाता है, बिना हिन्दी, मराठी या गुजराती स्रोतों को प्राथमिक महत्त्व दिए ही। इनका इस्तेमाल जरूर कभी-कभी किया जाता है, लेकिन इनकी अपनी आवाजें सुनने के इरादे से नहीं, बल्कि जो संस्कृत या फारसी के स्रोतों से सुन लिया गया है, उसकी ताईद भर करने के लिए। भारतीय इतिहास, सांस्कृतिक प्रक्रियाओं और साहित्य के बारे में वे लोग लम्बी-लम्बी हाँकते हैं, जो किसी भी देशभाषा के साहित्य और चिन्तन की जानकारी हासिल करने की कोई जरूरत नहीं समझते। इससे भी बदतर यह कि किंवदन्तियों और सांस्कृतिक भाषा के अन्य रूपों को सिरे से खारिज करते हुए, भाषा के सपाट यथार्थवाद को ही विमर्श और स्मृति का एकमात्र प्रामाणिक माध्यम मान लिया जाता है—प्रसंग चाहे साहित्य का हो, चाहे इतिहास का। ऐसे सपाटपन के अभाव को तर्क-बुद्धि और ऐतिहासिक स्मृति के अभाव का अकाट्य प्रमाण भी मान लिया जाता है। इसीलिए फारसी में लिखनेवाले दरबारी वृत्तान्तकार तो 'प्रामाणिक' स्रोतों का दर्जा पाते हैं लेकिन देशभाषा में परिचइयाँ और भक्तमाल लिखनेवाले तार्किकता से, और इसलिए प्रामाणिकता से वंचित मान लिए जाते हैं। तार्किकता के नाम पर सपाटपन की प्रतिष्ठा और सामाजिक स्मृति-संरक्षण के मुहावरों के प्रति असंवेदनशीलता का नतीजा यह कि भक्तमाल और परिचई जैसे समकालीन स्रोत कबीर के साहस के ही नहीं, उन्हें मिली सफलता और मकबूलियत के भी गुण गाते नहीं थकते, और ''आधुनिक'' साहित्येतिहासकारों को कबीर ''हाशिए की असफल आवाज'' से सुनाई पड़ते हैं। इस श्रवण-दोष का सम्बन्ध औपनिवेशिक आधुनिकता और उसके ज्ञानकांड से है।

औपनिवेशिक आधुनिकता ने इतिहास के केन्द्र में रखा दिल्ली याने राजसत्ता को, उसकी भूमिका को इस तरह रि-प्रेजेंट किया कि औपनिवेशिक सत्ता का केन्द्र-मोह भारतीय इतिहास का स्वाभाविक विकास मान लिया गया लेकिन दूसरी तरफ यह भी कहा जाता रहा कि भारतीय समाज में तो राजसत्ता फालतू की-सी चीज थी, सारी सत्ता जाति या गाँव की पंचायत के हाथ में थी। यदि सचमुच ऐसा था तो इतिहास-लेखन में स्थानीयता पर बल होना चाहिए था, लेकिन बल तो

"केन्द्र" पर ही बना रहा। सवाल यह है कि भारतीय इतिहास में केन्द्र क्या था और हाशिया क्या? इनके परस्पर सम्बन्ध किस तरह बनते और चलते थे?

जिस तरह इतिहास लेखन में कबीर और मीरा को 'हाशिए की आवाजें' बताया गया, उसी तरह औपनिवेशिक आधुनिकता द्वारा 'जड़, इतिहासविहीन' मध्यकाल भारतीय इतिहास के उस कालखंड को कहा गया जो आर्थिक-सांस्कृतिक दोनों दृष्टियों से ठेठ आधुनिक गतिशीलता और वाद-विवाद-संवाद के जरिए परम्पराजनित आधुनिकता के विकास का काल था।

भक्ति-काव्य मध्यकाल का नहीं, भारतीय इतिहास की अपनी आरम्भिक आधुनिकता का काव्य है। भक्ति की कविता में हाशिए की नहीं, अपने समय के प्रभावी सामाजिक समूहों—व्यापारियों और दस्तकारों—के सरोकारों को व्यक्त करनेवाली आवाजें सुनाई पड़ती हैं।

साहित्यिक बिरादरी से बाहर निकलकर व्यापक समाज को देखें तो कबीर, तुकाराम, तुलसी, मीरा, अखा, नरसी मेहता किसी भी समकालीन कवि से अधिक समकालीन हैं। यह तथ्य इतिहास की दृष्टि से भी ध्यान देने योग्य है और साहित्यिक संवेदना की दृष्टि से भी। इसके निहितार्थों को समझने में साहित्य के अध्येता की भी दिलचस्पी होनी चाहिए और इतिहास के अध्येता की भी। भक्ति के लोकवृत (पब्लिक स्फीयर) का ऐतिहासिक विकास भक्ति-आन्दोलन के विस्तार में व्यापार और व्यापारियों की निर्णायक भूमिका को निर्विवाद रूप से रेखांकित तो करता ही है, इसकी निरन्तरता आज के भारत के जन-जीवन में भक्ति-संवेदना की व्यापक मौजूदगी से भी जुड़ती है। हिन्दी साहित्य के इतिहास में भक्तिकाल भले ही 1643 ई. में समाप्त हो गया हो, भक्त कवि हिन्दी समाज के रोजमर्रा के जीवन में किसी भी अन्य कवि से अधिक उपस्थित हैं। 'निरक्षर' हिन्दी-भाषी भी कबीर के चार-छह दोहों और तुलसी की दो-चार चौपाइयों से तो वाकिफ है ही। भक्त कवियों की विस्मयजनक व्याख्याएँ कर, श्रोताओं को चकित कर देनेवाले गाँव-गाँव में मिल जाते हैं। साहित्यकारों की दुनिया में प्रवेश पाने के लिए, भक्त कवियों को 'प्रासंगिकता' का वीजा हासिल करना पड़ता है लेकिन हिन्दी समाज तो नियतिबद्ध है—भक्त कवियों से सतत, आत्मीय संवाद करने के लिए। क्या हिन्दी की समकालीन साहित्यिक चिन्ताओं में यह नियति प्रतिबिम्बित होती है? उत्तर हिन्दी साहित्य का हर विद्यार्थी और पाठक जानता है। इस उत्तर का सम्बन्ध उस संवेदना-विच्छेद से है, जो भारत की अपनी आधुनिकता के विकास में औपनिवेशिक ज्ञानकांड के हस्तक्षेप के फलस्वरूप उत्पन्न हुआ है।

भारत और अन्य गैर-यूरोपीय समाजों की अपनी देशज आधुनिकता और उसमें औपनिवेशिक आधुनिकता द्वारा उत्पन्न किए गए व्यवधान को समझना अतीत, वर्तमान और भविष्य का बोध प्राप्त करने के लिए तो जरूरी है ही, कम-से-कम मुझे तो यह नितान्त निजी आत्म-बोध प्राप्त करने के लिए भी जरूरी लगता है।

आज जहाँ हम खड़े हैं, उस इक्कीसवीं सदी में इतिहास को कैसे देखें? क्या ऐसी कोई इतिहास-दृष्टि सम्भव है, जो ऐतिहासिक कर्त्ताओं की स्वायत्ता का भी सम्मान करे और व्याख्याकर्त्ता की स्वायत्ता का भी। जो अपने पसन्दीदा नायकों से केवल तादात्म्य का ही अनुभव न करे, बल्कि अपरिहार्य अन्तर का बोध भी बनाए रखे। साहित्य को इतिहास-लेखन का स्रोत मात्र (सो भी दूसरे दर्जे का!) और किसी विचारधारात्मक प्रस्ताव का भोंपू मानकर नहीं, बल्कि उसकी साहित्यिक स्वायत्तता का सम्मान करते हुए पढ़ने की पद्धति पर चलते हुए भक्ति-काव्य को पढ़ें तो कैसे नतीजे हासिल होते हैं? भक्ति-संवेदना की समकालीनता को सामाजिक चेतना के पिछड़ेपन का प्रमाण मानने की, और भक्ति-काव्य को मनमाने प्रोजेक्ट्स में खींच लेने की आदत से पिंड छुड़ाकर पढ़ें तो कैसे नतीजे हासिल होते हैं?

इन जिज्ञासाओं ने ही 'अकथ कहानी प्रेम की : कबीर की कविता और उनका समय' नामक पुस्तक (राजकमल प्रकाशन, 2009) लिखवाई, और ये जिज्ञासाएँ ही इस 'भक्ति-मीमांसा' पुस्तक शृंखला को सम्भव करा रही हैं।

मध्यकालीन और आधुनिक केवल समयसूचक शब्द नहीं, मूल्यबोधक 'टर्म्स' भी हैं। आधुनिकता के बाद ही समाज प्रबोधन की दिशा में बढ़ता है। 'आधुनिक' की मूल्यपरक व्यंजना के ही कारण, ऐतिहासिक समकालीनता के बावजूद भारत के कबीर मध्यकालीन और जर्मनी के लूथर आरम्भिक आधुनिक कहलाते हैं। व्यापार के विस्तार, मानवकेन्द्रित चिन्ता और चर्च के प्रति असन्तोष के उदय के आधार पर यूरोप में मध्य और आधुनिक काल की सन्धि-वेला चौदहवीं-पन्द्रहवीं सदी में मानी जाती है। मान्यता यह है कि यूरोप तो मध्यकाल की 'जकड़' से चौदहवीं सदी में ही निकल चला था, जबकि भारत समेत बाकी सारी दुनिया इतिहास की चौदहवीं सदी में तो थी लेकिन यूरोप की तरह आरम्भिक आधुनिक काल में प्रविष्ट हो जाने की बजाय मध्यकाल में ही ठहरी हुई।

आधुनिकता और प्रबोधन में अन्तर किया जाता है। इतिहास-क्रम में प्रबोधन आधुनिकता के पीछे ही आता है। आधुनिक होने के पहले कोई समाज प्रबुद्ध नहीं हो सकता। कुछ व्यक्ति प्रबुद्ध हो सकते हैं, ऐसे लोग अपने वक्त से आगे कहलाते

हैं, लेकिन प्रबोधन के मूल्यों का व्यापक समाज में प्रचार तो आधुनिकता के बाद ही हो सकता है। यूरोप में आरम्भिक आधुनिक काल शुरू हुआ पन्द्रहवीं सदी में। प्रबोधन (एनलाइटेनमेंट) का दौर शुरू हुआ सत्रहवीं सदी से। इसी अर्थ में यूरोपीय प्रबोधन से वंचित लोग—क्या अकबर, क्या कबीर और क्या तुकाराम अपने वक्त से आगे और आधुनिक (अर्थात् प्रबुद्ध) चित्त के निकट कहे जाते हैं। प्रबोधन के मूल्य हैं—व्यक्तिसत्ता की स्वीकृति, सहिष्णुता और विवेक। बोलचाल में आधुनिक और प्रबुद्ध घुल-मिल जाते हैं। आधुनिक का अर्थ हो जाता है विवेकपरक, व्यक्ति-सत्ता स्वीकार करनेवाला, सहिष्णु चित्त; और मध्यकालीन का मतलब व्यक्ति-सत्ता को नकारनेवाला। प्रेमी जोड़े को फाँसी चढ़ाने का आदेश देनेवाली पंचायत का व्यवहार मध्यकालीन और प्रेमी-प्रेमिका का आधुनिक।

माना जाता है कि भक्त कवि स्वयं प्रबुद्ध भले ही रहे हों लेकिन उनका समाज आधुनिक नहीं था, उनके विचारों के प्रसार के लिए सामाजिक आधार नहीं था। सामाजिक आधार के अन्तर के हवाले से ही माना जाता है कि कुछ आपत्तिजनक बातें करने के बावजूद लूथर कुल मिलाकर आधुनिक ही थे। दूसरी ओर, मुक्तिबोध के मन में कबीर को लेकर और दिलीप चित्रे के मन में तुकाराम को लेकर विस्मय आता है कि ये कवि अपने वक्त से कितने आगे और आधुनिक चित्त के कितने निकट हैं। सवाल यह है कि स्वयं इन कवियों का चित्त और समय क्या सचमुच 'मध्यकालीन' रह गया था, जो हम इनकी आधुनिकता पर चकित हों? या चकित होने के लिए ज्यादा उपयुक्त हमारी अपनी स्थिति है, जिसके कारण हम पन्द्रहवीं-सोलहवीं सदी में यहूदियों से नफरत करनेवाले लूथर को, लाखों औरतों को जिन्दा जलानेवाले यूरोप को तो आधुनिक मानते हैं और ऐन उसी समय धर्मेतर अध्यात्म की खोज करनेवाले कबीर को और स्त्रियों की दशा सुधारने की कोशिशें करने वाले अकबर को मध्यकालीन।

कबीर और तुकाराम जैसे कवियों को क्या निरवधि काल और विपुला पृथ्वी से आशा करनी पड़ी कि कभी कोई समानधर्मा उत्पन्न होगा, जो उन्हें सराहेगा, उनके महत्त्व की 'खोज' करेगा; या उनके अपने 'स्तब्ध मनोवृत्ति' वाले तथाकथित 'मध्यकाल' में ही उन्हें विपुल श्रोता समुदाय और व्यापक सामाजिक सम्मान प्राप्त हुआ? तुकाराम को विवश किया गया कि वे अपना काव्य स्वयं जलार्पित कर दें। कबीर को विवश किया गया कि वे अपनी काशी नगरी छोड़कर चले जाएँ। जिनका प्रभाव केवल हाशिए तक सीमित हो, उनके साथ ऐसा व्यवहार करने की आवश्यकता समाज-सत्ता को नहीं पड़ा करती। ऐसा व्यवहार उन्हीं के साथ किया जाता है, जिनके लोक-प्रभाव से समाज-सत्ता को डर लगता हो। हिन्दुओं और

मुसलमानों के जो "प्रतिनिधि" कबीर के विरुद्ध शिकायतें लेकर सिकन्दर लोदी के हुजूर में पहुँचे थे, उनकी सबसे बड़ी चिन्ता 'कबीर परिचई' के रचयिता अनन्तदास के शब्दों में यही थी, "तातैं हमें माने न कोई, जब लग जुलाहा कासी होई"। कबीर के अन्तिम संस्कार को लेकर जिनके बीच तलवारें खिंच गईं, उनमें से एक राजा थे, दूसरे नवाब। ऐतिहासिक रूप से, कबीर ने स्वयं न तो कोई नया धर्म चलाया, न कोई निराला पन्थ निकाला, उनके नाम से पन्थ एक सम्पन्न व्यापारी धनी धर्मदास ने चलाया। काशी के कबीर-चौरा की आचार्य-परम्परा में कबीर के तुरन्त बाद नाम आता है, सुरतिगोपाल साहब का। ये वही पंडित सर्वजीत थे, जो कबीर को शास्त्रार्थ में परास्त करने की इच्छा लेकर, दक्षिण से आए और कबीर के शिष्य बन गए। दूसरे शब्दों में, कबीर की ख्याति दक्षिण तक पहुँच चुकी थी। कुछ किंवदन्तियों के अनुसार तो सर्वजीत का विवाह भी कबीर की पुत्री कमाली के साथ हुआ था।

किंवदन्तियों की ऐतिहासिकता शोध का विषय है लेकिन अधिक रोचक है इनकी सांस्कृतिक संकेतात्मकता। किंवदन्तियाँ ऐतिहासिक स्मृति के लोक-चित्त में स्थापित होने की विधियाँ ही हैं। किसी समय और समाज के चित्त, चिन्तन और चिन्ताओं को समझने के लिए उसमें प्रचलित किंवदन्तियों के संकेतों को समझना जरूरी है। कबीर और तुकाराम हमें जिस "समय से आगे" लगते हैं, वह समय कैसी सहजता से एक ब्राह्मण सर्वजीत को जुलाहे कबीर के शिष्य तथा जामाता के रूप में याद कर रहा है। वैसी ही सहजता से उसने उस जुलाहे को प्रसिद्ध ब्राह्मण विचारक रामानन्द के शिष्य के रूप में, और साथ ही स्वयं एक मौलिक विचारक के रूप में याद किया। किंवदन्तियों के रूप में घटनाओं और उनकी व्याख्याओं को सामाजिक स्मृति में सुरक्षित करनेवाले उस समाज ने न तो जुलाहे को शिष्य बनानेवाले ब्राह्मण का कोई सामाजिक बहिष्कार दर्ज किया, न उसे गुरु बनानेवाले ब्राह्मण का।

किंवदन्तियाँ ही हमें यह भी बताती हैं कि जिस 'रामचरितमानस' को काशी के ब्राह्मण देवता लोग 'भाखा' में रामकथा कहने के कारण हास्यास्पद मानते थे, उसे स्वयं काशी विश्वनाथ ने 'प्रामाणिक' ही नहीं, सर्वोच्च भी घोषित किया था।

भक्ति-संवेदना की ऐतिहासिक निरन्तरता और समकालीनता को समझने के लिए भक्ति के लोकवृत्त और उसमें विकसित हुए साहित्य-बोध पर ध्यान देना जरूरी है।

युरगन हैबरमास ने 1962 में प्रकाशित, 'दि स्ट्रक्चरल ट्रांसफॉर्मेशन ऑफ बूर्ज्वा पब्लिक स्फीयर' में यों तो यूरोप के ही सन्दर्भ में ही अध्ययन किया लेकिन

कुछ सैद्धान्तिक स्थापनाएँ भी कीं। उनके द्वारा प्रस्तावित 'पब्लिक स्फीयर' का अस्तित्व, अनिवार्य रूप से व्यक्तित्व, नागरिकता, सैद्धान्तिक समता और क्षमता तथा तर्काधारित संवाद पर निर्भर है। हैबरमास सेकुलरिटी को पब्लिक स्फीयर का अनिवार्य तत्व मानते हैं। इसलिए कुछ लोगों को भक्ति के लोकवृत्त की चर्चा अटपटी लग सकती है। लेकिन एक तो, यूरोप के सन्दर्भ में भी आधुनिकता की पूरी तरह सेकुलर तसवीर एकदम मिथ्या है, दूसरे भारत में यूरोप जैसी सेकुलरिटी की माँग करने के पहले यूरोप जैसे चर्च की रचना भी करनी पड़ेगी। यूरोप और भारत में धर्मसत्ता के स्वभाव और चरित्र में अन्तर था, इसीलिए, भारत में संगठित धर्म के प्रतिरोध का मुहावरा भी अलग था, धर्मेतर अध्यात्म की कल्पना की गुंजाइश भी अधिक थी। यूरोप जैसा 'धर्मप्राण' भारतीय समाज था ही नहीं, इसलिए यहाँ यूरोप जैसे सेकुलरिज्म के विकसित होने का भी सवाल ही नहीं था।

आरम्भिक आधुनिक काल (जिसे मध्यकाल कहा जाता रहा है) के भारत में तिलक लगाकर मन्दिर में बैठ जानेवाले ('कशका खैंचा दैर में बैठा, कब का तर्क इस्लाम किया') मीर या अगले जन्म में ब्रज-रज बनकर कृष्ण के चरणों का स्पर्श पाने की कामना करनेवाले रसखान और कन्हैयाजी का बालपन लिखनेवाले नजीर के विरुद्ध फतवे जारी नहीं होते थे। सूफी बन जानेवाले हिन्दू जात-बाहर नहीं कर दिए जाते थे। यह भी ध्यान रखें कि भक्ति के लोकवृत्त की अधिक प्रभावशाली धारा–निर्गुण धारा–का बल धर्म पर नहीं, भावभगति पर था। यह भी ध्यान रखना चाहिए कि निर्गुण, सगुण दोनों धाराओं द्वारा संस्कृत के स्थान पर देशभाषाओं की प्रतिष्ठा संस्कृत न जानने की मजबूरी का नहीं, देशभाषा का प्रयोग करने की मजबूती का मामला था। रामानन्द को आरम्भिक आधुनिक काल के स्रोत भाष्यकार नहीं बताते लेकिन यह भी नहीं कहते कि उन्हें संस्कृत का ज्ञान नहीं था। पीपा राजा थे। पढ़े-लिखे भी थे। रज्जब संस्कृत के अच्छे-खासे ज्ञाता थे। तुलसीदास का पांडित्य तो उनकी रचनाओं में कदम-कदम पर उपस्थिति दर्ज कराता ही है। कबीर के बारे में भी, उन्हें 'निरक्षर' कहने का आधार उनका अपना एक कवि-कथन ही है–'मसि कागद छुयो नहीं'; लेकिन उन्हीं कबीर ने यह भी कहा है–'सात समन्द की मसि करौं'। जो लोग पहले कथन के आधार पर कबीर को निरक्षर सिद्ध करते हैं, उन्हें दूसरे के आधार पर कबीर को जबर्दस्त लिक्खाड़ भी साबित कर देना चाहिए। कवि-कथन को शब्दशः आत्म-कथन मान लेने से ऐसी ही समस्याएँ उत्पन्न होती हैं।

विभिन्न समाजों की आधुनिकताओं पर तुलनात्मक ढंग से नजर डालें, तो साफ दिखता है कि लोकवृत्त की बुनियादी शर्तें दो ही हैं–एक निजवृत्त और

राजवृत्त से स्वायत्त अस्तित्व और सूचना तथा दो–ज्ञान तक सबकी पहुँच। यानी एक ऐसी जगह की रचना, जहाँ लोग अपने आत्म का विस्तार राजसत्ता से स्वायत्त रहते हुए कर सकें, और जहाँ ज्ञान पर किसी का जन्माधारित या हैसियत से जुड़ा विशेषाधिकार न हो। ये दोनों बातें विभिन्न सन्तों की अपनी संवेदना को तो परिभाषित करती ही हैं, लोकवृत्त की रचना के लिहाज से अधिक महत्त्वपूर्ण बात यह कि विभिन्न पन्थों और उनके परस्पर सम्बन्धों का गठन भी इन्हीं आधारों पर होता है। भक्तों के समुदाय और उनकी गतिविधियाँ, उनके द्वारा रची गई संस्थाएँ, उनकी मान्यताएँ स्वायत्तता और ज्ञान तथा सूचना तक सबकी पहुँच–ये दोनों शर्तें पूरी करती हैं।

भक्ति-लोकवृत्त इन भगतों और उनके पन्थों के जरिए सम्भव हुआ। भारतीय इतिहास के अध्येताओं को इन पन्थों के विकास और इनकी ऐतिहासिक परिणतियों पर विचार करना चाहिए। व्यापारजनित गतिशीलता के समर्थकों और उस गतिशीलता में धर्म को रसातल ले जाने वाला कलियुग देखनेवाली वर्णाश्रमवादी दृष्टि के बीच वाद-विवाद-संवाद को समझना चाहिए। भक्ति के लोकवृत्त से ब्राह्मण-वर्चस्व को मिली चुनौती के फलस्वरूप तत्कालीन भारत में वह महत्त्वपूर्ण सामाजिक परिघटना सम्भव हुई, जिसे डेविड लोरेंजन 'नॉन-कास्ट हिन्दूइज्म'[3] कहते हैं।

मेरे लिए गर्व की बात है कि डेविड लोरेंजन के अत्यन्त महत्त्वपूर्ण निबन्धों का संग्रह भी इस भक्ति-मीमांसा सीरीज में जल्दी ही प्रकाशित होने जा रहा है।

भक्ति के लोकवृत्त में नाभादास से आरम्भ हुई, 'भक्तमाल' की परम्परा अपनी देशकाल कल्पना में 'आधुनिक' भारत की पूर्वसूचना देती है। उपनिवेशवाद विरोधी स्वाधीनता आन्दोलन से भक्ति-संवेदना और उसके लोकवृत्त का गहरा सम्बन्ध 1857 से ही देखा जा सकता है। बाद में, 'क्रान्तिकारी' लोग शाक्त परम्परा से प्रेरणा लेते रहे, जबकि व्यापक जन-आधार वाले राष्ट्रीय आन्दोलन ने 'पराई पीर जानने' को वैष्णवता का सबसे बड़ा लक्षण बतानेवाली भक्ति-संवेदना से प्रेरणा ली, और भक्ति संवेदना को भी 'भक्ति-आन्दोलन' नाम दे दिया।

भक्तमाल की परम्परा का विचारोत्तेजक अध्ययन भी भक्ति-मीमांसा सीरीज में प्रकाशित होगा।

विभिन्न वैचारिक अवधारणाओं और सामाजिक व्यवहारों के औचित्य-अनौचित्य पर बहस कर रहे लोग निजी (प्राइवेट) और राजसत्तापरक (ऑफिशियल) वृत्तों (स्फीयर्स) के बाहर, मठों, पन्थों, सत्संगों, भजन-मंडलियों और उत्सवों जैसी संस्थाओं के जरिए, भक्ति के लोकवृत्त की रचना कर रहे थे।

यूरोप में विकसित लोकवृत्त और आत्म (सेल्फ) की फोटोकॉपी भारत, चीन या अरब में खोजने लगने की बजाय, मिलती-जुलती प्रक्रियाओं की समानताओं और विलक्षणताओं पर ध्यान देना चाहिए। भारत में 'सेल्फ' था जरूर लेकिन 'समूह' या अन्य के प्रति इसका रवैया आक्रामक से कहीं अधिक संवादपरक था। 'सेल्फ' की इस अवधारणा में अन्य की उपस्थिति भी थी और सांस्कृतिक स्मृति भी, जो व्यक्त होती है, कबीर को प्रह्लाद का अवतार, नाभादास को शुकदेव का अवतार मानने जैसी युक्तियों के जरिए। बनारसीदास सीधे आत्मकथा लिख रहे थे, तो तुलसीदास आत्मकथात्मक सन्दर्भों से कवितावली की मार्मिकता रच रहे थे। रामकथा को ठेठ समकालीन अर्थ देते हुए उसकी पुनर्रचना कर रहे थे। तुलसी वर्णाश्रम समर्थक, बनारसीदास और कबीर परिवर्तनोन्मुख, लेकिन थे तीनों ही आधुनिकता में स्थित। तीनों में आधुनिकता का आत्मसंघर्ष बोल रहा था।

इस आत्मसंघर्ष के साक्ष्य हमें भक्ति-लोकवृत्त में सम्पन्न हुईं विभिन्न गतिविधियों के कारण ही सुलभ हुए हैं। अपने समय पर ही नहीं, इस लोकवृत्त ने हमारे समय पर भी गहरा प्रभाव छोड़ा है। पन्थ, सम्प्रदाय, मन्दिर, मठ, सूफियों के सिलसिले—भक्ति के लोकवृत्त की इन संस्थाओं के जरिए भक्ति-रचनाओं का संरक्षण और दस्तावेजीकरण हुआ। इस संरक्षण में साम्प्रदायिक आग्रहों से कहीं अधिक सक्रिय है विभिन्न आवाजों को जगह देनेवाला खुलापन। इसकी तुलना औपनिवेशिक आधुनिकता और उत्तर-आधुनिकता में रची-बसी संकीर्णता से करना रोचक होगा। 1582 में संकलित 'पद सूरदासजी का' के संकलनकर्त्ता के लिए न कबीर पराए हैं, न नामदेव। कबीर की रचनाएँ पुष्टिमार्गी स्रोतों तक में संकलित की गई हैं—बिना किसी प्रकार की तोड़-मरोड़ के। अठारहवीं सदी में इटालियन पादरी डेला टोम्बा ने जिन पोथियों का अनुवाद किया, उनमें एक थी 'रामचरितमानस', और टोम्बा को यह पोथी बेतिया के कबीरपन्थियों से प्राप्त हुई थी। 'निर्गुणपन्थी' सर्वंगियों में तुलसीदास का 'जाके प्रिय न राम वैदेही' पद ही नहीं, भर्तृहरि के श्लोक भी मिलते हैं—बेशक 'शुद्ध' संस्कृत रूप में नहीं, देशभाषाकृत संस्कृत में।

भक्ति के लोकवृत्त में कबीर-गोरख की, कबीर-रैदास की, 'गोष्ठियों' के नाम से मिलनेवाली रचनाएँ सार्वजनिक संवाद की गोष्ठियाँ हैं। भक्ति इस संवाद की भाषा है। निर्गुण भक्ति व्यक्ति-सत्ता के रेखांकन और मानवाधिकारों पर आधारित, सामूहिकता के नए रूपों की माँग इसी भाषा में करती है। सामाजिक पदानुक्रम में जातियों का ऊपर-नीचे होना सामाजिक तथ्य था। कबीर, पीपा, दादू और मीरा की भक्ति जातियों के सामाजिक दर्जे में होती रहनेवाली उलट-फेट के

सामाजिक तथ्य से भी आगे जाकर, सामाजिक सम्मान का निर्धारण व्यक्तिगत उपलब्धि के आधार पर किए जाने की ठेठ आधुनिक माँग को व्यंजित करती है।

व्यापारजनित गतिशीलता के कारण कारीगरों और व्यापारियों को आर्थिक शक्ति तो प्राप्त हो ही रही थी। वर्णाश्रमवादी लोग व्यापार के कारण उत्पन्न समृद्धि का तो लाभ उठाना चाहते थे लेकिन व्यापार और वर्णाश्रम के बीच के अन्तर्विरोध का समाधान नहीं कर सकते थे। आर्थिक शक्ति हासिल कर चुके लोग प्रतीकात्मक पूँजी भी प्राप्त करना चाहते थे लेकिन परजीवी पुरोहित चाहते थे कि कारीगर उत्पादन करे, व्यापारी पैसे की रचना करे लेकिन दोनों ही प्रतीकात्मक जगत में, स्वेच्छा से ही स्वयं को हीन मानते रहें। इसके लिए वे तलवारधारियों के बीच लॉबिंग भी करते थे। इस बात के अनेक उदाहरण हैं। वैष्णवों की उदारता से नाराज वर्णाश्रमवादी स्मार्त्तों ने दक्षिण में विजयनगर और उत्तर में जयपुर के राजाओं को 'समझा' दिया कि वर्णाश्रम की उपेक्षा करनेवाले वैष्णवों को 'नियंत्रित' करना उनके राजधर्म का अनिवार्य तत्व है लेकिन उत्तर में वर्णाश्रमवादी बहुत सफल नहीं हुए। रामानन्दी वैष्णवों ने दबाव में कुछ ब्राह्मणवादी शर्तें मान लीं लेकिन जल्दी ही उनकी उपेक्षा भी करने लगे। कुम्हार जैसी 'निम्न' जाति में जन्मे कूबाजी रामानन्दियों के आदर के पात्र, महन्त बने रहे। छत्तीसगढ़ के बनियों और ऐसे अन्य लोगों ने कबीर-पन्थ अपनाया। बिहार में भी, अठारहवीं सदी में, कबीरपन्थी मठ बिदुपुर और मुजफ्फरपुर जैसे व्यापारिक केन्द्रों में ही स्थापित हुए।

भक्ति काव्य और संवेदना के अध्ययन का इतिहास देखें तो यह दुखद तथ्य सामने आता है कि पिछले कई दशकों से इस क्षेत्र में खोज और ठोस अध्ययन की बजाय व्याख्याओं का ही बाजार गर्म रहा है। व्याख्याएँ होनी ही चाहिएँ लेकिन किसी आधार पर। भक्ति के प्रसंग में हुआ यह है कि स्थापना पहले से मौजूद है, बस कुछ कविताएँ उद्धृत कर उसे "सिद्ध" कर देना है। ऐसी सिद्धि व्याख्याकार को कुछ प्रसिद्धि दे दे तो दे दे, पाठक और समाज को कोई विचारोत्तेजना या नया बोध नहीं देती। यह भी हुआ है कि किसी पुस्तक को देखे बिना ही विद्वानों की पीढ़ी-दर-पीढ़ी उसके हवाले से बातें करती रही हैं। रामानन्द का जन्म 1299 में बताने का आधार 'अगस्त्य संहिता भविष्य खंड' को बताने का सिलसिला आर.जी. भंडारकर (1913) से शुरू हुआ, तो चलता ही रहा। विचित्र और अविश्वसनीय किन्तु सत्य यही है कि मेरे पहले के किसी अध्येता ने वास्तविक 'अगस्त्य संहिता' स्वयं देखने की जरूरत तक नहीं समझी। यह सारा किस्सा आप 'अकथ कहानी प्रेम की : कबीर की कविता और उनका समय' में

पढ़ सकते हैं। ऐसी और कई रचनाएँ पांडुलिपि-रूप में सुलभ हैं, जो भक्ति-सम्बन्धी हमारी समझ को बुनियादी तौर से बदल दे सकती हैं।

ऐसी ही दो रचनाओं–'हरिभक्तिभास्करवचनिका' (1663 ई.) और 'भक्तिगुणदामचित्रिणी टीका' (1776) का प्रकाशन तो भक्ति-मीमांसा सीरीज में होने जा ही रहा है, और भी पांडुलिपियों का प्रकाशन हम करेंगे।

भक्ति-काव्य ही नहीं, काव्य मात्र को पढ़ने में निहित है, उसे अपने अनुभव और बोध से जोड़ना लेकिन उसकी अपनी स्वायत्तता का सतत सम्मान करते हुए। पाठक किसी भी सर्जनात्मक शब्द-योजना में निश्चय ही अपनी ओर से भी अर्थ भरता है लेकिन उपलब्ध शब्द-योजना में ही। वही सीमा है, वही सम्भावना है। सारा अर्थ पाठक और उसके सामाजिक सन्दर्भ द्वारा ही नहीं दिया जाता, कुछ पाठ में निरन्तर उपस्थित भी होता है। व्याख्या वहीं तक प्रामाणिक है, जहाँ तक पाठ में निहित और पाठक द्वारा उसमें पढ़े गए अर्थ के बीच संवेगात्मक तनाव बना रहे। कविता की व्याख्या करते समय हम कह सकें कि यह है अर्थ की वह छटा जहाँ तक हम पहुँच पा रहे हैं। यह कवि के अभिप्रेत अर्थ तक मेरी पहुँच है। कविता की संरचना में निहित अनुमेय अर्थ का यह मेरा पाठ है।

आदर्श पाठक अपने और कविता के बीच संवाद के प्रति ही नहीं, विसंवाद के प्रति भी सचेत रहता है। वह अपने प्रिय कवि के अप्रिय कथनों को न तो प्रक्षिप्त बताता है, न उनका व्यर्थ औचित्य-निरूपण करता है। ऐसा पाठक तुलसीदास की 'रामचरितमानस' में 'विवेक' शब्द की भरमार को नोट तो करेगा लेकिन यह भी ध्यान रखेगा कि उसके अपने विवेक और तुलसीदास के विवेक के अभिप्राय में क्या अन्तर है। ऐसा पाठक कबीर द्वारा प्रेम-निवेदन के पलों में नारी-रूप धारण के महत्त्व को रेखांकित करते हुए ही यह ध्यान में रखेगा कि आधी मनुष्यता की निराधार निन्दा को किसी भी तरह जायज नहीं ठहराया जा सकता, चाहे कबीर ऐसी निन्दा करें, चाहे कोई और।

भक्त कवियों का इस्तेमाल करने का उत्साह विभिन्न प्रकार के लोगों में पाया जाता है, उसे देखते हुए भक्ति-काव्य को पढ़ते समय उपरोक्त सावधानियाँ बरतना और भी ज्यादा जरूरी है। कबीर और तुलसी को अपने-अपने मनोवांछित प्रोजेक्ट्स में खींच लेने पर उतारू लोगों का ध्यान इस बात पर भी जाना चाहिए कि नाभादास के लिए, छह वैदिक दर्शनों और वर्णाश्रम की परवाह न करने पर भी कबीर न तो 'विदेशी पद्धति के भक्त' हैं, और न 'लोकविरोधी, लोकविद्वेषी'। कबीर ने अपने आलोच्यों पर तीखे व्यंग्य-बाण छोड़े हैं तो तुलसीदास ने भी वर्णाश्रम के विरोधियों को खरी-खोटी सुनाने में कोई कसर नहीं छोड़ी है। कबीर

का नाम तुलसीदास नहीं लेते लेकिन गोरखनाथ के बारे में तो उन्होंने नाम लेकर ही कहा है : 'गोरख जगायो जोग, भगति भगायो लोग'। लेकिन कहीं भी उन्होंने गोरख को या निर्गुणपन्थियों को "विदेशी पद्धति" कहने की जरूरत नहीं समझी। विदेशी मूल का कहकर अपने विपक्ष की विश्वसनीयता घटाने की सोच, जनता के बीच उसके नम्बर कटवाने की रणनीति औपनिवेशिक परिवेश में निर्मित हो रहे राष्ट्रवादी मानस में ही आ सकती थी, भक्ति का लोकवृत्त रच रहे मानस में नहीं। यही औपनिवेशिक आधुनिकता और उत्तर-आधुनिकता कबीर जैसे बहुमान्य कवियों को हाशिए की आवाजों के रूप में भी पेश करती रही है।

बीसवीं सदी सपनों की भी सदी थी, और सपनों के भयानक दुःस्वप्नों में बदल जाने की भी। यूरोपीय आधुनिकता की परिणतियाँ साम्राज्यवाद में ही नहीं, भयानक नरसंहारों में भी हुईं। धरती पर स्वर्ग कायम करने के सपनों को स्वयं सपने दिखानेवालों ने ही नर्क जैसे यथार्थ में बदल दिया। इक्कीसवीं सदी सपनों के टूटने की विरासत के साथ ही, डरावने बिगूचन (कंफ्यूजन) लेकर भी आई है। कम्युनिस्ट पार्टी द्वारा शासित चीन के पास अरबों डालर के अमेरिकन ट्रेजरी बांड हैं। एक तरह से अमेरिकी अर्थव्यवस्था चीन के सक्रिय सहयोग से ही चल रही है। ऐसी विश्व-व्यवस्था के भविष्य की दिशा क्या होगी-कौन जाने। क्या कोई मानवीय विकल्प सम्भव है? जिस आधुनिकता की परिणतियाँ हम झेल रहे हैं, क्या उसका कोई विकल्प सम्भव है?

भारतीय स्वाधीनता आन्दोलन की सबसे बड़ी विशेषता यही थी कि वह सिर्फ राजनीतिक स्वाधीनता का आन्दोलन न होकर सार्वभौम नैतिक और दार्शनिक प्रश्नों के सामूहिक सन्धान का आन्दोलन भी था। आज, यह सन्धान कुल मिलाकर असफल सा ही रहा लगता है लेकिन असफलता से इसका महत्त्व कम नहीं हो जाता। दुनिया के बेहतर भविष्य की रचना के लिए जिन प्रश्नों का समाधान आवश्यक है, जिन मूल्यों का रेखांकन अनिवार्य है, उन पर विचार करने के लिए स्वाधीनता आन्दोलन समेत समूचे भारतीय सांस्कृतिक अनुभव पर पुनर्विचार भी आवश्यक है। भक्ति-संवेदना भारतीय सांस्कृतिक अनुभव की निरन्तरता का सर्वाधिक व्यापक रूप प्रकट करती है। इस पर पुनर्विचार विश्व-इतिहास के सन्दर्भ में, और भविष्य की लोकतांत्रिक कल्पना के सन्दर्भ में भारतीय अनुभव के सभी पहलुओं पर पुनर्विचार का अवसर देता है। भक्ति-संवेदना 'मध्यकालीनता' की नहीं, वैकल्पिक आधुनिकता की सूचना देनेवाली संवेदना है। वह अलौकिक तक सीमित नहीं, लौकिक-अलौकिक के अनिवार्य सहसम्बन्ध के सहज-बोध पर आधारित संवेदना है।

भक्ति-मीमांसा सीरीज शुरू करने के पीछे सोच यही है कि उपरोक्त प्रश्नों और विचार-प्रस्तावों के व्यापक सन्दर्भ में भक्ति-संवेदना पर पुनर्विचार सम्भव हो सके। यह पुनर्विचार भक्ति-काव्य के काव्यत्व का सम्मान करते हुए ही करना है।

यह पुस्तक

भक्ति-काव्य का संगीत और चित्रकला सरीखे सर्जनात्मक उपक्रमों से गहरा सम्बन्ध है। लोक-जीवन और लोक-साहित्य के विविध रूपाकारों से तो भक्ति-काव्य अनवरत संवाद करता ही है, शास्त्रीय रूपंकर कलाओं के साथ भी भक्ति-रचनाओं का मुखामुखम बना रहा है, अभी भी है। 'रामलीला' जैसे नाट्य-रूप का तो आरम्भ ही 'रामचरितमानस' के व्यापक प्रचार की दृष्टि से हुआ है। डॉ. रमण सिन्हा की यह पुस्तक 'रामचरितमानस' का साहित्यिक या वैचारिक अध्ययन करने की बजाय 'पाठ, लीला, चित्र और संगीत' के साथ 'रामचरितमानस' के सम्बन्ध का अध्ययन करती है। डॉ. सिन्हा ने बरसों तक शोध और फील्ड-वर्क करने के बाद यह विचारोत्तेजक और सूचना-समृद्ध अध्ययन प्रस्तुत किया है। भक्ति-मीमांसा शृंखला के तहत इसका प्रकाशन करते हुए मुझे बहुत प्रसन्नता का अनुभव हो रहा है।

'रामचरितमानस' विचारधारात्मक रचना है। कवि का विचारधारात्मक एजेंडा एकदम स्पष्ट है, और उसे अभिव्यक्त करने में तुलसीदास को कोई उलझन नहीं है। लेकिन यह रोचक है कि 'मानस' उन सामाजिक समूहों में भी बहुमान्य रही है, जो इसकी वैचारिकता को साफ तौर से खारिज करते थे। यह तथ्य तुलसीदास के अद्‌भुत कवित्व का प्रमाण होने के साथ ही आरम्भिक आधुनिक काल में विकसित हुए भक्ति लोकवृत्त की वैचारिक जीवन्तता का भी प्रमाण है। अठारहवीं सदी के इटालियन पादरी डेला टोम्बा ने बेतिया के कबीरपन्थियों को 'मानस' पर गम्भीर विमर्श करते पाया था, ये कबीरपन्थी 'मानस' की वैचारिकता को स्वीकार न कर सकते थे, न करते थे, लेकिन वे इसकी उपेक्षा भी न कर सकते थे, न करते थे। वे जो महत्त्व 'रामचरितमानस' को देते थे, उसी ने डेला टोम्बा को प्रेरित किया कि 'मानस' का अनुवाद इटालियन में किया जाए। अठारहवीं सदी तक के ही निर्गुणपन्थी सन्त दरिया साहब (बिहारवाले) थे मुसलमान दर्जी लेकिन अपने निर्गुणपन्थी मत को अभिव्यक्त कर रहे थे ऐन 'रामचरितमानस' की तर्ज पर, 'ज्ञानरतन' नामक रामकथा लिखकर।

तुलसीदास और 'रामचरितमानस' पर अनेक अध्ययन किए गए हैं। लेखक का प्रयत्न इन अध्ययनों का अध्ययन या इनसे संवाद-विवाद करने का नहीं, बल्कि

'रामचरितमानस' के कारण सम्भव हुए कुछ कलात्मक उपक्रमों का अध्ययन करने का है। यह पुस्तक 'रामचरितमानस' का विचारधारात्मक और साहित्यिक विश्लेषण नहीं, लोक-जीवन और कलात्मक उपक्रमों में उसकी उपस्थिति का रेखांकन करती है। 'रामचरितमानस' का यह अध्ययन अपने विशिष्ट फोकस और प्रमाण-पुष्ट सूचनाओं के कारण पाठकों को रोचक लगेगा, और भक्ति-संवेदना के अध्ययनों में एक खास मुकाम हासिल करेगा।

—पुरुषोत्तम अग्रवाल

सन्दर्भ

1. पद संख्या 186, 'रैदास बानी' सं. डॉ. शुकदेव सिंह, राधाकृष्ण प्रकाशन, नई दिल्ली, 2003, पृ. 229
2. 'ऑन दि पोस्टकॉलोनी' (यूनिवर्सिटी ऑफ कैलिफोर्निया प्रेस, बर्कले, 2001), पृ. 7
3. 'ट्रैडीशंस ऑफ नॉन-कास्ट हिन्दूइज्मः दि कबीर-पन्थ ('हू इंवेंटेंड हिन्दूइज्म : एसेज ऑन रिलीजन इन हिस्ट्री', योदा प्रेस, नई दिल्ली 2006), पृ. 78-101. यह विचारोत्तेजक निबन्ध पहले पहल 1987 में छपा था।

आमुख

रामचरितमानस की रचना सोलहवीं शताब्दी के उत्तरार्द्ध में हुई और दो शताब्दियों में ही इसकी लोकव्याप्ति ऐसी हुई कि काश्मीर से बंगाल तक इसकी पांडुलिपि चित्रित की जाने लगी, इसकी कथा पर गायन एवं वाचन होने लगा, लीलाएँ होने लगीं और उन्नीसवीं शताब्दी में ग्रियर्सन (1851-1941) ने देखा कि "यह महान ग्रंथ नौ करोड़ व्यक्तियों के लिए वैसा ही आदरणीय एवं मान्य है जैसा कि ईसाइयों के लिए बाइबिल..." और इसी सुर में उनके समकालीन इतिहासकार विन्सेंट स्मिथ (1848-1920) भी इसे 'मध्यकालीन हिन्दू काव्य के जादुई उद्यान का सर्वाधिक ऊँचा वृक्ष' घोषित करते हुए कहते हैं कि "एक आम ब्रिटिश ईसाई के मन में बाइबिल का जो स्थान है उससे कहीं अधिक ऊँचा स्थान उत्तर-भारतीय हिन्दू की नजर में रामचरितमानस का है।" क्या इसका कारण रामचरितमानस की साहित्यिकता है?

बीसवीं शताब्दी के आरम्भ में बाबा रामचन्द्र द्वारा अवध के किसान आन्दोलन में इस ग्रंथ को उपयोगी पाया जाता है और बीसवीं शती के उपनिवेश-विरोधी अभियान के महानायक महात्मा गाँधी राम-राज्य की कल्पना के लिए एवं राममनोहर लोहिया धर्म तथा राजनीति पर पुनर्विचार के लिए 'तुलसी-रामायण' का स्मरण करते दिखाई पड़ते हैं। क्या इसका कारण रचना की साहित्यिकता में ढूँढ़ा जा सकता है?

बीसवीं शताब्दी के उत्तरार्द्ध में प्रसारित रामायण धारावाहिक (जो मुख्यतः रामचरितमानस पर आधारित था) की दर्शक-संख्या दक्षिण एशिया के इतिहास में मील का पत्थर साबित हुआ। इक्कीसवीं शताब्दी के आरम्भ में हिन्दी के एक यशस्वी सम्पादक का यह मानना है कि "पिछले दिनों जितने भी दंगे और हंगामे हुए हैं वे सब तुलसी-रामायण को ही अंतिम सत्य और अपरिवर्तनीय मानकर हुए हैं।" अगर यह सच है तो क्या इसका आधार एक रचना का साहित्यिक मूल्य है? पुस्तक के प्रथम अध्याय में इन्हीं प्रश्नों के आलोक में 'रामचरितमानस : एक

रचना की यात्रा' को रेखांकित करने का प्रयास किया गया है। कहना आवश्यक है कि यहाँ यात्रा का रेखांकन है यात्री का नहीं अर्थात् रचना की अर्थ-मीमांसा के बजाय रचना के अभिग्रहण को रेखांकित करने की कोशिश की गई है।

दूसरे अध्याय में रामचरितमानस पर आधारित लीलाओं पर विचार किया गया है। रामलीलाएँ वस्तुतः पाठ की व्याख्याएँ हैं—झाँकी में, अभिनय में, गायन में, नृत्य-नाटिका में, छाया-नाट्य, पुतुल-नाट्य में तरह-तरह से रामचरितमानस को प्रस्तुत करने का एक इतिहास रहा है और यह इतिहास रामचरितमानस की लोकप्रियता के इतिहास के साथ जुड़ा रहा है। साहित्य के प्रसार में प्रदर्शनकारी कला की भूमिका को कहा जाता है कि तुलसीदास स्वयं समझते थे इसलिए बनारस में उन्होंने चित्रकूट की रामलीला स्थापित की थी।

रामचरितमानस को चित्रांकित करने की परम्परा सत्रहवीं शताब्दी में ही शुरू हुई जो आज भी जारी है। मध्यकालीन लघु-चित्र कला, औपनिवेशिक कैलेंडर कला, मधुबनी लोक कला से लेकर समकालीन चित्रकार रोजालिया हेम्मेल के चित्रों ने रामचरितमानस के पाठ को दृश्य-बिंब में ढालने का प्रयास किया है। इन चित्रांकित कृतियों का अध्ययन सिर्फ इसलिए जरूरी नहीं है क्योंकि इससे तत्कालीन चित्र-शैलियों का पता चलता है बल्कि पाठालोचन में भी इससे सहायता ली जा सकती है विशेषकर तब जब रचनाकार की हस्तलिखित रचना पर विवाद है। इसके अलावा यह जानना भी दिलचस्प है कि इन चित्रित रचनाओं में पाठ और दृश्य के बीच किस प्रकार का सम्बन्ध विकसित हुआ है क्योंकि आनन्द कुमारस्वामी जैसे कला-चिंतक पाठ और चित्र के बीच किसी आवयविक सम्बन्ध के अभाव के कारण भारतीय कला में चित्रित-पांडुलिपि की किसी प्रामाणिक परम्परा के अस्तित्व को ही नहीं मानते। इन्हीं सब बातों को ध्यान में रखकर तीसरे अध्याय में चित्रित रामचरितमानस की परम्परा की पड़ताल की गई है।

रामचरितमानस का संगीत एक ओर रामलीलाओं में विकसित हुआ तो दूसरी तरफ कथावाचकों ने नवाह्पारायण एवं मासपारायण के लिए अपनी एक अनूठी शैली विकसित की। आज जिसे नारद-बानी कहा जाता है उसके विकास में लोक-संगीत और रामायणियों की भूमिका रही है। यूँ तो संगीत के तीनों ही रूपों—शास्त्रीय, लोक एवं लोकप्रिय में रामचरितमानस को निबद्ध किया गया है लेकिन तीनों ही जगह पाठ की एक-सी भूमिका नहीं रही है। पुस्तक का अंतिम अध्याय रामचरितमानस के संगीत पर केन्द्रित किया गया है।

महात्मा गाँधी अंतर्राष्ट्रीय हिन्दी विश्वविद्यालय की एक परियोजना के तहत मैंने रामचरितमानस पर काम की शुरुआत की थी और दो वर्षों (2001-2003)

के शोध के उपरांत उसकी एक प्रस्तुति भी इंडिया इंटरनेशनल सेंटर में आयोजित की गई थी; मैं उसके बाद भी लगातार इस पर काम करता रहा लेकिन आज जब यह पुस्तकाकार प्रकाशित हो रहा है तो तत्कालीन कुलपति श्री अशोक वाजपेयी एवं विश्वविद्यालय से जुड़े श्री अपूर्वानन्द, प्रभात रंजन, अविनाश कुमार के सहयोग का स्मरण होना स्वाभाविक है, मैं इन सबों का आभार व्यक्त करता हूँ। इस पुस्तक के कुछ अंश का पहला-पहला प्रारूप 'बहुवचन' एवं 'थाती' में प्रकाशित हुआ था, मैं इनके सम्पादक का आभारी हूँ। बहुवचन में प्रकाशित लेख 'रामचरितमानस : एक रचना की यात्रा' को देखकर प्रो. पुरुषोत्तम अग्रवाल ने न सिर्फ इसकी प्रशंसा की बल्कि इस पर संकल्पित पुस्तक को 'भक्ति-मीमांसा' शृंखला के अंतर्गत प्रकाशित करने का आमंत्रण देकर मुझे प्रोत्साहित किया और पांडुलिपि तैयार होने पर उन्होंने कई महत्त्वपूर्ण सुझाव भी दिए जिसे मैंने सहर्ष स्वीकार किया। मैं इन सबके लिए सचमुच उनका हृदय से आभार व्यक्त करता हूँ। इस पुस्तक में जिन चित्रों का उपयोग किया गया है वह राष्ट्रीय संग्रहालय दिल्ली, संगीत नाटक अकादमी दिल्ली, राज्य संग्रहालय शिमला, भारतीय अध्ययन का अमेरिकी संस्थान गुड़गाँव, कोलकाता विश्वविद्यालय का आशुतोष संग्रहालय तथा लिटिल बैले ट्रूप की सुश्री गुलवर्धन एवं रोजालिया हेम्मेल के सौजन्य से प्राप्त हुआ है; मैं इसके लिए इन संस्थाओं एवं व्यक्तियों का अनुगृहीत हूँ।

वसंत पंचमी, 2009

रमण सिन्हा
भारतीय भाषा केन्द्र
जवाहरलाल नेहरू विश्वविद्यालय
नई दिल्ली

अनुक्रम

अध्याय-1

रामचरितमानस : एक रचना की यात्रा

"परिपूर्णता के प्रति भारतवर्ष की एक हार्दिक आकांक्षा रही है। इसी से वह उसे यथार्थ सत्य से परे समझकर उसकी अवज्ञा नहीं करता, उसका अविश्वास नहीं करता। इसको भी वह यथार्थ सत्य के रूप में स्वीकार कर लेता है और इसी में उसे आनंद मिलता है। इसी परिपूर्णता की आकांक्षा को जगाकर और तृप्त करके रामायण के कवि ने भारतवर्ष के भक्त हृदय को सदा-सदा के लिए खरीद लिया है। जो जाति खंड सत्य को प्रधानता देती है, जो लोग यथार्थ का अनुसरण करने से नहीं थकते, जो लोग काव्य को प्रकृति का दर्पणमात्र कहते हैं, उन्होंने संसार में बहुत से काम किए हैं, वे विशेष रूप में विशेष प्रकार से कृतार्थ हुए हैं, मानव जाति उनके प्रति ऋणी है। दूसरी ओर जो लोग कहते हैं 'भूमैव सुखं भूमात्वेव विजिज्ञासितव्यः' जो परिपूर्ण परिणति में समस्त खंडता की सुषमा, समस्त विरोधों की शांति पाने के लिए साधना करते हैं—उनका ऋण भी कभी न चुकाया जा सकेगा। उनका परिचय लुप्त होने पर, उनका उपदेश विस्मृत हो जाने पर मानव-सभ्यता अपने धूल और धुएँ से भरे हुए कारखाने की जनता के बीच निःश्वास-कलुषित, घुटे हुए आकाश में पल-पल पर पीड़ित होकर, दुर्बल होकर भरती रहेगी। रामायण उसी अखंड अमृत-पिपासुओं का शाश्वत परिचय वहन कर रहा है।"[1]

"वे उस देश में पैदा हुए थे, जहाँ कल्पना की जा सकती है कि राम के जन्म होने के हजारों वर्ष पहले रामायण लिखी गई थी, अर्थात जहाँ कवि भविष्य का द्रष्टा और स्रष्टा समझा जाता है। तुलसीदास ऐसे ही भविष्यद्रष्टा थे। आज तीन-साढ़े तीन सौ वर्ष बाद इस विषय में कोई सन्देह नहीं रह गया कि उन्होंने सचमुच ही भावी समाज की सृष्टि की थी। आज का उत्तर भारत तुलसीदास के आदर्शों पर गठित हुआ है। वही उसके मेरुदंड हैं।"[2]

"महान रचनाएँ सामान्य रचनाओं को पुनर्निमित करती हैं, क्योंकि

जैसा कि वालेरी ने कहा है 'शेर भेड़ों से बने होते हैं' लेकिन भेड़ भी शेरों के बने होते हैं। जैसा कि एक लोक-कथा में कहा गया है कि हनुमान ने उस महान युद्ध के बाद एक पर्वत की चोटी पर मूल रामायण की रचना की और पांडुलिपि को बिखेर दिया; वह आज की रचना से कई गुना बड़ी थी। कहा जाता है वाल्मीकि उसका एक छोटा-सा अंश ही पकड़ सके थे। इस अर्थ में कोई भी पाठ मूल नहीं है, लेकिन फिर भी कोई कथा महज पुनर्कथा नहीं होती—और कहानी का कोई अन्त नहीं होता यद्यपि उसे पाठ के अन्तर्गत समाप्त कर दिया गया हो। भारत में और दक्षिण पूर्व एशिया में कोई भी रामायण या महाभारत को पहली बार नहीं पढ़ता। वे कहानियाँ वहाँ हैं 'हमेशा पहले से ही'।"[3]

बंदउँ मुनि पद कंजु रामायण जेहिं निरमयउ।
सखर सुकोमल मंजु दोष रहित दूषण सहित।।[4] 1.14

"...हम जब रागदरबारी सुनते हैं, नहीं पूछते कि क्या तानसेन ने यह राग ऐसे ही, यों का यों, गाया था? बल्कि तानसेन की बात ही दूर, कोई अपने गुरु की-सी भी दरबारी गाए, उसमें कोई सी नई बात न कहे तो भी हमारा ध्यान उधर से उचट-सा जाता है कि यह तो बासी दरबारी गा रहा है, वह बात नहीं जो होनी चाहिए। दरबारी तानसेन की रचना इसी अर्थ में है जिस अर्थ में कोई विचार, कोई नई धारणा किसी चिन्तक की होती है। विचार का "वही" तो स्पष्ट ही राग के "वही" जैसा होता है। विचार, मूल में जिन शब्दों में व्यक्त किया गया हो उन्हीं शब्दों में उसे दुहरा देना विचार का दुहराना नहीं होता, केवल शब्द ही दोहराए जाते हैं। विचार में साधी गई कोई धारणा "वही" तभी रहती है जब दूसरा विचारक अपनी तरह से उन पर आलाप कर सके—उसके मर्म को अपने विचारों के उन्मेष में जगाए रख सके।[5]

रामचरितमानस की रचना सन् 1574 ई. में हुई। कृतिकार ने कृति के अन्दर ही इसका उल्लेख किया है : *"संबत सोरह सै एकतीसा। करउँ कथा हरिपद धरि सीसा।। नौमी भोमबार मधुमासा। अवधपुरी यह चरित प्रकासा।।"*[6] 1.34 इतिहास में यह मुगल सम्राट अकबर (शा. 1556-1605) का काल माना जाता है। यह काल-खंड सुख-शांति एवं समृद्धि का था तथा इतिहासकारों ने प्रायः एक स्वर से अकबर को अशोक के बाद भारत के सर्वाधिक कुशल शासक के रूप में बखान किया है।[7] लेकिन अकबर को 'द ग्रेट' कहने वाले विंसेंट स्मिथ जैसे अधिकारी

इतिहासकार ने यह कहा है कि अकबर एक महान शासक तो था लेकिन युग-पुरुष तो वह व्यक्ति था जिसका जिक्र आईने-अकबरी या किसी मुस्लिम वृतांत में या फारसी इतिहासकारों पर आश्रित यूरोपीय लेखकों की रचनाओं में आपको ढूँढ़े भी नहीं मिलेगा परन्तु जिसकी उपलब्धियाँ अकबर के तमाम विजयों से अधिक दूरगामी एवं स्थायी मानी जा सकती है : वह व्यक्ति तुलसीदास (1532-1623) था।[8] क्या स्मिथ की इस मान्यता के पीछे यह समझ रही है कि 'भारतीय जीवन की धुरी राजनीति कभी नहीं रही' या रवीन्द्रनाथ ठाकुर के शब्दों में कहें तो भारतीय आत्मा के मर्म को 'राजनीति' नहीं बल्कि 'साधना' ही छू सकती है।[9] रामचरितमानस को 'मध्यकालीन हिन्दू-काव्य के जादुई उद्यान का सर्वाधिक ऊँचा वृक्ष' घोषित करते हुए स्मिथ ने लिखा है कि एक आम ब्रिटिश ईसाई के मन में बाइबिल का जो स्थान है उससे कहीं अधिक ऊँचा स्थान उत्तर भारतीय हिन्दू की नजर में 'मानस' का है।[10] उन्नीसवीं शताब्दी के कई ब्रिटिश भारतविदों ने यही मत व्यक्त किया है।[11] आखिर इसका क्या कारण रहा होगा? यह कैसे सम्भव हुआ कि एक रचना जो संयुक्त प्रांत के एक छोटे-से क्षेत्र में बोली जाने वाली अवधी में लिखी गई वह कालांतर में पूरे उत्तर भारत की सर्वाधिक लोकप्रिय रचना बन गई।

तुलसीदास का सर्वप्रथम प्रामाणिक उल्लेख नाभादास (1574-1638) रचित 'भक्तमाल' में मिलता है।[12] 'भक्तमाल' सम्भवतः सत्रहवीं शताब्दी के आरंभ की रचना है[13] अर्थात् पच्चीस-तीस वर्ष के अन्दर ही रामचरितमानस इतना लोकप्रिय हो चुका था कि दूर गलता (राजस्थान) में बैठे रामानंदी नाभादास बनारस के तुलसीदास को 'वाल्मीकि का अवतार' घोषित कर रहे थे। वैसे भक्तमाल पर प्रियादास की 'भक्त. रसबोधनी' (1712 ई.) टीका से यह ज्ञात होता है कि वृन्दावन में नाभादास से तुलसीदास की मुलाकात हुई थी[14] और अनुमान किया जा सकता है कि रामानंदी संप्रदाय में मानस को एक मानक ग्रंथ के रूप में देखा जाने लगा था। मुगलों से विशेष सम्बन्ध होने के कारण राजस्थान में अपेक्षाकृत शांति थी और रामानंदियों ने इसका भरपूर फायदा उठाया। गंगा-यमुना के दोआबा में फैलने से पहले रामानंदी संप्रदाय को राजस्थान में राज्य-संरक्षण भी प्राप्त हुआ। अकबर के घनिष्ठ सम्बन्धी एवं सेनानायक जयपुर के महाराजा मानसिंह रामानंदी गुरु अग्रदास का शिष्यत्व ग्रहण कर चुके थे।[15] हो सकता है कि आध्यात्मिक रूप से चेतन अकबर ने मानसिंह से 'मानस' के बारे में सुना हो। यूँ तो 'आइने-अकबरी', 'अकबरनामा' या सोलहवीं-सत्रहवीं शताब्दी के किसी मुगल आख्यान में मानस का उल्लेख नहीं है और अकबर के कारखाने में रामायण पर जो लघु-चित्र

तैयार किए गए हैं उसका भी आधार मानस नहीं बल्कि वाल्मीकि रामायण है लेकिन अपनी मृत्यु से दस माह पूर्व सम्राट अकबर ने जो सोने और चाँदी के सिक्के प्रचलित किए उन पर 'अल्लाहो अकबर' के स्थान पर राम और सीता के चित्र हैं तथा नागरी में 'राम-सीय' अंकित है, ये क्या संकेतित करते हैं?[16] यहाँ यह तथ्य उल्लेखनीय है कि तुलसीदास ने 'राम-सीय' शब्द का प्रयोग कई स्थलों पर किया है जैसे–'सीय-राम मय सब जग जानी' या 'चित कहे रामसीय पद परि हरि' आदि।

सोलहवीं-सत्रहवीं शताब्दी के भारत में मुख्य रूप से दो विपरीत धाराएँ प्रवाहित होती दिखाई देती हैं जिसे सैयद अतहर अब्बास रिजवी ने मोटे तौर पर पुनरुत्थानवाद की धारा एवं 'सुलह-कुल' की धारा कहा है।[17] अगर एक ओर मुल्ला बदायूँनी, शेख अहमद सरहिंदी, शेख अब्दुल हक महदी तथा औरंगजेब जैसे लोग थे तो दूसरी तरफ अकबर, अबुल फजल, फैजी एवं दारा शिकोह जैसे लोग 'सुलह-कुल' तथा 'मजमुआ अल बहरीन' (सागर-संगम) में यकीन रखते थे। आर्थिक क्षेत्र में भी ऐसी ही चरम स्थिति थी, एक ओर 'कलि बारहि बार दुकाल परैं। बिन अन्न दुःखी सब लोग मरैं।[18] की स्थिति थी तो दूसरी तरफ ऐसी समृद्धि थी कि जिसकी तुलना प्राचीन भारत के सिर्फ 'स्वर्ण-युग' से ही की जा सकती थी। टेवर्नियर (1641 ई.)[19] एवं बर्नियर (1663 ई.)[20] ने मुगल दरबार के ऐश्वर्य एवं समृद्धि का जो विवरण प्रस्तुत किया है उससे भारत के 'सोने की चिड़िया' होने की पुष्टि होती है। ताराचंद ने लिखा है कि यह वही सोने की चिड़िया था जिसके आकर्षण में पुर्तगाली, स्पेनवासी, डच, फ्रांसीसी एवं अंग्रेज और उनके विख्यात कप्तान कोलम्बस, वास्को डि गामा, मेगेलन और कुक ने अनजाने समुद्र की कठिनाइयों तथा अनजाने मौसम की आफतों को अनदेखा कर सके थे।[21] ऐसे विषम राजनैतिक, सामाजिक, आर्थिक समय में आश्चर्य नहीं कि साधना के क्षेत्र में कई सम्प्रदाय उठ खड़े हुए। अगर एक ओर रामानुज, मध्व, निम्बार्क और बल्लभ के शास्त्रीय सम्प्रदाय और सूफियों के कादिरी, सत्तारी, नक्सबंदी एवं चिश्ती सिलसिले थे तो दूसरी ओर प्राणनाथ, स्वामी नारायण सिंह, रामचरण, बुलाकी राम, औलेचन्द, बलराम हरि, दरिया साहेब, गरीब बारा, मजनूँ नानक शाह जैसे कई संत उपदेशक मनुष्य की 'मुक्ति' की राह दिखाने का दावा कर रहे थे।[22] इन सम्प्रदायों में परस्पर संघर्ष भी हुआ और समन्वय भी। गोविन्द चन्द्र पांडेय ने लिखा है : "पन्द्रहवीं सदी में विशेष रूप से सूफी संतों और भक्तिमार्गी संतों के परस्पर सम्पर्क से ऐसा प्रतीत होता है कि मानो सांस्कृतिक समन्वय का एक नया युग आरम्भ हुआ। इस समन्वय के अनेक पक्ष थे–सूफी मार्ग और भक्ति मार्ग का एक-दूसरे को प्रभावित करना,

प्राचीन कथा-परम्पराओं का मध्यकालीन परिवेश में पुनः प्रस्थापन, शास्त्रीय मतों का सुगम रूप में प्रतिपादन, आध्यात्मिक अनुभूति के चिरन्तन आयाम को लोकसमक्ष जीकर जीवंत प्रेरणा के रूप में प्रस्तुत करना। संक्षेप में पन्द्रहवीं और सोलहवीं सदियों में प्राचीन आध्यात्मिक संस्कृति का एक नया मध्यकालीन संस्करण प्रस्तुत हुआ और यह प्रस्तुति भक्ति के माध्यम से हुई। यही तुलसी के युग का मुख्य अन्तःसूत्र था।[23]

यह सच है कि तुलसी में पुररुत्थानवादी प्रवृत्तियाँ काफी हैं : प्राचीन आध्यात्मिक संस्कृति का एक नया मध्यकालीन संस्करण : "बरनास्रम निज निज धरम निरत वेद पथ लोग। चलहिं सदा पावहिं सुखहिं नहि भय सोक न रोग।" 7.20 और उनके रामराज में 'सुलूह-कुल' (शांतिपूर्ण सहअस्तित्व) के लिए भी पूरी जगह है : "फूलहिं फरहिं सदा तरू-कानन। रहहिं एक संग गज पंचानन।। खग मृग सहज बयरू बिसराई। सबन्हि परस्पर प्रीति बढ़ाई।।" लेकिन क्या सिर्फ इस वजह से मानस को क्रमशः रामानंदी सम्प्रदाय और मुगल साम्राज्य से संरक्षण प्राप्त हो सकता था?

रामानंदी सम्प्रदाय कई मायनों में मध्यकालीन धर्म-साधना के क्षेत्र में विशिष्ट कहा जा सकता है। रामानंद[24] सम्भवतः पहले व्यक्ति थे जिन्होंने अपने उपदेश एवं प्रवचन संस्कृत के बजाय स्थानीय भाषा में देना ज्यादा सही समझा था।[25] यह भी कम उल्लेखनीय नहीं है कि उनके प्रसिद्ध बारह शिष्यों में स्त्री, शूद्र एवं मुसलमान सभी शामिल हैं। 'रामानंद रामानुज के शिष्य थे', 'रामानंद वर्णाश्रम विरोधी थे' 'वे सामाजिक पुनर्गठन करना चाहते थे' ये सभी विवाद के विषय बने हुए हैं[26] लेकिन यह निर्विवाद रूप से कहा जा सकता है जैसा कि हजारीप्रसाद द्विवेदी ने लिखा है कि रामानंद में कुछ न कुछ ऐसी साधना अवश्य थी जिसके कारण योग-प्रधान भक्ति-मार्ग, निर्गुण पंथी भक्ति-मार्ग और सगुणोपासक भक्ति-मार्ग तीनों ही के पुरस्कर्ता भक्तों ने उन्हें अपना गुरु माना है।[27] अट्ठारहवीं शताब्दी तक पूरे उत्तर भारत में सबसे प्रभावशाली सम्प्रदाय के रूप में अगर रामानंदी सम्प्रदाय उभरकर सामने आया तो यह अनुमान किया जा सकता है इस वर्ग-वर्ण विभाजित समाज में रामानंद ने सामाजिक अभियांत्रिकी का भी उपयोग किया होगा। प्रो. पुरुषोत्तम अग्रवाल ने लिखा है कि 'वे उत्तर भारत के सांस्कृतिक इतिहास में ब्राह्मण वर्चस्व को चुनौती देने की भूमिका औपनिवेशिक काल के पहले भी निभाते रहे और बाद में भी। यह उनके सामाजिक आधार का अनिवार्य प्रतिफलन था।...रामानन्द ने देश-भाषा को जिस तरह देवभाषा भी बनाया; साधु की जाति नहीं, ज्ञान पूछने पर जो अथक बल दिया, उसके कारण ही रामानन्द

का व्यक्तित्व नाभादास को रघुनाथ द्वारा बाँधे गए 'द्वितीय सेतु-सा' लगा था। उसके कारण ही तो रामानन्दी सम्प्रदाय उत्तर भारत में मध्यवर्ती और निम्न जातियों की सांस्कृतिक अभिव्यक्ति और आत्म-रेखांकन का माध्यम बन सका।[28] इसके अतिरिक्त जैसा कि पीटर वान डेर वीयर ने लिखा है कि उत्तर भारत में रामानंदी सम्प्रदाय के उत्तरोत्तर विकास में दो अन्य अत्यन्त महत्त्वपूर्ण कारक हैं : रामचरितमानस की बढ़ती लोकप्रियता तथा दूसरा तीर्थाटन, सिपाहगरी एवं व्यापार का बढ़ता बाजार। आगे उन्होंने लिखा है कि "रामचरितमानस विभिन्न सम्प्रदायों का सर्वस्वीकृत पाठ बन चुका था...धार्मिक रूप से स्पष्टतः यह एक मुक्त पाठ था।"[29] यहाँ यह प्रश्न विचारणीय नहीं रह जाता है कि स्वयं तुलसी रामानंदी वैरागी थे या स्मार्त वैष्णव[30] जितना कि यह जानना कि आखिर रामचरितमानस के पाठ में ऐसा क्या था जो इसे हर सम्प्रदाय के लिए सहज स्वीकार्य बना देता था?

हिन्दी साहित्य का इतिहास इस सन्दर्भ में मानस की समन्वयकारी भूमिका को रेखांकित करता है। आचार्य शुक्ल ने अपने इतिहास में लिखा है : "गोस्वामी जी की भक्ति-पद्धति की सबसे बड़ी विशेषता है उसकी सर्वांगपूर्णता। जीवन के किसी पक्ष को सर्वथा छोड़कर वह नहीं चलती है। सब पक्षों के साथ उसका सामंजस्य है। न उनका कर्म या धर्म से विरोध है, न ज्ञान से। धर्म तो उसका नित्य लक्षण है। तुलसी की भक्ति को धर्म और ज्ञान दोनों की रसानुभूति कह सकते हैं। योग का भी उसमें समन्वय है, पर उतने ही का जितना ध्यान के लिए, चित्त को एकाग्र करने के लिए आवश्यक है।

"प्राचीन भारतीय भक्ति मार्ग के भीतर भी उन्होंने बहुत-सी बढ़ती हुई बुराइयों को रोकने का प्रयत्न किया। शैवों और वैष्णवों के बीच बढ़ते हुए विद्वेष को उन्होंने अपनी सामंजस्य व्यवस्था द्वारा बहुत कुछ रोका जिसके कारण उत्तरी भारत में वह वैसा भयंकर रूप न धारण कर सका जैसा उसने दक्षिण में किया। यहीं तक नहीं, जिस प्रकार उन्होंने लोकधर्म और भक्ति साधना को एक में सम्मिलित करके दिखाया उसी प्रकार कर्म, ज्ञान और उपासना के बीच भी सामंजस्य उपस्थित किया। 'मानस' के बालकांड में संत समाज का जो लम्बा रूपक है, वह इस बात को स्पष्ट रूप में सामने लाता है। भक्ति की चरम सीमा पर पहुँचकर भी लोकपक्ष उन्होंने नहीं छोड़ा। यही कारण है कि इनकी भक्ति-रस भरी वाणी जैसी मंगलकारिणी मानी गई वैसी और किसी की नहीं। आज राजा से रंक तक के घर में गोस्वामी जी का रामचरितमानस विराज रहा है और प्रत्येक प्रसंग पर इनकी चौपाइयाँ कही जाती हैं।"[31]

हजारीप्रसाद द्विवेदी ने मानो इसे और स्पष्ट करते हुए लिखा है : "तुलसीदास के काव्य की सफलता का एक और रहस्य उनकी अपूर्व समन्वय-शक्ति में है।... उसमें केवल लोक और शास्त्र का ही समन्वय नहीं है, वैराग्य और गार्हस्थ्य का, भक्ति और ज्ञान का, भाषा और संस्कृति का, निर्गुण और सगुण का, पुराण और काव्य का, भावावेग और अनासक्त चिंतन का, ब्राह्मण और चांडाल का, पंडित और अपंडित का समन्वय, रामचरितमानस के आदि से अंत दो छोरों पर जानेवाली परा-कोटियों को मिलाने का प्रयत्न है। इस महान समन्वय का आधार उन्होंने रामचरित को चुना। इससे अच्छा चुनाव हो भी नहीं सकता था। रामनाम उन दिनों बड़े जोरों पर था। निर्गुण भाव से भजन करने वाले भक्तों में भी यही नाम प्रिय था और लोक में भी इस शब्द की महिमा प्रचलित हो चुकी थी। अगुण और सगुण के समन्वय के लिए इससे बढ़कर दूसरा साधन हो नहीं सकता था। तुलसीदास ने ब्रह्म-राम से भी नाम को बड़ा कहकर सहज ही निर्गुण और सगुण-मार्ग के भीतर की सारी खाई पाट दी है।"[32]

स्पष्ट है कि संघर्ष के बजाय समन्वय पर जोर देने वाला साहित्य ही 'मुक्त-पाठ' और अन्ततः बहु-समादृत हो सकता है लेकिन क्या समन्वय भी संघर्ष को अपने पक्ष में अनुकूलित कर लेने की रणनीति नहीं है? इस संन्दर्भ में मुक्तिबोध का यह कथन विचारणीय है : "निर्गुण मत के विरुद्ध सगुण मत का संघर्ष निम्नवर्गों के विरुद्ध उच्चवंशीय संस्कारशील अभिरुचिवालों का संघर्ष था। ...निर्गुण मत में निम्नजातीय धार्मिक जनवाद का पूरा जोर था, उसका क्रांतिकारी संदेश था। कृष्णभक्ति में वह बिलकुल कम हो गया, किन्तु फिर भी निम्न-जातीय प्रभाव अभी भी पर्याप्त था। तुलसीदास ने भी निम्न-जातीय भक्ति स्वीकार की, किन्तु उसको अपना सामाजिक दायरा बतला दिया। निर्गुण मतवाद के जनोमुख रूप और उसकी क्रांतिकारी जातिवाद-विरोधी भूमिका के विरुद्ध तुलसीदास जी ने पुराण-मतवादी स्वरूप प्रस्तुत किया। निर्गुण-मतवादियों का ईश्वर एक था, किन्तु अब तुलसीदास जी के मनोजगत में परब्रह्म के निर्गुण-स्वरूप के बावजूद सगुण ईश्वर ने सारा समाज और उसकी व्यवस्था—जो जातिवाद, वर्णाश्रम धर्म पर आधारित थी—उत्पन्न की।...क्या यह एक महत्त्वपूर्ण तथ्य नहीं है कि रामभक्ति शाखा के अन्तर्गत, एक भी प्रभावशाली और महत्त्वपूर्ण कवि निम्नजातीय शूद्र वर्णों से नहीं आया?...निष्कर्ष यह कि जो भक्ति-आन्दोलन जन-साधारण से शुरू हुआ और जिसमें सामाजिक कट्टरपन के विरुद्ध जन-साधारण की सांस्कृतिक आशा-आकांक्षाएँ बोलती थीं, उसका 'मनुष्य-सत्य' बोलता था, उसी भक्ति आन्दोलन को उच्च-वर्गीयों ने आगे चलकर अपनी तरह बना लिया और उससे

समझौता करके, फिर उस पर अपना प्रभाव कायम करके और अनन्तर जनता के अपने तत्त्वों को उनमें से निकालकर, उन्होंने उस पर अपना पूरा प्रभुत्व स्थापित कर लिया।"[33]

अट्ठारहवीं शताब्दी में रामचरितमानस के प्रचार-प्रसार में दो महत्त्वपूर्ण कारकों का योग रहा—एक, औरंगजेब की मृत्यु (1707) और मुगल साम्राज्य के पतन के साथ देसी हिन्दू रजवाड़ों का उत्थान तथा दूसरा रामानंदी सम्प्रदाय को राज्य का संरक्षण प्राप्त होना। उत्तरी भारत में बनारस, रीवा, ओरछा, मैहर, इन्दौर, बिजावर, पन्ना, छत्तरपुर, टीकमगढ़, टिकारी, डुमराँव, सुरसरि, बलरामपुर जैसे हिन्दू रजवाड़ों के उत्थान को देखकर ही सम्भवतः कुछ इतिहासकारों ने अट्ठारहवीं शताब्दी को हिन्दू पुनरुत्थान का युग कहा है।[34] इन रजवाड़ों में रामचरितमानस को बड़े पैमाने पर संरक्षण प्राप्त हुआ। इन दरबारों में न सिर्फ मानस की असंख्य प्रतिलिपियाँ, टीकाएँ एवं लघु-चित्र तैयार करवाए गए बल्कि कथा-वाचन, प्रवचन एवं राम-लीलाओं का नियमित आयोजन भी बड़े पैमाने पर शुरू किया गया। यही नहीं बल्कि इन रजवाड़ों में कन्या को शिक्षा के नाम पर तुलसीदास के रामचरितमानस को ही पढ़ाया-लिखाया जाने लगा।[35] यहाँ प्रश्न उठता है कि आखिर इतने बड़े पैमाने पर रामचरितमानस को संरक्षण प्रदान करने के क्या अभिप्राय रहे होंगे?

मानस को सर्वाधिक संरक्षण काशी नरेश के दरबार में प्राप्त हुआ। बनारस राज के संस्थापक मंशाराम की पृष्ठभूमि 'राजोचित' नहीं थी, न वे किसी राज-परिवार से ताल्लुक रखते थे, न उनकी जाति (भूमिहार) शासन पर उनका 'स्वाभाविक' अधिकार सिद्ध करता था। ऐसे में, खुद अपनी स्थिति मजबूत करने के लिए और अपने शासन को वैध ठहराने के लिए और जनता में स्वीकृत एवं मान्य होने के लिए उन्हें पता था कि कला को संरक्षण प्रदान करना बड़ा लाभकारी होता है। संरक्षण पर विचार करने वाले अध्येताओं ने यह निष्कर्ष भी निकाला है कि संरक्षण के सहारे कुछ इस प्रकार का संगठन खड़ा हो जाता है जो न सिर्फ संरक्षक की श्रेणीबद्ध स्थिति को वैध ठहराता है बल्कि सामाजिक नियंत्रण में भी काफी कारगर सिद्ध होता है।[36] यूँ अन्तिम वास्तविक क्षत्रिय तो पाँचवीं शताब्दी ई.पू. के नंद सम्राट थे[37] लेकिन शिवाजी महाराज के राज्यारोहण[38] से सीख लेते हुए पूरी अट्ठारहवीं शताब्दी में क्षत्रिय बनने की होड़-सी लगी हुई थी। संरक्षण प्राप्त भाटों एवं चारणों का तो मुख्य धर्म ही यह था कि वे मिथकों एवं कल्पित वंशावलियों के सहारे निचली जातियों को क्षत्रिय में तब्दील कर दें।[39] इस सन्दर्भ

में भूषण के 'शिव बावनी', काशी नरेश चेतसिंह के दरबारी कवि बलभद्र रचित 'चेतसिंह विलास' तथा बलवंत सिंह के दरबारियों द्वारा लिखित 'बलवंतनामा' का अध्ययन दिलचस्प हो सकता है।

क्षत्रिय नायक वाले इस महाकाव्य को अगर अट्ठारहवीं शताब्दी के हिन्दू रजवाड़े हाथोंहाथ ले रहे थे तो इसका एक कारण सम्भवतः तत्कालीन शक्तिशाली रामानंदी सम्प्रदाय से अपना सम्बन्ध मजबूत करने की उनकी लालसा भी थी। यहाँ यह तथ्य उल्लेखनीय है कि "वैष्णवों के 52 द्वारों में 36 द्वारे अकेले रामानन्दी सम्प्रदाय के ही हो गए थे"[40] और उत्तर-भारत के एक बड़े हिस्से पर उनका व्यापारिक प्रभुत्व भी स्थापित था। अपने धार्मिक संस्थानों की रक्षा और सम्प्रदाय के प्रचार-प्रसार के लिए रामानंदी स्वयं राज्य संरक्षण की आवश्यकता महसूस कर रहे थे। यह अलग बात है कि जब उन्हें यह संरक्षण मिला तब उन्हें अपने मूल कायदे-कानून बदलने पड़े। वहाँ उनके सम्प्रदाय में शूद्र, अछूत, मुसलमान एवं स्त्रियाँ सभी का स्वागत था, अब सिर्फ द्विज पुरुष ही प्रवेश पा सकते थे और महन्त ब्राह्मण और सिर्फ ब्राह्मण ही हो सकता था।[41] स्पष्ट है कि संरक्षण की गतिकी ने संस्कृतिकरण का मुँह खोल दिया था। अट्ठारहवीं शताब्दी में संस्कृतिकरण की यह प्रक्रिया सिर्फ वैष्णवों में ही देखने को नहीं मिलती बल्कि शैव उदासी जैसे उग्र सम्प्रदाय में भी देखने को मिलती है।[42] संस्कृत विश्वविद्यालय को स्थापित कर संस्कृतिकरण के सहारे अपनी हैसियत और प्रतिष्ठा बढ़ाने का प्रयास हमें गरीबदासी सम्प्रदाय में भी देखने को मिलता है।[43] संस्कृतिकरण की यह प्रक्रिया इतनी सर्वग्रासी हो चुकी थी कि मानस को "कतिपय पंडितों ने इसका संस्कृत अनुवाद अक्षरशः करके यह दावा किया कि श्री शिव जी रचित-रामायण यही है, इसी का अनुवाद तुलसीकृत रामचरितमानस है।"[44]

काशी नरेश द्वारा पोषित एवं संरक्षित रामनगर की रामलीला विश्वविख्यात है। इस रामलीला की संरचना में काशी नरेश की भूमिका न सिर्फ केन्द्रीय है बल्कि वहाँ वे भगवान शंकर के प्रतिनिधि भी हैं।[45] रामलीला का प्रारंभ ही काशी नरेश के 'संकल्प' द्वारा होता है। "इस संकल्प का उद्देश्य श्री रामलीला के अभिनय से राजा, प्रजा तथा देखने, सुननेवाले और कार्यकर्त्ताओं का कल्याण होना है।"[46] इस रामलीला की विशेषता यह है कि इसे सिर्फ देखा ही नहीं जाता बल्कि पढ़ा और सुना भी जाता है लेकिन यहाँ दर्शक-दीर्घा का कोई विधान नहीं है, रामनगर दुर्ग (राजा का निवास) के आसपास के पन्द्रह से बीस वर्गमील के पूरे क्षेत्र को ही एक विशाल मंच एवं दर्शक-दीर्घा का नाम दिया जा सकता है। "रामलीला की घटनाओं के स्थल नियत हैं, पात्र वहाँ अपना कार्य करते हैं। दर्शक सुविधानुसार

उस कार्य-कलाप में शामिल होकर स्वयं पात्र बन जाते हैं। अवध में वे अवध के नागरिक होते हैं, तो वनगमन में ग्रामवासी, राम-बाराती में वे बाराती बनते हैं तो रावण के दरबार में दरबारी।...मंच की विशालता केवल एक उदाहरण से स्पष्ट हो जाएगी। आज अंगद विस्तार की लीला है। प्रभु सुवेल पर्वत पर विराजमान हैं। यहाँ से अंगद जी आज्ञा लेकर रावण के दरबार की ओर चलते हैं जो आधा मील दूर है। उधर रावण एक ऊँचे टीले पर स्थित अपने महल में राग-रंग में मस्त है और वहाँ से एक फर्लांग चलकर दरबार में आता है। सीता जी दरबार से दो फर्लांग दूर अशोक वाटिका में भक्त स्त्रियों से घिरी बैठी हैं। यहाँ से न रावण-दरबार दिखता है, न सुवेल पर्वत। आप चाहें तो पात्रों के साथ मीलों की यात्रा करें या फिर लीला को भूलकर सीता माता या प्रभु के चरणों में बैठे रहें।"[47] रंगमंचीय दृष्टि से यह रामलीला एक अद्वितीय एवं लगभग अकल्पनीय कल्पनाशीलता का प्रत्यक्षीकरण है।[48]

रामनगर की रामलीला में काशी नरेश हाथी पर आरूढ़ रहते हैं और उनके हाथ में मानस की एक प्रति होती है और ठीक उनके पाँव के नीचे पीली पगड़ी बाँधे बारह रामायणी बैठे होते हैं जो झाँझ और मृदंग के साथ दो दलों में बँटकर रामचरितमानस का प्रसंगानुसार सस्वर पाठ करते हैं अतः नरेश उसे स्पष्टतः सुन सकते हैं और चूँकि उतनी ऊँचाई पर और कोई बैठा नहीं होता इसलिए सामने घटित होती लीला को वे सर्वाधिक आयामों में देख सकने की स्थिति में होते हैं। इस प्रकार वे 'पाठ', 'दृश्य' एवं 'श्रव्य' तीनों का रसास्वाद कर सकते हैं जब कि दर्शक इसमें सिर्फ एक का चुनाव कर सकता है।[49] स्पष्टतः इस रामलीला की रंगयोजना से नरेश की केन्द्रीय एवं सर्वोच्च स्थिति प्रतिष्ठित होती है। कला को संरक्षण देकर राजा, प्रजा से अक्सर अपनी भिन्नता को दृढ़ता से रेखांकित करता है।[50] कालांतर में राजा की वह स्थिति 'स्वाभाविक' मान ली जाती है। इस सन्दर्भ में रामनगर की रामलीला पर यह अखबारी रपट द्रष्टव्य है : "आज रामलीला में जाने के लिए रामनगर दुर्ग से बाहर महाराज कुमार अनन्त नारायण सिंह की सवारी ले जाने के लिए घोड़ों से जुती बग्घी तैयार थी। परम्परानुसार सवारी में सबसे आगे बनारस स्टेट का झंडा लिए घुड़सवार, उसके पीछे महाराज के आने की सूचना देनेवाली मुनाड़ी घुड़सवार तथा नागरिक पुलिस के चार घुड़सवार तैयार थे। बाहर हजारों की तादाद में लीला-प्रेमियों की आँखें इस सवारी के दर्शन को बेताब थीं। अचानक किले से फरमान आता है महाराज कार से जाएँगे। और कार से ही निकले महाराज कुमार। हर-हर महादेव का गगनभेदी उद्घोष हुआ। लेकिन सब जानने को उत्सुक थे कि आखिर क्यों महाराज बग्घी से नहीं गए। किले के

लोगों ने बताया कि आज लीला में जाने के पूर्व जैसे ही पूजा-पाठ की तैयारी शुरू हुई महाराज कुमार पूर्व काशी नरेश को याद करके खूब रोए और वह बग्घी से जाने की हिम्मत नहीं जुटा पाए। शाम के अँधेरे में भी उन्होंने चश्मा पहन रखा था सिर्फ लाल आँख छिपाने के लिए। आज सवारी निकालते समय परम्परागत रूप से बजने वाली नौबत भी नहीं बजाई गई। आज लीला में यह आशंका निर्मूल साबित हुई कि हर-हर महादेव का उद्घोष नहीं होगा। रामनगर किले से लेकर रामलीला स्थल तक हर-हर महादेव का उद्घोष हुआ जिससे यह लगा कि लोगों ने महाराज कुमार में काशी नरेश की छवि देख ली है। बारिश शुरू हो गई लेकिन कोई भी अपने स्थान से डिगा नहीं और आरती लेने के बाद ही लीला-स्थल छोड़ा।"[51]

कृष्ण रास-लीला के समानान्तर रामलीला को प्रचलित करने का श्रेय मुख्यतः रामानंदी साधुओं को जाता है। इस सन्दर्भ में दो रामानंदी वैष्णवों की अहम् भूमिका है। एक तो नारायण दास उर्फ मेघा भगत तथा दूसरे काष्ठजिह्वा स्वामी। यूँ तो जनश्रुतियाँ यही कहती हैं कि आज हिन्दी-भाषी प्रांतों में जिस रूप में रामलीला प्रचलित है उसके प्रवर्तक तुलसीदास हैं। कृष्ण दत्त मिश्र की लिखी 'गौतमचन्द्रिका' में भी रामलीला का प्रवर्तन करते हुए तुलसीदास को दिखाया गया है।[52] लेकिन रामलीला-विशेषज्ञों ने बनारस की चित्रकूट की रामलीला को सर्वाधिक प्राचीन रामलीला माना है जिसकी स्थापना मेघा भगत द्वारा सन् 1543 के आस-पास हुई मानी जाती है।[53] वैसे कुछ आलोचक एक अन्य रामानंदी साधु स्वामी भगवानदास जी द्वारा स्थापित अवध आदर्श रामलीला मंडल को सर्वाधिक प्राचीन मानते हैं।[54] नोरविन हेन के अनुमान से मानस की प्रथम प्रस्तुति मंच पर 1625 ई. के आसपास हुई।[55] ऐतिहासिक रूप से सर्वाधिक प्राचीन रामलीला चाहे जो है इतना तो तय है कि रामचरितमानस को आधार बनाकर जिस लीला ने लोक मानस की कल्पनाशीलता को सर्वाधिक उद्वेलित किया वह रामनगर की रामलीला थी और उन्नीसवीं शताब्दी में जिसको स्थापित करने में रामानंदी काष्ठजिह्वा स्वामी की भूमिका जगजाहिर है। काष्ठजिह्वा स्वामी न सिर्फ काशी नरेश ईश्वरी प्रसाद नारायण सिंह (1821-89) के गुरु थे बल्कि रामनगर की रामलीला के पटकथा-लेखकों में प्रमुख थे। आज भी उनके कई पद रामनगर की रामलीला में गाए जाते हैं। यही नहीं बल्कि रामलीला के अंत में गाई जाने वाली आरती के दोनों पद स्वामी जी की पुस्तक 'राम-सुधा' (1840) से ही लिए गए हैं।[56] आज उत्तर भारत के प्रायः हर शहर में रामलीला की मंडलियाँ देखी जा सकती हैं जो अधिकतर रामचरितमानस पर आधारित लीलाएँ ही करती हैं। रामलीलाओं ने मानस को प्रचारित-प्रसारित करने में निःसंदेह एक महत्त्वपूर्ण भूमिका निभाई।

रामलीला के अलावा 'कथा' द्वारा भी मानस का प्रचार-प्रसार हुआ। कथा में मानस की व्याख्या भी होती थी इसलिए आश्चर्य नहीं कि आरंभ के सभी कथावाचक जो सामान्यतः व्यास कहलाते हैं, मानस के टीकाकार भी हुए। प्रिंटिंग प्रेस के आने के पहले मानस को लोकप्रिय इन्हीं व्यासों ने किया। जनश्रुतियों के अनुसार गोस्वामी तुलसीदास ने मानस को प्रचारित करने के लिए स्वयं कुछ शिष्यों को शिक्षित किया था।[57] अध्येताओं ने ऐसे पाँच शिष्यों का उल्लेख किया है : किशोरीदत्त, बूढ़े रामदास जी, रामू द्विवेदी, जनजसवंत जी तथा आनन्द राम।[58] इसमें किशोरी दत्त एवं बूढ़े रामदास जी द्वारा प्रवर्तित टीकाकार परम्पराएँ आज तक चल रही हैं, जिसका वृक्ष-चित्र यूँ तैयार किया जा सकता है[59] :

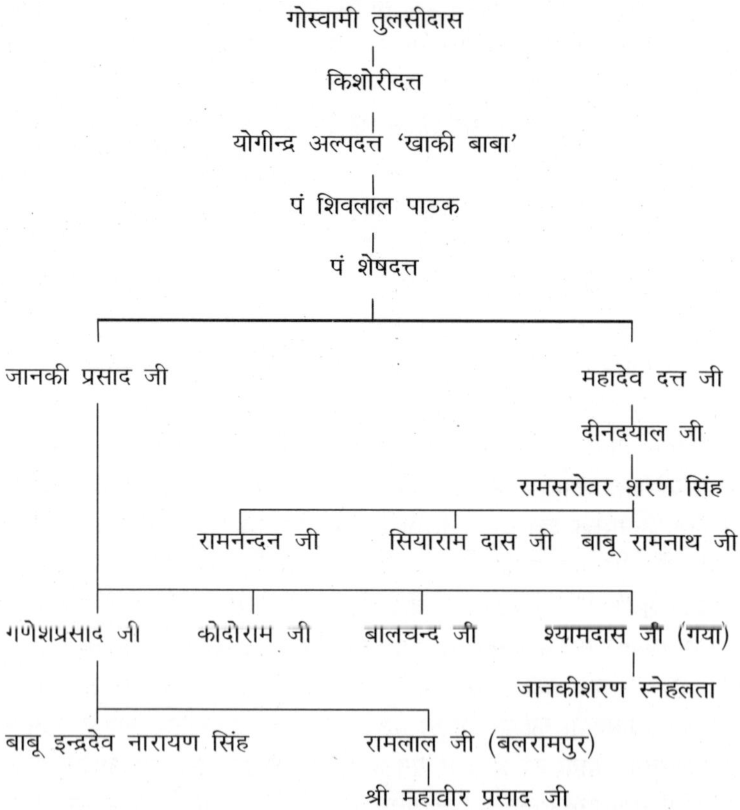

बूढ़े रामदास जी द्वारा प्रवर्तित टीकाकार परंपरा का एक वृक्ष-चित्र

तुलसीदास

बूढ़े रामदास जी

रामदीन जी

धनीराम जी

भानुदास जी

पं रामगुलाम द्विवेदी

चोपराम दास जी

श्रीवंदन पाठक

श्री छोटे लाल व्यास

काशीनाथ जी

शिवनारायण व्यास

श्री हनुमानदास वकील

लाला छक्कनलाला जी

पं रामकुमार

विजयानंद त्रिपाठी

श्री देवीपलट तिवारी

संत छोटेलाल नारायणकांत श्रीनाथ रामजी पांडेय रामनारायण शुक्ल

गोस्वामी तुलसीदास की शिष्य-परम्परा से अलग हटकर भी कुछ टीकाकार-परम्पराएँ विकसित हुईं जिसमें अयोध्या एवं रामनगर में विकसित होने वाली परम्परा का एक अलग ही स्थान है। अयोध्या की परम्परा की नींव मानस की आनन्दलहरी जी ने लिखा है कि, "रामचरितमानस की कथा श्रीजानकी घाट पर आप कहा करते थे। अनुमान होता है कि रीवाँनरेश की प्रार्थना पर आपने मानस का तिलक लिखना-लिखाना प्रारम्भ किया। क्योंकि बराबर पुराने वयोवृद्ध संतों से यही सुनने में आया है कि राजा की ओर से उनके खर्च से बारह विद्वान पंड़ित लेखक महाराज करुणासिन्धु जी की सहायता में रहते थे। बारह वर्षों में यह तिलक सम्पूर्ण हुआ और उसके पश्चात् तीन वर्ष में उसकी कथा आद्योपांत श्रीजानकी

घाट पर संत समाज में सुनाई गई।...कम से कम इस संयुक्त प्रदेश में तो यह तिलक ही मानस का प्रथम तिलक हुआ।"[60]

अयोध्या की टीकाकार परम्परा का वृक्ष-चित्र त्रिभुवन नाथ चौबे ने इस प्रकार बनाया है[61]

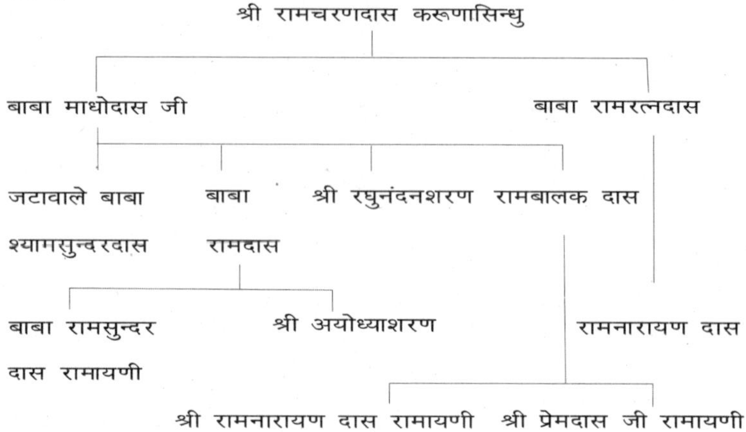

मानस की रामायण परिचर्या टीका लिखकर काष्ठजिह्वा स्वामी ने रामनगर में टीकाकार परम्परा की शुरुआत की जिसे ईश्वरीप्रसाद नारायण सिंह एवं बाबा हरिहरप्रसाद सीतारामीय ने आगे बढ़ाया। रघुनाथ दास 'सिंधी' की मानस दीपिका का भी इस सन्दर्भ में महत्त्वपूर्ण स्थान है जिसमें मानस की तीन टीकाओं का उल्लेख है। पहली टीका रामलीला के रूप में दूसरी टीका चित्र-रामायण के रूप में और तीसरी टीका प्रस्तुत मानस-दीपिका के रूप में।

सन् 1605 ई. में रचित मानस की पहली टीका रामू द्विवेदी की 'प्रेम रामायण' से लेकर योगेंद्र प्रताप सिंह की लोक भारती टीका (1999) तक मानस पर लगभग सवा सौ टीकाएँ लिखी गई हैं जिसमें सुधाकर भाष्य[62] जैसी भी टीकाएँ हैं जिसमें मानस की एक अर्द्धाली का पौने सत्रह लाख से भी अधिक (1675146) अर्थ बताया गया है।[63] यह मानस की अपूर्व लोकप्रियता का ही परिचायक है कि रचे जाने के दो दशक बाद ही इस पर टीका लिखा जाना आरम्भ हो गया और अमृतसर में बैठे ज्ञानी संत सिंह 'पंजाबी जी' की लिखी टीका 'भाव-प्रकाश' से यही लगता है कि 1820 ई. तक यह रचना सुदूर उत्तर तक फैल चुकी थी। आश्चर्य नहीं कि संस्कृत के वे विद्वान जो हिन्दी के इस ग्रंथ के घोर विरोधी थे (और जिसके कारण तुलसी को बनारस में क्या-क्या नहीं सहना पड़ा!) अपनी जीविका के लिए

इसे अपनाने को बाध्य हुए।[64] कथा बाँचने वालों के बीच मानस ने पुराण को अपदस्थ कर दिया था।

अट्ठारहवीं शताब्दी के राजाओं ने न सिर्फ कथा-वाचकों को संरक्षण प्रदान किया बल्कि मानस की प्रतिलिपियाँ तैयार करवाने में एक महत्त्वपूर्ण भूमिका अदा की। काशी नरेश उदितनारायण सिंह (1783-1835) ने न सिर्फ रामनगर की रामलीला को पुनर्संगठित किया बल्कि मानस की कई प्रतिलिपियाँ बनवाईं। इनके पुत्र ईश्वरीप्रसाद नारायण सिंह (1821-89) के युग को 'मानस का स्वर्ण-युग' कहा जाता है। इनके ही युग में मानस के पाठानुसंधान का काम आरंभ हुआ। उन्होंने यह घोषणा भी कर रखी थी कि जो भी तुलसी के स्वाक्षर में लिखी पोथी लाकर देगा उसे पोथी के ही वजन का सोना तौलकर दिया जाएगा।[65] इसी प्रकार रीवाँ राज्य में भी मानस को भरपूर संरक्षण मिला। रीवाँ नरेश महाराज विश्वनाथ सिंह (1789-1854) स्वयं एक दीक्षित रामभक्त एवं कवि थे। उनके कई ग्रंथ रामचरित पर आधारित हैं। इनके पुत्र रघुराज सिंह (1823-79) भी कवि एवं रामभक्त थे जिन्होंने अपने शासन-काल में मानस को भरपूर संरक्षण प्रदान किया। डुमराँव राज्य भी मानस का एक प्रमुख संरक्षक राज्य था। यहाँ गोपालशरण सिंह के संरक्षण में शिवलाल पाठक द्वारा प्रसिद्ध टीका 'मानस अभिप्राय दीपक' लिखा गया।

मानस की चित्रांकित पांडुलिपियाँ भी सत्रहवीं शताब्दी से मिलने लगती हैं। और अगर उस युग के सम्प्रेषण-साधनों की स्थिति को ध्यान में रखें तो यह आश्चर्यजनक लगता है कि उन्नीसवीं शताब्दी के आते-आते बंगाल से लेकर कश्मीर तक प्रायः सभी प्रमुख चित्र-शैलियों से सज्जित रामचरितमानस की पांडुलिपियाँ तैयार की गईं। फिर प्रिंटिंग-प्रेस के स्थापित होने पर कैलेंडर आर्ट से मानस को सजाया जाने लगा तो दूसरी तरफ मिथिला कला जैसी लोक कलाएँ जब 'आधुनिक' होने की प्रक्रिया में थीं तब रामचरितमानस का आश्रय ग्रहण किया गया। आधुनिक काल के भी कुछ चित्रकारों ने रामचरितमानस को चित्रित करने का प्रयास किया है। यह भी एक उल्लेखनीय तथ्य है कि रामचरितमानस के पाठालोचन में इन चित्रित पांडुलिपियों की भूमिका को अब तक नहीं पहचाना गया है।

उन्नीसवीं शताब्दी में मुद्रण यंत्र एवं औपनिवेशिक शासन के स्थापित होते ही मानस को एक नई स्थिति का सामना करना पड़ा। अब मानस की प्रतिलिपि रामानंदी साधुओं एवं देशी रजवाड़ों की निजी सम्पत्ति न होकर सही अर्थों में सर्वसुलभ हो गया था। अंग्रेजी में मानस का प्रथम अनुवाद करने वाले ग्राउज ने 1891 ई. में इस ग्रंथ को दरबार से लेकर झोंपड़ी तक और हिंदुओं के सभी वर्णों

में चाहे वे उच्च वर्ग के हों या निम्न वर्ग के, धनवान हों या गरीब, जवान हों या बूढ़े सबों में प्रशंसित एवं स्वीकृत पाया था।[66] आगे चलकर इसी बात की पुष्टि ग्रियर्सन भी करते हैं : "यदि थोड़ी देर के लिए मानस के साहित्यिक महत्त्व पर हम विचार न भी करें तो भी उसकी सार्वभौम स्वीकृति के संबंध में अत्यंत विनम्रतापूर्वक स्वीकार करना पड़ेगा कि भागलपुर से पंजाब तथा हिमालय से नर्मदा तक इसका प्रचार एवं प्रसार है।" और फिर उन्होंने यह भी कहा कि "यह महान ग्रंथ नौ करोड़ व्यक्तियों के लिए वैसा ही आदरणीय एवं मान्य है जैसी ईसाइयों के लिए बाइबिल..."[67]

एक मौखिक परम्परा वाले देश में जहाँ साक्षरता का प्रतिशत 40 भी न हो, "नौ करोड़ व्यक्तियों के लिए बाइबिल की तरह आदरणीय एवं मान्य" ग्रंथ बनने के लिए स्पष्ट है कि मुद्रण यंत्र के अलावा और भी कुछ अपेक्षित रहा होगा। उत्तर भारत में पुराण बाँचने की एक जीवंत परम्परा चली आ रही थी। पुराणों के फलश्रुतियों वाले अंशों को देखकर यही लगता है कि भारत जैसे मौखिक परम्परा वाले देश में श्रवण, पारायण की अहमियत को पुराणकारों ने बहुत पहले ही समझ लिया था। श्रवण-पारायण द्वारा पाठ को प्रचारित-प्रसारित करने की यही युक्ति मानस पर भी आजमाई गई। अगर 'मूल गोसाईं चरित' पर विश्वास करें तो यह युक्ति स्वयं तुलसीदास ने अपनाई थी। लेकिन मानस की प्राचीन पांडुलिपियों पर अनुसंधान करने वाले अध्येताओं के अनुसार 1862 ई. में माधवदास द्वारा सम्पादित मानस के पहले कोई ऐसी पाण्डुलिपि नहीं मिलती जिसमें पारायण का उल्लेख किया गया हो।[68] अनुमान किया जा सकता है कि मानस के नवाह्य एवं मासपारायण की लोक-व्याप्ति मानस के मुद्रण के साथ ही आरम्भ हुई होगी।

रामचरितमानस का सर्वप्रथम मुद्रण फोर्ट विलियम कॉलेज के संरक्षण में बाबू राम पंडित के संस्कृत प्रेस से 1811 ई. में कलकत्ता में हुआ। यह पाँच सौ पृष्ठ का, सदल मिश्र द्वारा लिप्यंतरित संस्करण था।[69] कलकत्ता से ही 1831 ई. में बिहार प्रेस द्वारा 444 पृष्ठों का एक और 'तुलसी-रामायण' मुद्रित हुआ।[70] 1832 ई. में कानपुर से 1849 ई. में आगरा से, 1851 ई. में मेरठ से, 1853 ई. में बनारस से, 1881 ई. में सुखदेव लाल की टीका के साथ तथा 1821 ई. में बैजनाथ कुर्मी की टीका के साथ नवलकिशोर प्रेस लखनऊ से मानस का मुद्रण हुआ। सन् 1870 ई. में लाहौर तथा दिल्ली से गुरुमुखी लिपि में तथा 1880 के दशक में बंगला, उड़िया एवं गुजराती लिपि में इसके प्रकाशन से मानस की लोकप्रियता का पता चलता है। 1889 ई. में खड्ग विलास प्रेस, पटना से प्रकाशित होते वक्त मानस के 126 संस्करण निकल चुके थे।[71] आखिर इस लोकप्रियता का कारण क्या था?

न सिर्फ नवाह्य एवं मासपारायण करने वाले कथा-वाचकों एवं आयोजक श्रोताओं के बीच बल्कि औद्योगिक क्रांति की कोख से जन्मे 'प्रबुद्ध' औपनिवेशक शासकों के मध्य भी आखिर यह रचना क्यों लोकप्रिय हो रही थी?

इंग्लैंड से भारत आने वाले औपनिवेशक शासकों का प्रथम दल भारतीय सभ्यता को 'समझने' के लिए इस्लाम-पूर्व भारत और संस्कृत को उपयुक्त समझता था। यह अकारण नहीं है कि विलियम जोंस (1746-1794) की पीढ़ी के कोलब्रुक, विलकिन्सन, वेलेंटाइन सभी प्राच्यविद्-अधिकारी ब्राह्मण मनीषी-वर्ग के सहारे संस्कृत की परम्परा का बौद्धिक पुनरुत्थान चाहते थे। इनकी दृष्टि में भारत का मध्य-काल न सिर्फ एक अंधकार-युग था बल्कि वर्तमान विकृतियों के लिए जिम्मेदार भी था। लेकिन प्राच्यविदों की दूसरी पीढ़ी–ग्रियर्सन, टेम्पुल, ओड़ोनल, मेक्डोनल, ग्राउज, क्रुक की पीढ़ी की सोच कुछ दूसरे ढंग की थी। ये मध्यकालीन भक्ति-आन्दोलन को सहानुभूति से देखते थे क्योंकि एक तो वो सर हेनरी मेन के प्रभाव में तत्कालीन केल्टिक सांस्कृतिक पुनरुत्थान से स्वयं जुड़े थे[72] और जैसा कि इतिहासकार बेली ने लिखा है वो अंग्रेजी शिक्षा प्राप्त उच्च वर्ग के उपनिवेश-विरोधी राष्ट्रवाद को नैतिक राष्ट्रवाद से विस्थापित करना चाहते थे।[73] ये विक्टोरियन नैतिकता के भी प्रबल आग्रही थे। यह अकारण नहीं है कि न सिर्फ ईसाई धर्म-प्रचारकों की दृष्टि बल्कि ग्रियर्सन जैसे प्रबुद्ध शिक्षाविदों की निगाह में भी हिन्दू धर्म का सर्वाधिक घृणास्पद पक्ष उसकी 'ऐन्द्रिकता' था। 1824-25 में भारत-यात्रा करते हुए बिशप हेबर को जब यह पता चला कि सहजानन्द सरस्वती कृष्णोपासक हैं तो उन्हें धक्का-सा लगा क्योंकि कृष्ण का नाम उनकी निगाह में 'अश्लीलता एवं विकराल पागलपन' से जुड़ा था।[74] वस्तुतः कृष्ण की उदात्त सौन्दर्यानुभूति एवं सहज शृंगारिकता के बदले हेबर एवं ग्रियर्सन की पीढ़ी के सामने उन्नीसवीं शताब्दी की पतित पुष्टिमार्गीय मंदिरों की आनुष्ठानिक विलासमय झाँकियाँ थीं और जिसकी वास्तविकता 'महाराज के मानहानि वाले मुकदमे' से जगजाहिर हो चुकी थी।

महाराज के मानहानि का मुकदमा वारेन हेस्टिंग्स के मुकदमे के बाद का सबसे सनसनीखेज मुकदमा माना जाता है। इस मुकदमे का भारतीय इतिहास पर दूरगामी प्रभाव पड़ा। पुष्टि-मार्ग में भक्त और भगवान के बीच गुरु की भूमिका, जिसे वहाँ महाराज कहा जाता है एक अपरिहार्य मध्यस्थ की मानी गई है। वल्लभाचार्य के अनुसार भक्त के पास जो कुछ है वह मंदिर का है यानि गुरु का है, महाराज का है। कालान्तर में भक्त की सम्पत्ति के साथ-साथ भक्त की पत्नी एवं पुत्री भी गुरु की सम्पत्ति मान ली गई। इस पुष्टिमार्गीय व्यभिचार के खिलाफ करसन दास मुल

जी नामक व्यक्ति ने अक्तूबर 1860 को अपने अखबार 'सत्यप्रकाश' में जमकर आक्षेप किया। महाराज ने पत्र के संपादक एवं प्रकाशक पर मानहानि का मुकदमा ठोक दिया। इस मुकदमे की सुनवाई के दौरान पुष्टिमार्गीय मंदिरों की सनसनीखेज सच्चाइयाँ लोगों के सामने खुलकर स्पष्ट हुईं। यह तथ्य भी सामने आया कि महाराज यौन-रोग से पीड़ित थे। फैसला महाराज के खिलाफ सुनाया गया। अपने फैसले में अंग्रेज न्यायाधीश ने लिखा कि "हम लोगों के समक्ष प्रश्न धर्मशास्त्र का नहीं है बल्कि नैतिकता का है...जो नैतिक रूप से गलत है वह धर्मशास्त्रीय दृष्टि से सही नहीं हो सकता।"[75] इस मुकदमे ने जर्गेन लुट के अनुसार सहजानंद, भारतेन्दु, बंकिम, दयानंद एवं गाँधी जैसे पुष्टि-मार्ग से जुड़े व्यक्तियों को कृष्ण-लीला के स्थान पर राम-राज्य की कल्पना के लिए प्रेरित किया।[76] लीला पुरुषोत्तम कृष्ण के स्थान पर मर्यादा पुरुषोत्तम राम की स्थापना यहीं से शुरू हुई। ऐसे में मानस को केन्द्रीय स्थान मिलना ही था। ग्रियर्सन लिखते हैं : "जब हम तंत्रग्रस्त बंगाल के भाग्य पर गम्भीरतापूर्वक विचार करते हैं अथवा कृष्ण-पूजा के नाम पर होने वाले विलासपूर्ण कृत्यों पर दृष्टिपात करते हैं तब हम तुलसीदास जी के महत्त्व का मूल्यांकन कर पाते हैं, जिन्होंने उत्तर-भारत में सर्वप्रथम संसार के पापों की जघन्यता एवं भगवान की अनन्त दया की ओर हमारा ध्यान आकर्षित करते हुए कहा था–'चाहे कोई छोटा हो या बड़ा, जो भगवान से पूर्ण प्रेम करता है वही पूर्ण प्रार्थना भी करता है।' किन्तु गोस्वामी जी ने इस आदर्शमय धर्म का केवल उपदेश ही नहीं दिया अपितु जनता द्वारा इसे स्वीकृत कराने में भी उन्हें सफलता मिली। उन्होंने कोई सम्प्रदाय नहीं चलाया और न कोई धार्मिक सिद्धांत ही स्थिर किए तथापि उनका महान ग्रंथ नौ करोड़ व्यक्तियों के लिए वैसा ही आदरणीय एवं मान्य है जैसी ईसाइयों के लिए बाइबिल और यह उन लोगों के लिए सौभाग्य की बात है कि ऐसे ग्रंथ का उन्हें पथप्रदर्शन प्राप्त है। जनता के लिए रामचरितमानस आदर्श-सिद्ध ग्रंथ है।[77] इसलिए न सिर्फ फोर्ट विलियम कालेज के पाठ्यक्रम में इस 'आदर्श-सिद्ध ग्रंथ' को स्थान दिया गया बल्कि जब कॉलेज की तरफ से विलियम प्राइस ने तरुणि चरण मित्र के सहयोग से हिन्दी हिन्दुस्तानी ब्रजभाषा का व्याकरण तैयार किया तो मानस का सुन्दरकांड नमूने के तौर पर सर्वाधिक उपयुक्त पाया गया।[78] यही नहीं बल्कि जब 1886 ई. में वियना में अन्तर्राष्ट्रीय प्राच्यविद् कांग्रेस हुई तब ग्रियर्सन ने हिन्दुस्तान के मध्यकालीन साहित्य का ब्यौरा तुलसी व मानस को केन्द्र में रखते हुए प्रस्तुत किया। ग्रियर्सन के इस प्रबंध में तुलसी की हस्तलिखित कही जाने वाली राजपुर के प्रति का दस पृष्ठ, बनारस की पुरानी पांडुलिपि के तीन पृष्ठ, पंचनामे में कवि के तथाकथित

हस्तलेख का एक पृष्ठ एवं काशी नरेश के संरक्षण में निर्मित मानस के लघुचित्रों के कुछ चित्र-फलक भी संयोजित किए गए थे। ग्रियर्सन के इस प्रबंध का हिन्दी साहित्य के आरम्भिक इतिहासकारों–मिश्रबंधु, रामचन्द्र शुक्ल, अयोध्या सिंह उपाध्याय हरिऔध पर एक गहरा असर लक्षित किया जा सकता है।[79]

बीसवीं शताब्दी के आरंभ में गीता-प्रेस की स्थापना से मानस के प्रचार में व्यापक वृद्धि हुई। यूँ तो गीता-प्रेस की स्थापना से पहले ही मानस के करीब डेढ़ सौ संस्करण निकल चुके थे लेकिन जिस अनुपात में इसने मिशनरी प्रतिबद्धता के साथ इस हिन्दी ग्रंथ को प्रकाशित करना आरंभ किया, वह अतुलनीय है। जयदयाल गोयंदका द्वारा स्थापित इस प्रेस से हनुमान प्रसाद पोद्दार ने 'कल्याण' पत्रिका निकालना आरम्भ किया। कहा यह भी जाता है इस पत्रिका को निकालने के लिए ही गीता-प्रेस की स्थापना की गई थी।[80] जो भी हो कल्याण पत्रिका का मानसांक अगस्त 1938 ई. में प्रकाशित हुआ। चालीस हजार छह सौ (40,600) प्रतियों वाला यह विशेषांक तत्काल बिक गया तब से गीता-प्रेस रामचरितमानस के कई आकार प्रकारों में हजारों संस्करण प्रस्तुत कर चुका है।[81] आज गीता-प्रेस की कुल आमदनी का चालीस प्रतिशत सिर्फ रामचरितमानस की बिक्री से आता है।[82] मानस को नागरी प्रचारिणी सभा, लोकभारती प्रकाशन, वाणी प्रकाशन, काशीराज ट्रस्ट, वेंकटेश्वर प्रेस जैसे सभी महत्त्वपूर्ण प्रकाशकों द्वारा मुद्रित करने के बावजूद हनुमान प्रसाद पोद्दार की टीका एवं चिम्मनलाल गोस्वामी तथा नंददुलारे वाजपेयी द्वारा पाठशोधित गीता-प्रेस का संस्करण ही सर्वाधिक लोकप्रिय है।

रामचरितमानस को बीसवीं शताब्दी के आरम्भ में अगर एक ओर गीता-प्रेस से बढ़ावा मिला तो दूसरी ओर रामानंदी सम्प्रदाय के अन्तर्गत कुछ ऐसे समूहों द्वारा अपनाया गया जो अपनी प्रतिष्ठा बढ़ाने के लिए इस रचना को बेहद उपयोगी मानने लगे थे। भारतीय धर्मसाधना के क्षेत्र में भी (अन्य सामाजिक क्षेत्रों की तरह) जातियों के निरंतर संघर्ष को एक अन्तर्निहित उपपाठ की तरह पढ़ा जा सकता है। यह कोई छुपा हुआ रहस्य नहीं है कि वे कौन लोग थे जो रामानंद को 'ब्राह्मण' रामानुजाचार्य का शिष्य मानने से इनकार कर रहे थे तथा रामानंद को भगवान रामचंद्र का अवतार घोषित कर रहे थे। बीसवीं शताब्दी के आरम्भ में (1918-21) ये क्रांतिकारी रामानंदी जो अधिकांश पिछड़ी जातियों के थे अपने को वैष्णव क्षत्रिय घोषित करने लगे।[83] मानस इनके लिए अगर एक प्रतिष्ठा बढ़ाने वाला ग्रंथ साबित हुआ तो क्या इसका कारण इस महाकाव्य का वह चारित्रिक गुण है जिसे फिलिप लुटगेनड़ार्फ ने 'व्यवस्था एवं निरंकुशता के विरोधाभासी तनाव' के रूप में रेखांकित किया है।[84]

बीसवीं शताब्दी के आरम्भ में मानस का विनियोग सिर्फ क्रांतिकारी रामानंदियों के द्वारा ही नहीं हुआ बल्कि छत्तीसगढ़ के रामनामी सम्प्रदाय एवं बाबा रामचन्द्र के नेतृत्व में अवध किसान आन्दोलन (1919-22) में भी खूब हुआ।

उन्नीसवीं शताब्दी के अन्तिम दशक में परशुराम नामक एक अछूत चर्मकार ने छत्तीसगढ़ में रामनामी सम्प्रदाय की स्थापना की। जल्द ही यह सम्प्रदाय हरिजनों के धार्मिक जीवन का एक अभिन्न अंग बन गया। इस सम्प्रदाय ने अधिकृत कृति के तौर पर रामचरितमानस को अपनाया। निरक्षर रामनामी संप्रदाय के बीच मानस 'श्रुति' का अंग थी 'स्मृति' का नहीं और रामनाम मंत्र की तरह था वैदिक 'ओऽम' की तरह। लेकिन आख्यान के रूप में मानस की कहानी इस सम्प्रदाय के लिए स्मृति थी श्रुति नहीं इसलिए वे इसकी व्याख्या, विकास एवं चुनाव अपने मनमुताबिक कर सकते थे। इसलिए वे "बिप्र धेनु सुर संत हित लीन्ह मनुज अवतार/निज इच्छा निर्मित तनु माया गुन गो पार।" 1.192 को बदलकर यूँ गा सकते थे : रामनाम धेनु सुर संत हित लीन्ह मनुज अवतार/निज इच्छा निर्मित तनु माया गुन गो पार।" यही नहीं बल्कि जब इस सम्प्रदाय में शिक्षा एवं दलित-चेतना का प्रसार हुआ तब वे मानस के उन अंशों को, जिसे वे 'गलत' मानते थे, हटाकर तुलसी के ही दोहावली कबीर के बीजक एवं रामसनेही संप्रदाय में प्रचलित 'विश्राम सागर' के पदों को शामिल करने लगे। यह प्रक्रिया उनके लिए अपने धर्मग्रंथ को पूर्ण बनाने की तरह थी। जैसा कि एक रामनामी ने कहा : "रामचरितमानस इतना अच्छा है कि हम उसे खराब नहीं सिर्फ बढ़िया ही कर सकते हैं।"[85]

अपने उद्देश्य की पूर्ति के लिए मानस को अनुकूलित कर उसके उपयोग करने की एक ऐसी ही चेष्टा अवध के किसान आन्दोलन में भी दिखाई पड़ती है। अवध के किसानों को अंग्रेजों एवं स्थानीय जमींदारों के उत्पीड़न के खिलाफ लामबंद करने के लिए इस आन्दोलन के नेता बाबा रामचन्द्र ने मानस के माध्यम से धार्मिक प्रतीकों का जमकर प्रयोग किया। यहाँ यह उल्लेख करना अप्रासंगिक नहीं होगा कि भारत में राजनैतिक प्रतिक्रियाएँ धार्मिक प्रतीकों में ढलकर ही व्यक्त होती रही हैं।[86] बाबा का असली नाम रामचन्द्र नहीं बल्कि श्रीधर बलवंत जोधपुरकर था। इन्होंने न सिर्फ अपना नाम बल्कि अभिवादन का एक नया तरीका अपनाया। 'सीताराम' कहकर अभिवादन करने की उनकी शैली अवध के हिन्दू मुसलमान किसानों के बीच साझेपन की एक मिशाल बन गई। आन्दोलन के जलसों के दौरान "सीताराम" का उच्चारण लोगों को एकजुट करने का आह्वान बन गया।[87] नेहरू अपनी जीवनी में लिखते हैं : "यूँ तो सीता-राम कहने की एक पुरानी परम्परा थी लेकिन उन्होंने इसे ऐसी अर्थवत्ता प्रदान की कि यह युद्धकालीन

आपात-स्थिति का संकेतक तथा विभिन्न गाँवों के बीच साझे का प्रतीक बन गया। फैजाबाद, प्रतापगढ़ और रायबरेली—ये जिले अयोध्या राज के हिस्से हैं, जहाँ तुलसी रामायण घर-घर कही जाती है और जिसकी हजारों चौपाइयाँ लोगों के दिलों में बसी हुई हैं।"[88] बाबा रामचन्द्र ने किसानों को आन्दोलित करने में उनके मानस-ज्ञान का भरपूर लाभ उठाया। सन् 1917 ई. में झिंगुरी सिंह एवं सुखदेव सिंह ने अवध के रूरे ग्राम में किसान सभा स्थापित कर बाबा रामचन्द्र से उसे नेतृत्व प्रदान करने का अनुरोध किया : बाबा ने रूरे पहुँचकर मानस की यह चौपाई सुनाई : "राज समाज बिराजत रूरे। उड़गन महूँ जनु जुग बिधु पूरे।" 1.240.2 बाबा के वक्तृत्व ने किसानों को समझाया कि अर्द्धाली का रूरे कोई अकर्मक क्रिया नहीं बल्कि उनका अपना गाँव रूरे है। बाबा रामचन्द्र का तरीका यह था कि वे अपनी बातों के समर्थन के लिए मानस की पंक्तियों को सन्दर्भ से काटकर उद्धृत करते थे।[89] अंग्रेजों एवं उनके सहयोगी जमींदारों द्वारा किसानों के उत्पीड़न की उन्होंने इन्द्र की कपटपूर्ण नीतियों से तुलना की : "कपट कुचालि सीवँ सुरराजू। पर अकाज प्रिय आपन काजू।। काक समान पाकरिपु रीती। छली मलीन कतहुँ न प्रतीती।।" 2.301.1 और किसानों की स्थिति वन-वन भटकते राम की तरह बतलाया : "राम लखन सिय बिनु पग पनहीं। करि मुनि भेष फिरहिं बन बनहीं।। अजिन बसन फल असन महि सयन ड़ासि कुसपात। बसि तरू तर नित सहत हिम आतप बरष बात।।" 2.211 उनके अनुसार अंग्रेज ही वह बढ़ई हैं जिन्होंने तालुकदारी व्यवस्था का 'कुजंत्रु' बनाया : मातु कुमात बढ़ई अघ-मूला। तेहिं हमार हित कीन्ह बँसूला।। कति कुकाठ कर कीन्ह कुजंत्रु। गड़ि अवधि पढ़ि कठिन कुमंत्रु।।" 2.211.4 बाबा रामचन्द्र सिर्फ अंग्रेजों की आलोचना के लिए ही नहीं बल्कि किसान आन्दोलन को एक जुझारू रूप देने के लिए भी मानस का दृष्टांत प्रस्तुत करते थे। भुशुंडि के हवाले से बाबा का कहना था कि कोई कितना भी यत्न से सिंचाई करे लेकिन केला काटने से ही फलता है और आप नीच पर जितना भी विनय दिखाएँ वह डाँटने पर ही सुनेगा : "काटेहिं पइ कदली फरइ कोटि जतन कोउ सींच। विनय न मान खगेस सुनु डाँटेहि पै नव नीच।।" 5.58

एक स्थल पर अपने को रावण एवं किसानों को अपना सैनिक कल्पित करते हुए बाबा रामचन्द्र कहते हैं : "जो रन विमुख सुना मैं काना। सो मैं हतब कराल कृपाणा।।" 6.41.4 अगर मैंने अपने कानों से किसी के युद्ध से भागने की बात सुनी तो मैं अपनी तलवार से उसका वध कर डालूँगा।

बाबा रामचन्द्र के पैम्पलेटों को पढ़ने पर यही ज्ञात होता है कि मानस का प्रयोग भक्ति के लिए नहीं बल्कि अंग्रेजों, जमींदारों, कांग्रेसी नेताओं के दोहरे चरित्र

को उद्घाटित करने के लिए किया गया।[90] सामाजिक परिवर्तन को दिशा देने के लिए हिन्दी के इस काव्य-ग्रंथ का उपयोग काव्य मात्र की उपयोगिता पर एक नई रोशनी डालती है।

यह तथ्य भी उल्लेखनीय है कि बाबा रामचन्द्र ने कहीं भी रामराज्य की बात नहीं की। यही नहीं कि उन्होंने इसका उल्लेख नहीं किया बल्कि कई स्थलों पर वे सन्दर्भ आने पर इससे बचते नजर आते हैं[91] जबकि दूसरी तरफ राष्ट्रवादी आन्दोलन में और विशेषकर महात्मा गाँधी में रामराज्य की अवधारणा की एक अहम् भूमिका है। गाँधीजी स्वतंत्र भारत के लिए 'स्वराज' से अधिक 'रामराज' की कल्पना को स्पृहणीय मानते थे क्योंकि उनके अनुसार रामराज महज राजनैतिक स्वतंत्रता का नाम न होकर एक प्रकार का धर्मराज है।[92] गाँधी जी तुलसी के मानस को न सिर्फ वाल्मीकि रामायण से बड़ी रचना मानते थे[93] बल्कि सम्पूर्ण भक्ति साहित्य में इसे महानतम कृति का दर्जा देते थे।[94] यह अकारण नहीं है कि गाँधी जी के पूरे लेखन में मानस की दोहे-चौपाइयाँ बहुत जगह उद्धृत हुई हैं। सम्भव है कि उनके नैतिक विजन के बनने में मानस के प्रबल नैतिक आग्रह का भी हाथ हो। उन्हें असहयोग आन्दोलन की प्रेरणा परम बलवान रावण से निर्बल सीता के असहयोग के प्रकरण से प्राप्त हुई थी।[95]

राजनीति को धर्म के करीब लाने में गाँधी जिस प्रकार मानस के 'रामराज' को उपयोगी पाते हैं उसी प्रकार बीसवीं शताब्दी की भारतीय राजनीति के एक और बड़े राजनेता डॉ. राममनोहर लोहिया धर्म और राजनीति पर पुनर्विचार के वक्त तुलसी-रामायण का स्मरण करते हैं। वे लिखते हैं : "धर्म और राजनीति का रिश्ता बिगड़ गया है। धर्म दीर्घकालीन राजनीति है और राजनीति अल्पकालीन धर्म। धर्म श्रेयस की उपलब्धि का प्रयत्न करता है, राजनीति बुराई से लड़ती है। हम आज एक दुर्भाग्यपूर्ण परिस्थिति में हैं जिसमें कि बुराई से विरोध की लड़ाई में धर्म का कोई वास्ता नहीं रह गया है और वह निर्जीव हो गया है जब कि राजनीति अत्यधिक कलही और बेकार हो गई है।"[96] इस स्थिति से उबरने के लिए लोहिया ने चित्रकूट में रामायण मेला प्रस्तावित किया था जिसमें लोकप्रचलित मानस की नवाह्न पारायण की योजना रखी गई; लोहिया के अनुसार, "एक अगुआ दोहा-चौपाई लय से पढ़ेगा और उसको हजार दस हजार या लाख, जितने भी लोग हों, उसी लय में दोहराने की कोशिश करेंगे। इन अगुओं में औरतें, शूद्र और अन्यधर्मी जरूर होंगे। द्विज तो होंगे ही। हो सकता है कुछ कट्टर हिन्दू सोचें कि हिन्दू धर्म भ्रष्ट किया जा रहा है और कुछ कट्टर अन्य धर्मी भी सोचें कि उनको खाने और हिन्दू धर्म में खपाने की कोशिश हो रही है। वास्तविकता यह है कि

उन्मुक्त मानव आनन्द और पूरे हिन्दुस्तान की एक राष्ट्रीयता इस तरह के नवाह्य पाठ से जगेंगे।"[97] गाँधी की तरह लोहिया की दृष्टि भी जनोन्मुख थी इसलिए वे परम्परा को रूढ़ि से तथा विवेक को श्रद्धा से अलग कर सकते थे; उनका विचार था कि "तुलसी की रामायण में निश्चय ही सोना हीरा मोती बहुत हैं, लेकिन उसमें कूड़ा और उच्छिष्ट भी काफी हैं। इन दोनों को धर्म से इतना पवित्र बना दिया गया है कि भारतीय जन की विवेक दृष्टि लुप्त हो गई है। इस मेले (रामायण) का उद्देश्य है कि भारतीय जनता वह विवेक-दृष्टि पुनः प्राप्त करे।"[98] लेकिन भारतीय राजनीति में कुछ ऐसे भी लोग थे जिन्होंने मानस को एक धार्मिक-ग्रंथ की तरह एक अनैतिहासिक सृष्टि में ढाल देना चाहा था और जिन्होंने न सिर्फ अपनी पार्टी का नाम रामराज पार्टी रखा था बल्कि "बरनास्रम निज-निज धरम निरत बेद पथ लोक।" 7.20 को शब्दशः लागू करना चाहा था।[99] वे अछूत को अछूत और ब्राह्मण को ब्राह्मण बनाए रखकर ही रामराज्य की कल्पना कर सकते थे। इस सन्दर्भ में स्वामी करपात्री (1907-82) की रामराज पार्टी का 1952 के संसदीय चुनाव का घोषणा-पत्र दृष्टव्य है।

मानस को बीसवीं शताब्दी में देशी पूँजीपतियों एवं छोटे-बड़े व्यापारियों से भी काफी संरक्षण मिला। इसका सम्भवतः एक कारण तो यह था कि यहाँ सामाजिक पूँजी के अभाव एवं फुकोयामा के शब्दों में 'लो ट्रस्ट सोसाइटी'[100] की बाध्यताओं के कारण देश का पूँजी एवं व्यापारी वर्ग का प्रबंधन परिवार आधारित रहा है; स्पष्टतः वे परिवार नामक संस्था एवं पारिवारिक मूल्यों को सर्वाधिक महत्त्व देते और मानस से उपयुक्त ऐसी कौन-सी रचना हो सकती थी जो इन मूल्यों को इतनी शक्तिशाली ढंग से प्रस्तुत करती हो। रवीन्द्रनाथ ठाकुर ने रामायण के इस पक्ष को बहुत पहले ही रेखांकित किया था : "रामायण की प्रधान विशेषता यह है कि घर की बात को ही बड़ा करके दिखाया है। पिता-पुत्र में, भाई-भाई में, पति-पत्नी में जो धर्म का बंधन है, जो प्रीति और भक्ति का सम्बन्ध है, रामायण ने उसे इतना महान कर दिया है कि वह अत्यंत सहज रूप में महाकाव्य के उपयुक्त हो गया है। हमारे देश में गृहस्थ आश्रम का जो इतना ऊँचा स्थान था, इस काव्य में उसी को प्रमाणित किया गया है। गृहस्थाश्रम पूरे समाज को समेटकर रखता था और मनुष्य को सच्चे अर्थों में मनुष्य बनाता था। गृहस्थाश्रम भारतवर्षीय आर्य समाज की भित्ति है। रामायण उसी गृहस्थाश्रम का काव्य है।"[101] समाजशास्त्री प्रो. योगेन्द्र सिंह का यह कहना सही है कि भारत में पूँजीवाद की शुरुआत पारिवारिक पूँजीवाद से हुई। यद्यपि औपनिवेशक राजस्व नीति भारतीयों को पूँजी लगाने से रोकती थी; बावजूद

इसके पारिवारिक पूँजीवाद पनपता रहा। उद्यमी संस्कृति में जो खतरा उठाने के सहभागी प्रयास अपेक्षित होता है संयुक्त परिवार की धारणा से उसे काफी सहायता मिली।[102] मारवाड़ियों पर जो अध्ययन हुए हैं उससे यही बात सामने आई है कि वे इसलिए इतने सफल हुए क्योंकि उन्हें 'परदेश' जाने में कोई चिंता या दुविधा इसलिए नहीं होती थी क्योंकि उन्हें इस बात की तसल्ली थी कि उनकी अनुपस्थिति में भी उनकी पत्नी व बच्चों की देखभाल के लिए 'देश' में उनका संयुक्त परिवार है।[103]

यह उल्लेखनीय है कि प्रारम्भ में मारवाड़ी समुदाय जहाँ भी अपना कारोबार जमाने में सफल रहा, उपभोक्तावादी बनने के बजाय धार्मिक-सांस्कृतिक गतिविधियों में खुलकर योगदान दिया। यह अलग बात है कि उनकी अधिकांश गतिविधियाँ सनातनी थीं। मानस को संरक्षण प्रदान करना भी उनकी निगाह में अन्य बातों के अतिरिक्त एक सनातनी कर्म था। इसलिए बनारस में स्वामी करपात्री के आन्दोलन को आर्थिक सहायता देना हो या ज्ञानवापी मंदिर में मानसोत्सव मनाना हो या गोरखपुर में गीता-प्रेस स्थापित करना हो या कल्याण जैसी पत्रिका निकालनी हो या सत्यनारायण तुलसी मानस मंदिर का निर्माण करना हो या बिरला अकादमी ऑफ आर्ट एंड कल्चर द्वारा मानस का प्रवचन एवं 'मानस मुक्तावली' जैसा प्रकाशन करना हो या राम मंदिर का निर्माण एवं मानस पर कथा एवं प्रवचन तथा रामलीला का आयोजन करना हो; सभी उनके लिए एक करणीय सनातनी कर्म बन गया था। इस प्रकार के काम में बिड़ला, सुरेका या गोयंदका जैसे बड़े व्यापारिक घराने ही शामिल नहीं थे बल्कि छोटे-छोटे व्यापारी भी अपनी प्रतिष्ठा ऐसी गतिविधियों से ही जोड़कर देखते थे। यह अकारण नहीं है कि बीसवीं शताब्दी में मानस के नवाह्य एवं मासपारायण तथा कथा-प्रवचनों की एक बाढ़-सी आ गई दिखती है।

बीसवीं शताब्दी में इलेक्ट्रोनिक मीडिया को बड़े पैमाने पर भारत में लोकप्रिय बनाने में मानस ने एवं मानस को एक बार फिर पुनर्वसित करने में इलेक्ट्रोनिक मीडिया ने महत्त्वपूर्ण भूमिका निभाई। मानस चतुःशती के अवसर पर सर्वप्रथम मुरली मनोहर स्वरूप के संगीत निर्देशन में मुकेश के गाए रामचरितमानस का रिकार्ड सामने आया फिर इसका कैसेट भी बाजार में लाया गया। यह इस कैसेट की लोकप्रियता ही कही जाएगी कि बाद में आकाशवाणी से हर सुबह इसे प्रसारित करने की परम्परा शुरू हुई जो आज तक जारी है। वैसे संगीत के तीनों ही रूपों–शास्त्रीय, लोक एवं लोकप्रिय में रामचरितमानस की अत्यन्त ही प्रभावशाली उपस्थिति देखी जा सकती है।

पंडित लालमणि मिश्र की यह उक्ति सही है कि "मानस-गान का विस्तार जितना शास्त्रीय संगीत में हुआ है उससे कहीं अधिक विस्तार लोक-संगीत के रूप में है। यहाँ लोक-संगीत से हमारा तात्पर्य यह है कि जिसमें मानस का गान लोक-गीतों के प्रकारों से मिलता-जुलता है तथा लोक-संगीत का वाद्यों के साथ होता है। मानस के गान का यह लोक-गीतों का-सा रूप समस्त उत्तर-प्रदेश, बिहार, मध्य-प्रदेश, दिल्ली, राजस्थान तथा पंजाब के कुछ इलाकों तक दूर तक फैला हुआ है। इस समस्त क्षेत्र में लगभग डेढ़ सौ से भी अधिक चौपाइयों की धुनों का प्रचार है।"[104]

बीसवीं शताब्दी के आठवें दशक में भारतीय दूरदर्शन को एक बेहद लोकप्रिय माध्यम के रूप में प्रतिष्ठित करने में जिन धारावाहिकों की प्रमुख भूमिका रही, उनमें रामानंद सागर के रामायण को अग्रगण्य कहा जा सकता है। इस धारावाहिक की पटकथा अधिकांशतः मानस पर आधारित थी; यही नहीं बल्कि इसके पार्श्व-संगीत में भी मानस की चौपाइयों का प्रयोग किया गया था। यह धारावाहिक 25 जनवरी 1987 से 31 जुलाई 1988 तक हर रविवार सुबह 9:30 बजे भारत के राष्ट्रीय चैनल दूरदर्शन पर प्रसारित किया जाता था। कहा जाता है कि इसे देखने के लिए करीब दस करोड़ की भीड़ जुटती थी जो दक्षिण एशिया के इतिहास में अभूतपूर्व मानी गई।[105]

इस धारावाहिक की लोकप्रियता इतनी संक्रामक थी कि रविवार के दिन का वह समय मानो स्थिर-सा हो जाता था। इस धारावाहिक की लोकप्रियता ने संरक्षण की राजनीति, 'अनेक रामायण' की अवधारणा तथा धर्मनिरपेक्ष राज्य के धार्मिक-सांस्कृतिक उत्तरदायित्व जैसे मुद्दों को एक बार फिर विवादास्पद बना दिया था। इतिहासकार रोमिला थापर का कहना था कि चूँकि इस देश में अनेक धर्म और अनेक रामायण हैं और भारतीय राज्य सम्पूर्ण भारतीय जनता का प्रतिनिधित्व करता है तो सिर्फ तुलसी-रामायण को राज्य द्वारा पोषित एवं संरक्षित चैनल पर दिखलाना कहाँ तक न्यायोचित है?[106]

क्या यह प्रश्न आज इक्कीसवीं शताब्दी के आरम्भिक वर्षों में जब जी.टी.वी. पर बी.आर. चोपड़ा का रामायण एवं कार्टून नेटवर्क पर यूगो साको का 'रामायण : द लीजेंड ऑफ प्रिंस राम' प्रसारित हो रहा है, उठाया जा सकता है? राज्याश्रित अर्थतंत्र के टूटने एवं उपग्रह चैनलों के आ जाने से तथाकथित बाजार भी अगर तुलसी-रामायण पर आधारित बी. आर. चोपड़ा के धारावाहिक को अपना रही है तो जाहिर है इसके सूत्र कहीं और हैं। भारतीय कला केन्द्र में पिछले चालीस वर्षों से लगातार आयोजित होने वाली रामलीला अब डिजीटल रोशनी एवं आधुनिकतम फैशनेबुल जवाहरातों के साथ प्रस्तुत हो रही है।[107]

टर्नर इंटरटेनमेंट नेटवर्क एशिया (टेना) के उपराष्ट्रपति एवं प्रमुख प्रबंधक श्री इयन डायमंड ने कार्टून नेटवर्क पर 'रामायण : द लीजेंड ऑफ प्रिंस राम' के प्रसारण को उग्र स्थानीकरण की रणनीति बताया। दिल्ली के प्रेस कान्फ्रेंस में उनका कहना था कि स्थानीय विषय हमेशा ही एक शक्तिशाली दर्शक वर्ग पैदा करता है लेकिन रामायण जैसे धारावाहिक के सहारे सांस्कृतिक समावेशीकरण की एक नई नीति का सूत्रपात किया जा सकता है।[108] क्या यह परम्परा है या उसका व्यावसायिक दोहन?

एक रचना की यात्रा नदी की यात्रा है–हिमनदों से निकलकर समय की आँच में पिघलती हुई, निरन्तर आगे बढ़ती हुई फिर भी पीछे कुछ न कुछ छोड़ती हुई... अक्रमिक एक जीवित जल की यात्रा। रामचरितमानस की यात्रा को सोलहवीं शताब्दी के अंत से इक्कीसवीं शताब्दी के आरम्भ तक एक क्रम तो दिया जा सकता है लेकिन क्या उस बहते हुए प्रवहमान समय में जल की अक्रमिकता एवं जीवितता का अवबोध सम्भव है?

सन्दर्भ एवं टिप्पणियाँ

1. रवीन्द्रनाथ ठाकुर, रवीन्द्रनाथ के निबंध, भाग 2, साहित्य आकदेमी, द्वितीय संस्करण, 1977, पृ. 391
2. हजारीप्रसाद द्विवेदी, हिन्दी साहित्य उद्‌भव और विकास, राजकमल प्रकाशन, नई दिल्ली, पुनर्मुद्रित 1995, पृ. 133
3. ए.के. रामानुजम, थ्री हंड्रेड रामायणा : फाइव एक्जाम्पुल्स एंड थ्री थाउट्स आन ट्रांसलेशन, इन पाव्ला रिचमेन (सं.) मेनी रामायणा, आक्सफार्ड यूनिवर्सिटी प्रेस, 1994, पृ. 46
4. इस लेख में रामचरितमानस के लोकभारती संस्करण का उपयोग किया गया है। लंकाकांड से उत्तरकांड को 1 से 7 की संख्या द्वारा संकेतित किया गया है एवं उसके बाद दोहा व चौपाई की संख्या दी गई है। योगेन्द्र प्रताप सिंह (सं), श्रीरामचरितमानस, लोकभारती प्रकाशन, इलाहाबाद, प्रथम संस्करण 1999, पृ. 72
5. मुकुन्द लाठ, संगीत एवं चिन्तन, प्रभात प्रकाशन, नई दिल्ली, प्रथम संस्करण 1994, पृ. 24-25
6. इस चौपाई से यह नहीं पता चलता कि यह रचना के प्रारम्भ करने की तिथि है या उसके प्रकाशन की। कृति में रचना की समाप्ति की कोई तिथि नहीं दी गई है लेकिन 'मूल गोसाईं चरित' के अनुसार संवत 1633, मार्गशीर्ष शुक्ल 15, मंगलवार को रचना पूर्ण हुई। माताप्रसाद गुप्त इसे अप्रामाणिक मानते हैं; उनके अनुसार यह तिथि न विगत संवत वर्ष-प्रणाली पर ठीक उतरती है और न वर्तमान संवत वर्ष प्रणाली पर। (माताप्रसाद गुप्त, तुलसीदास, लोकभारती प्रकाशन, इलाहाबाद छठा संस्करण 2002, पृ. 59) इस सन्दर्भ में रामकिंकर उपाध्याय का मत विचारणीय है, वे लिखते हैं, "मुझे यह प्रतीत होता है कि इस तिथि का (1574 ई.) सम्बन्ध न तो रचना के प्रारम्भिक दिन से है और न समापन

से। यह आज की भाषा में प्रकाशन या विमोचन की तिथि है। इस तिथि के पहले ही गोस्वामी जी मानस-रचना का कार्य पूर्ण कर चुके थे। श्री रामनवमी की मंगलमयी वेला में जब चारों ओर से संत समाज का आगमन हुआ, तब उसके समक्ष उन्होंने कथा-वाचन के रूप में इसे प्रस्तुत किया। उपर्युक्त पंक्तियों के साथ-साथ उसके आसपास की पंक्तियों से भी इसी विश्वास की पुष्टि होती है : "करउँ कथा हरिपद धरि सीसा। अवधपुरी यह चरित प्रकासा।। विमल कथा करि कीन्ह अरम्भा। सुनत नसाहिं काम मद दम्भा।। कहउँ कथा सोई सुखद सुहाई। सादर सुनहु सुजन मन लाई।।"

इन पंक्तियों में प्रयुक्त शब्दों से यह स्पष्ट हो जाता है कि यह कथा रामनवमी को श्रोताओं को सुनाई जा रही है। (रामकिंकर उपाध्याय, मानस-मुक्तावली भाग एक, बिरला अकादमी ऑफ आर्ट एंड कल्चर, कलकत्ता, तृतीय संस्करण, 1988, पृ. 132)

7. ए.एल. बाशम तो अकबर को अशोक से भी महान मानते हैं। देखें, ए. एल बाशम फोरवर्ड टू फतेहपुर सीकरी, एस.ए.ए. रिज़्वी एंड वी.जे.ए. फ्लीन, साइटेड इन एस.ए.ए. रिज़्वी, द वंडर दैट वाज इंडिया, रूपा एंड कंपनी, सेवन्थ इंप्रेशन, 1998, पृ. 308
8. वी.ए. स्मिथ, अकबर द ग्रेट, एस. चाँद एंड कंपनी, दिल्ली, सेकंड इंडियन रिप्रिंट, 1962, पृ. 308
9. रवीन्द्रनाथ टैगोर, फोरवर्ड टू मेडिएवल मिस्टिसिज्म ऑफ इंडिया, क्षितिमोहन सेन, ओरियंटल बुक्स रिप्रिंट कॉरपोरेशन, नई दिल्ली, फर्स्ट इंडियन एडिशन, 1974
10. वी. ए. स्मिथ, वही, पृ. 303
11. एफ. एस. ग्राउस ('द रामायण ऑफ तुलसीदास', मोतीलाल बनारसीदास, नई दिल्ली, रिप्रिंट, 1998, फर्स्ट पब्लिश्ड 1891) जॉर्ज ग्रियर्सन ('तुलसीदास, द ग्रेट पोएट ऑफ मेडिएवल इंडिया।' नगेन्द्र (ऐडिटेड) इन तुलसीदास हिज माइंड एंड आर्ट, नेशनल पब्लिशिंग हाउस, नई दिल्ली, 1997) जे.एम. मैक्फी ('द रामायण ऑफ तुलसीदास ऑर द बाइबल ऑफ नार्दन इंडिया,' टी. एंड टी. क्लार्क, इडनबर्ग, 1930)।
12. सावित्री श्रीवास्तव, नाभादास कृत भक्तमाल तथा प्रियादास कृत टीका का पाठालोचन, अभिनव भारती, इलाहाबाद, प्रथम संस्करण 1981, पृ. 49 पर उद्धृत।
13. रामचन्द्र शुक्ल के अनुसार 'भक्तमाल' की रचना 1585 ई. के बाद हुई (हिन्दी साहित्य का इतिहास, नागरी प्रचारिणी सभा, काशी, बीसवाँ पुनर्मुद्रण 1980, पृ. 101); माताप्रसाद गुप्त ने 1658 ई. 'भक्तमाल' का रचना-काल माना है। (तुलसीदास, वही, पृ. 77) अधिकांश विद्वान सत्रहवीं शताब्दी के आरम्भिक वर्ष को ही स्वीकार करते हैं।
14. "कासी जाय वृन्दावन आय मिले नाभाजू सों/ सुन्यौ हो कवित्त निज रीझि मति भोजिये।। मदन गोपालजू कों दरसन करि कहि/ सही सही राम इष्ट मेरे दृष्टि भाव पागी हैं। वैसाई सरूप कियो लै दियो दिरवाय रूप/ मन अनरूप छवि देखि नीगी लागी हैं।।" (एफ.एस. ग्राउस, वही, पृ. 14 पर उद्धृत)
15. रघुराज सिंह ने मानसिंह के साथ गुरु अग्रदास जी के तीर्थाटन का उल्लेख किया है : "मानसिंह जैपुर को राजा। सो अपनी लै सकल समाजा।। अग्रदास गुरु आज्ञाकारी। रहै समीप चरण रजधारी।। एक समय तीरथ के हेतु। अग्र चल्यौ बहु संत समेतु।। (भगवती प्रसाद सिंह, रामभक्ति में रसिक संप्रदाय, अवध साहित्य मंदिर, बलरामपुर, प्रथम संस्करण 1957, पृ. 111 पर उद्धृत)

16. इस प्रकार के तीन सिक्के अब तक प्राप्त हुए हैं जिसमें सोने की दो अर्ध मुहरें ब्रिटिश म्यूजियम तथा केबिनेट डे फ्रांस में है एवं चाँदी की अठन्नी भारत कला-भवन काशी में सुरक्षित है। देखें रायकृष्ण दास, राम-सीय मुद्रा एवं तत्कालीन समाज पर तुलसीदास का प्रभाव, प्रज्ञा, काशी हिन्दू विश्वविद्यालय, मानस चतुःशती विशेषांक, 1973-74, पृ. 20-22
17. एस.ए.ए. रिज्वी, मुस्लिम रिवाइवलिस्ट मूवमेंट इन नॉर्दन इंडिया इन द सिक्सटीन्थ एंड सेवनटीन्थ सेंचुरीज, मुंशीराम मनोहरलाल पब्लिशर्स प्रा.लि., दिल्ली, फर्स्ट एडिशन, 1965, पृ. 303
18. सतीश चंद्रा, 'स्टैंडर्ड ऑफ लिविंग' इन तपन रॉय चौधुरी एंड इरफान हबीब (एडिटेड) द कैंब्रिज इकोनॉमिक हिस्टरी ऑफ इंडिया, द कैंब्रिज यूनिवर्सिटी प्रेस, कैंब्रिज, फर्स्ट पब्लिश्ड 1982, पृ. 308
19. "...द ग्रेट मुगल बीइंग इन पावर एंड वेल्थ इन एशिया व्हाट द किंग ऑफ फ्रांस इन यूरोप" जे.बी. टेवर्नियर, ट्रैवल्स इन इंडिया, ट्रांसलेटेड बाय व्ही. बाल, ओरियंटल बुक्स रिप्रिंट कोरपोरेशन, नई दिल्ली, फर्स्ट एडिशन, 1977, पृ. 308
20. एफ बर्नियर, ट्रैवल्स इन द मुगल इंपायर, ट्रांसलेटेड, इरविंग ब्रॉक, रिवाइज्ड एंड एनोटेटेड, व्ही.ए. स्मिथ, लंदन 1961
21. ताराचंद, सोसाइटी एंड स्टेट इन द मुगल पीरियड, द पब्लिकेशन डिविजन, फरीदाबाद, जुलाई, 1961, पृ. 9-10
22. कालिकंकर दत्ता, सर्वे ऑफ इंडिया'ज सोशल लाइफ एंड इकोनॉमिक कंडीशन इन द एटीन्थ सेंचुरी, मुंशीराम मनोहरलाल पब्लिशर्स प्रा.लि., दिल्ली, सेकंड रिवाइज्ड एडिशन, 1978, पृ. 19-33
23. गोविन्द्र चन्द्र पांडेय, भक्तिधारा और तुलसीदास, डॉ. बलदेव प्रसाद मिश्र स्मृति तुलसी-व्याख्यानमाला-91, समाधान–मध्यप्रदेश तुलसी अकादमी भोपाल, पृ. 9
24. रामानंद के जीवन-काल के बारे में भ्रांतियाँ हैं। फर्कुहर के अनुसार उनका काल 1400-1470 ई. ठहरता है। सुष्मिता पांडेय, मेडिएवल भक्ति मूवमेंट, कुसुमांजली प्रकाशन, मेरठ, फर्स्ट एडिशन, 1989, पृ. 120 पर इसका हवाला दिया गया है। क्षितिमोहन सेन ने उनका जीवन-काल 1370-1440 ई. माना है, क्षितिमोहन सेन, वही, पृ. 70
25. क्षितिमोहन सेन, इबिड, पृ. 72
26. विलियम आर. पिंच, पीजेंट्स एंड मोंक्स इन ब्रिटिश इंडिया, आक्सफोर्ड यूनिवर्सिटी प्रेस, नई दिल्ली, फर्स्ट इंडियन एडिशन, नई दिल्ली 1996, पृ. 48-80
27. हजारीप्रसाद द्विवेदी, हिन्दी साहित्य : उद्‌भव और विकास, वही, पृ. 70
28. अकथ कहानी प्रेम की, कबीर की कविता और उनका समय, राजकमल प्रकाशन, पहला संस्करण 2009, पृ. 294
29. पीटर वान डेर वीयर, गॉड्स ऑन अर्थ, आक्सफोर्ड यूनिवर्सिटी प्रेस, नई दिल्ली, 1989, पृ. 174
30. कारपेंटर (द थियोलॉजी ऑफ तुलसीदास, क्रिश्चियन लिटरेरी सोसाइटी, मद्रास, 1918) मैकडूगल (द वे ऑफ साल्वेशन इन द रामायण ऑफ तुलसीदास, यूनिवर्सिटी ऑफ शिकागो, इलोनोइस, 1926), ग्रियर्सन (नोट्स ऑन तुलसीदास, नवलकिशोर प्रेस, लखनऊ, 1920) एवं ('दो सौ बावन वैष्णवन की वार्ता' के अनुसार तुलसी रामानंद वैरागी थे जबकि

रामचद्र शुक्ल (हिन्दी साहित्य का इतिहास, वही) एवं रामदत्त भारद्वाज (द फिलोसॉफी ऑफ तुलसीदास, मुंशीराम मनोहरलाल पब्लिशर्स प्रा.लि., नई दिल्ली, फर्स्ट एडिशन, 1979) ने इन्हें स्मार्त वैष्णव माना है।

31. रामचन्द्र शुक्ल, वही, पृ. 97-98
32. हजारीप्रसाद द्विवेदी, वही, पृ. 131-32
33. नेमिचन्द्र जैन (सं), मुक्तिबोध-रचनावली, भाग पाँच, राजकमल प्रकाशन, दिल्ली, पेपरबैक्स संस्करण 1985 पृ. 291-92
34. ए. एल. बाशम, द वंडर दैट वाज इंडिया, रूपा एंड कं., दिल्ली, थर्ड रिवाइज्ड एडिशन, थर्टी सेकंड इंप्रेशन, 1998, पृ. 480
35. सैयद नजमुल रजा रिजवी, अट्ठारहवीं सदी के जमींदार, पीपुल्स पब्लिशिंग हाउस, नई दिल्ली, 1988, पृ. 212
36. रोमिला थापर, कल्चरल ट्रांजेक्शन एंड अर्ली इंडिया : ट्रैडिशन एंड पैट्रोनेज, सोशल साइंटिस्ट (एडिटेड) प्रभात पटनायक, वॉल्यूम 15, नं. 2, फरवरी 1987, पृ. 27-28, जॉन एल ऐर्दमन (एडिटेड) आर्ट्स पैट्रोनेज इन इंडिया, मनोहर, दिल्ली, 1992, बारबरा स्टोलर मिलर (एडिटेड) पावर ऑफ आर्ट्स : पैट्रोनेज इन इंडियन कल्चर, आक्सफोर्ड यूनिवर्सिटी प्रेस, नई दिल्ली, 1992 भी देखें
37. के. एम. पनिक्कर, हिंदू सोसाइटी ऐट क्रास रोड्स, बॉम्बे, 1955, पृ. 8
38. जगदीश नारायण सरकार, सिग्निफिकेंस ऑफ शिवाजी कोरोनेशन इन नारायण एच कुलकर्नी (एडिटेड), छत्रपति शिवाजी : आर्किटेक्ट ऑफ फ्रीडम, पब्लिश्ड बाय छत्रपति शिवाजी स्मारक समिति, दिल्ली, 1975
39. एम. एन. श्रीनिवास, सोशल चेंज इन मॉडर्न इंडिया, ओरियंट लांग मैन, इंडियन एडिशन, 1972, पृ. 10
40. भगवती प्रसाद सिंह, वही, पृ. 328
41. रिचर्ड बरघर्ट, द फाउंडिंग ऑफ द रामानंदी सेक्ट, इथनो-हिस्ट्री 25, स्प्रिंग 1978, पृ. 121-139
42. जी.एस. घुर्ये, इंडियन साधूज, पॉपुलर प्रकाशन, बॉम्बे, 1953, पृ. 145-146
43. बंशीधर त्रिपाठी, साधूज ऑफ इंडिया, पॉपुलर प्रकाशन, बॉबे, 1978, पृ. 53
44. अंजनीनन्दन शरण, मानस के प्राचीन टीकाकार, कल्याण मानस अंक, हनुमान प्रसाद पोद्दार (सं), वर्ष 13, संख्या 1, श्रावण 1995 (त्र अगस्त 1938), पृ. 908
45. लिंडा हेस, रामलीला दर्शक अनुभूति, अनु. भानुशंकर मेहता, चौमासा (सं.) कपिल तिवारी, वर्ष 4, अंक 12-13, फरवरी 87, पृ. 20
46. गोविन्द नारायण पाण्डेय, श्रीरामलीला, प्रकाशक : ज्ञानवती पाण्डेय, रैया, सोराँव, इलाहाबाद, प्रथम संस्करण 1993, पृ. 7
47. भानु शंकर मेहता, सो काशी सेइअ कस न, बुक फेथ इंडिया, दिल्ली, 1999, पृ. 169-170
48. रिचर्ड शेखनर, परफॉर्मेटिव सर्कमस्टांसेज फ्रॉम द अवाँ-गार्द टू रामलीला, सीगल बुक्स, कलकत्ता, 1883, पृ. 238-288

49. अनुराधा कपूर, एक्टर्स, पिग्रिम्स, किंग्स एंड गॉड्स : द रामलीला ऐट रामनगर इन सुधीर चंद्र (एडिटेड) सोशल ट्रांसफोर्मेशन एंड क्रियेटिव इमैजिनेशन, अलाइड पब्लिशर्स प्रा. लि., नई दिल्ली, फर्स्ट पब्लिश्ड, 1984, पृ. 341

50. एडवर्ड एस. हेन्स, पैट्रोनेज ऐज द आर्ट्स एंड द राइज ऑफ द अलवर स्टेट, इन कैरीन शूमर ऐट आल (एडिटेड) द आइडिया ऑफ राजस्थान, मनोहर, फर्स्ट पब्लिश्ड, 1994, पृ. 265-289

51. हिन्दुस्तान संवाद, वाराणसी / लखनऊ, 1 अक्तूबर 2001

52. इन्दुजा अवस्थी, रामलीला : परम्परा और शैलियाँ, राधाकृष्ण प्रकाशन, दिल्ली, द्वितीय संस्करण 2002, पृ. 56

53. भानुशंकर मेहता, रामलीलाओं की मंच-योजना, चौमासा 50-51, पृ. 241

54. राम अधीर, अयोध्या की रामलीला, चौमासा 12-13, पृ. 38

55. नॉर्विन हेन, द मिरैकल प्लेज ऑफ मथुरा, आक्सफोर्ड यूनिवर्सिटी प्रेस, नई दिल्ली, फर्स्ट पब्लिश्ड, 1972, पृ. 108

56. काष्ठजिह्वा स्वामी, राम-सुधा, सत्यनारायण शास्त्री खण्डूड़ी (सं) सर्वभारती काशीराज न्यास दुर्ग, रामनगर, वाराणसी, 1998

57. "मानस व्यासों की परम्परा के विषय में एक प्रश्नोत्तरी बाबा श्री लक्ष्मणदास जी रामायणी और चक्रपाणि जी शास्त्री की इस प्रकार है–प्रश्न न. 16–सर्वप्रथम मानस व्यास कौन हुए? उत्तर 1–संडीले के स्वामी नन्दलाल जी और 2. मिथिला जी के स्वामी रूपारुण जी। इन्हीं युगल स्वामियों को श्री तुलसी चौरा (श्री अयोध्या जी) पर गोस्वामी जी से रामचरितमानस का पाठ सुनने का सौभाग्य प्राप्त हुआ था। इनमें से एक ने यमुना तट पर श्री वृन्दावन में श्री रसखान जी को तीन वर्ष में मानस की कथा सुनाई और दूसरे ने संभल सिंह भूमिहार को बागमती के तट पर सुनाई। 3. मंदाकिनी तट पर चित्रकूट में दूसरे तुलसीदास जी और 4. उनके शिष्य श्री किशोरी दास जी ने संतमंडली के मध्य में बारह वर्ष में सम्पूर्ण कथा मानस की कहकर समाप्त की। 5. काशी जी में गंगातट पर बाबा रघुनाथ दास जी ने सात वर्ष में और 6. गोदावरी तट पर पंचवटी क्षेत्र में मोरेश्वर पंत कवि जी ने नौ वर्ष में मानस की कथा सुनाई। 7. श्री अयोध्या जी में श्री सरयूजी के तट पर मूल गोसाईं चरित (सं. 1687) के रचयिता बाबा वेणीमाधव दास जी ने क्रमशः दस वर्ष में यह कथा कहकर मानस प्रेमियों को सुनाई। 9. सोरों में गंगा तट पर महात्मा तुलसीदास गुसाईं और उनके पुत्र जानकी गुसाईं ने मिलकर यज्ञानुष्ठानपूर्वक इसकी कथा पाँच वर्ष में सुनाई। 10. ये सब निःस्पृही कथावाचक थे, जो कथा में चढ़ी हुई पूजा में और भी द्रव्य अपने पास से मिलाकर उससे तुरंत ही साधु संतों का भंडारा कर दिया करते थे।" अंजनीनंदन शरण, मानस के प्राचीन टीकाकार, वही, पृ. 909 पर उद्धृत।

58. त्रिभुवननाथ चौबे, रामचरितमानस का टीका-साहित्य, सम्भावना प्रकाशन, सुलतानपुर, प्रथम संस्करण 1975, पृ. 18

59. वही, पृ. 20 एवं 22

60. अंजनीनन्दन शरण, उपरोक्त, पृ. 914-915

61. त्रिभुवननाथ चौबे, वही, पृ. 23

62. बाबू राम शुक्ल, तुलसी सूक्त सुधाकर भाष्य, श्रीराम ग्रंथागार, मणिपर्वत, अयोध्या।

63. त्रिभुवननाथ चौबे, वही, पृ. 311
64. अंजनीनन्दन शरण, मानस-पीयूष, खंड दो, गीता-प्रेस गोरखपुर, सातवाँ संस्करण, 1998, पृ. 6
65. विश्वनाथ प्रसाद मिश्र (सं.), रामचरितमानस, काशीराज संस्करण, सर्वभारतीय काशिराज न्यास, रामनगर, रामनगर दुर्ग, 1962, पृ. 8
66. एफ. एस. ग्राउस, द रामायण ऑफ तुलसीदास, इबिड, पृ. 4
67. जार्ज ग्रियर्सन, भारत का भाषा-सर्वेक्षण, खंड 1, भाग 1, अनु. उदयनारायण तिवारी, प्रकाशन शाखा, सूचना-विभाग, उत्तर-प्रदेश, प्रथम संस्करण 1959, पृ. 296
68. फिलिप लुटगेन्डॉर्फ, द लाइफ ऑफ ए टेक्स्ट, परफॉर्मिंग द रामचरितमानस ऑफ तुलसीदास, ऑक्सफोर्ड यूनिवर्सिटी प्रेस, नई दिल्ली, फर्स्ट इंडियन एडिशन, 1994, पृ. 59
69. बी. एस. केसवन, हिस्ट्री ऑफ प्रिंटिंग एंड पब्लिशिंग इन इंडियान, वॉल्यूम-3, नेशनल बुक ट्रस्ट, इंडिया, फर्स्ट एडिशन, 1977, पृ. 200
70. वही, पृ. 202
71. "आज से कई वर्ष पूर्व हिन्दी भाषा के प्रसिद्ध प्रचारक तथा रामचरितमानस के परम प्रेमी म. कु. बाबू रामदीन सिंह जी ने स्वसम्पादित रामायण में लिखा था कि उस समय तक सुजनों के द्वारा इस ग्रंथ के 123 संस्करण हुए थे। इस बीच में और भी अनेक संस्करण अवश्य हुए होंगे क्योंकि कोई ऐसा विरला ही प्रेस है जिसने गोसाईं जी कृत रामायण को न प्रकाशित किया हो।"–शिवनंदन सहाय, गोस्वामी तुलसीदास, (प्रथम संस्करण 1917), बिहार राष्ट्रभाषा परिषद, पटना, द्वितीय संस्करण 2000, पृ. 239
72. सी. ए. बेली, एंपायर एंड इंफोर्मेशन, इंटैलीजेंस गैदरिंग एंड सोशल कम्युनिकेशन इंडिया, 1780-1870, कैंब्रिज यूनिवर्सिटी प्रेस, फर्स्ट साउथ एशियन एडिशन, 1999, पृ. 335
73. वही, पृ. 357
74. जर्गेन लुट्ट, फ्रॉम कृष्णलीला टू रामराज्य : ए कोर्ट केस एंड इट्स कंसीक्वेंस फॉर द रिफोर्मेशन ऑफ हिंदुइज्म, इन वसुधा डाल्मिया, एच. व्ही स्टेटिनक्रो (एडिटेड) रिप्रेजेंटिंग हिंदुइज्म, सेज पब्लिकेशन, कैलिफोर्निया, लंदन, नई दिल्ली, 1995, पृ. 142
75. वही, पृ. 145
76. वही, पृ. 142.153
77. जार्ज ग्रियर्सन, वही, पृ. 295-296
78. बी.एस. केसवन, वही, पृ. 190
79. वही, पृ. 204
80. मोनिका हॉट्र्समैन, टूवड्र्स ए यूनिवर्सल धर्मा : कल्याण एंड द ट्रैक्ट्स ऑफ द गीता-प्रेस इन वसुधा एंड एच.व्ही. स्टेटनक्रो (एडिटेड), वही, पृ. 299
81. गीता-प्रेस से अब तक मानस के निम्नांकित संस्करण निकल चुके हैं : (I) श्रीरामचरितमानस-वृहदाकार, हिन्दी टीका सहित, बहुत बड़े अक्षरों में (कोड न. 80), (II) श्रीरामचरितमानस–ग्रन्थाकार, हिन्दी टीका सहित, बड़े अक्षरों में (कोड न. 81), (III) श्रीरामचरितमानस–मझला हिन्दी टीका सहित, सामान्य अक्षरों में (कोड न. 82), (IV) श्रीरामचरितमानस–ग्रन्थाकार, केवल मूल, मोटे अक्षरों में (कोड न. 83), (V) श्रीरामचरितमानस–मझला, केवल मूल, सामान्य संस्करण (कोड न. 84),

(VI) श्रीरामचरितमानस–गुटका, केवल मूल (कोड न. 85), (VII) श्रीरामचरितमानस–ग्रन्थाकार, हिन्दी टीका सहित, सामान्य अक्षरों में (कोड न. 697), (VIII) श्रीरामचरितमानस–ग्रन्थाकार, केवल हिन्दी अनुवाद, मोटे अक्षरों में (कोड न. 790), (IX) श्रीरामचरितमानस–ग्रन्थाकार, हिन्दी टीका सहित, राज संस्करण (कोड न. 1095), (X) श्रीरामचरितमानस–मझला, केवल मूल, राज संस्करण (कोड न. 1282), (XI) श्रीरामचरितमानस–ग्रन्थाकार, रोमन अंग्रेजी अनुवाद (कोड न. 1318), (XII) श्रीरामचरितमानस–मझला, अंग्रेजी अनुवाद (कोड न.786), (XIII) श्रीरामचरितमानस–ग्रंथाकार, मराठी टीका सहित, (कोड न. 1314), (XIV) श्रीरामचरितमानस–ग्रंथाकार, मूल एवं टीका, गुजराती बड़े अक्षरों में (कोड न. 799), (XV) श्रीरामचरितमानस–मझला, मूल एवं टीका, गुजराती (कोड न. 785), (XVI) श्रीरामचरितमानस–मझला, केवल मूल, गुजराती, सामान्य अक्षरों में (कोड न. 878), (XVII) श्रीरामचरितमानस–केवल मूल, गुटका, गुजराती (कोड न. 879), (XVIII) श्रीरामचरितमानस–ग्रंथाकार, मूल एवं टीका, बंगला बड़े अक्षरों में (कोड न. 954), (XIX) श्रीरामचरितमानस–केवल मूल, ओड़िया, बड़े अक्षरों में (कोड न. 954), इसके अतिरिक्त बालकांड सटीक, अयोध्याकांड सटीक, अरण्य, किष्किन्धा एवं सुन्दरकांड सटीक (हिन्दी, तेलुगु), सुन्दरकांड सटीक, सुन्दरकांड मूल गुटका, सुन्दरकांड मूल मोटा टाइप (हिन्दी, गुजराती), सुन्दरकांड मूल लघु आकार (हिन्दी, गुजराती), लंका कांड सटीक, उत्तरकांड सटीक भी गीता-प्रेस ने प्रकाशित किया है। मानस से संबंधित अन्य सामग्री में 'मानस पीयूष' (सात खंड) 'मानस-गूढ़ार्थ-चंद्रिका' (सात खंड) 'मानस रहस्य' एवं 'मानस शंका-समाधान' भी गीता-प्रेस ने छापा है।

82. गीता-प्रेस के कर्त्ता श्री प्रहलाद ब्रह्मचारी से लेखक की बातचीत के आधार पर।
83. विलियम रैल्फ पिंच, बीइंग वैश्नवा बिकमिंग क्षत्रिय, कल्चर, बिलीफ एंड आईडेंटिटी इन नोर्थ इंडिया, 1800-1840, पी.एचडी. डिसर्टेशन डिपार्टमेंट ऑफ हिस्टरी, यूनिवर्सिटी ऑफ वर्जीनिया, अगस्त 1990, पृ. 5-6
84. फिलिप लुटगेन्डॉर्फ, इन्टरप्रेटिंग रामराज इन डेविड लॉरेन्ज़न (एडिटेड) भक्ति रिलिजन इन नॉर्थ इंडिया, मनोहर इंडिया, फर्स्ट पब्लिश्ड इन इंडिया, 1995, पृ. 269
85. रामदास लैम्ब, पर्सनलाइजिंग द रामायन इन पाउला रिचमैन (एडिटेड) मेनी रामायणाज, ऑक्सफोर्ड यूनिवर्सिटी, फर्स्ट इंडियन एडिशन, 1992, पृ. 235-255
86. सी.ए. बेली, द लोकल रूट्स ऑफ इंडियन पॉलिटिक्स, क्लेरेंडॉन प्रेस, ऑक्सफोर्ड, 1975, पृ. 6
87. ज्ञानेन्द्र पांडेय, पीजेंट रिवॉल्ट एंड इंडियन नेशनलिज़्म इन रणजीत गुहा एंड गायत्री चक्रवर्ती स्पीवाक (एडिटेड) सेलेक्टेड सबअल्टर्न स्टडीज, ऑक्सफोर्ड यूनिवर्सिटी प्रेस, न्यूयॉर्क, 1988, पृ. 259
88. जवाहरलाल नेहरू, एन ऑटोबायोग्राफी, जवाहरलाल नेहरू मेमोरियल फंड, ओयूपी, दिल्ली, फिफ्थ इंप्रेशन, 1987, पृ. 53
89. बाबा रामचंद्र पेपर्स, पार्ट-1, स्पीचेज एंड राइटिंग्स एंड फाइल नं. 2, नेहरू मेमोरियल म्यूजियम एंड लाइब्रेरी, नई दिल्ली
90. कपिल कुमार, द रामचरितमानस एज ए रेडिकल टेक्स्ट, बाबा रामचंद्र इन अवध 1920-50 इन सुधीर चंद्र (एडिटेड), वही, पृ. 329

91. वही, पृ. 317
92. एम. के. गांधी, द कॅलेक्टेड वर्क्स ऑफ महात्मा गांधी, वॉल्यूम-28, पब्लिकेशन डिविजन, नई दिल्ली, 1925, पृ. 295
93. एम. के. गांधी, द सिलेक्टेड वर्क्स ऑफ महात्मा गांधी, वॉल्यूम-5, नवजीवन ट्रस्ट अहमदाबाद, थर्ड रिप्रिंट पॉपुलर एडिशन, 1955, पृ. 50
94. वही, वॉल्यूम-1, पृ.47
95. मदन गोपाल, तुलसीदास : ए लिटरेरी बायोग्राफी, द बुकएबोड, नई दिल्ली, 1977, पृ. VII पर हवाला दिया गया है
96. राममनोहर लोहिया, मर्यादित, उन्मुक्त और असीमित व्यक्तित्व और रामायण मेला, राम मनोहर लोहिया समता विद्यालय न्यास, हैदराबाद, (प्रथम मुद्रण 1962) तृतीय प्रति मुद्रण, 1973, पृ. 28
97. वही, पृ. 40
98. वही, पृ. 28-29
99. स्वामी करपात्री, रामायण-मीमांसा, राधाकृष्ण धनुका प्रकाशन संस्थान, वृन्दावन, तृतीय संस्करण, 2001
100. फ्रांसिस फुकोयामा, ट्रस्ट : द सोशल वर्च्यूस एंड द क्रियेशन ऑफ प्रॉस्पेरिटी, पेंगुइन बुक्स, न्यूयॉर्क, इंगलैंड, 1996
101. रवीन्द्रनाथ ठाकुर, रवीन्द्रनाथ के निबंध, वही, पृ. 388
102. प्रो. योगेन्द्र सिंह से इन पंक्तियों के लेखक के ध्वनांकित बातचीत के आधार पर।
103. थॉमस ए. टिंबर्ग, द मारवाड़ीज, विकास पब्लिशिंग हाउस, नई दिल्ली, 1998
104. लालमणि मिश्र, संगीत और समाज, मधुबनी प्रकाशन, भोपाल, प्रथम संस्करण, अगस्त 2000, पृ. 72
105. फिलिफ लुटगेन्डॉर्फ, रामायण : द वीडियो, द ड्रामा रिव्यू 34, नं. 2, समर, 1990, पृ. 128
106. रोमिला थापर, द रामायण सिंड्रोम, सेमिनार 353, जनवरी 1989, पृ. 74
107. मंदिरा नायर, राम इन न्यू अवतार, द हिंदू, दिल्ली, फ्राइडे अक्टूबर 11, 2002
108. के. कन्नन, टेलिंग द स्टोरी ऑफ रामायण थ्रू स्केचेज, द हिंदू, दिल्ली, थर्स्डे, सितंबर 26, 2002, पृ. 2

अध्याय-2

रामचरितमानस : लीला

रामचरितमानस पर आधारित रामलीला का आरम्भ कब हुआ, निश्चित रूप से नहीं कहा जा सकता। वाल्मीकि रामायण की लीला लवकुश द्वारा प्रारम्भ हुई थी, ऐसा माना जाता है। तुलसी के कागभुशुंडि उत्तरकांड में कहते हैं : "चरम देह द्विज के मैं पाई। सुर दुर्लभ पुरान श्रुति गाई।। खेलों नहीं बालकन्ह मीला। करौं सकल रघुनायकलीला।।" स्पष्ट है कि तुलसी के पहले रघुनायकलीला का प्रचलन था—वे स्वयं रघुनायकलीला के अलावा हनुमन्नाटक, पुतली नाटक और छाया नाटक की चर्चा करते हैं।[1] लेकिन हिन्दीभाषी प्रान्तों में आज रामलीला जिस रूप में मौजूद है उसके प्रवर्त्तक स्वयं तुलसीदास माने जाते हैं। आचार्य विश्वनाथ प्रसाद मिश्र ने लिखा है कि "मानस की रामलीला की जो पद्धति सुप्रचलित है उनमें मानस का पाठ पहले होता है और पाठानुसारिणी लीला एवं संवाद तदनंतर। यहाँ भी उसका पाठयत्व या श्रवणत्व प्रथम है, दृश्य तदनंतर। मर्मी सज्जनों को यह बताने की आवश्यकता नहीं कि मानस की रामलीला का अनुधावन वाल्मीकि के पदानुगमन पर ही है। वाल्मीकि का रामायण लव-कुश द्वारा गाया और अभिनीत किया गया था। अनुसंधायक तो इस सीमा तक पहुँचे हैं कि 'लव-कुश' नामों के व्यत्यय और इकार के अंतःपात से 'कुशीलव' शब्द बना, जो अभिनयकर्ता नरों का प्रसिद्ध पर्याय है। कदाचित् मानस की सर्वप्रथम कथा स्वयम् रचयिता ने व्यासरूप में कही और मानस की रामलीला भी स्वयम् ही सर्वप्रथम कराई।"[2] कृष्णदत्त मिश्र रचित "गौतमचन्द्रिका" में भी तुलसीदास को अस्सी घाट पर राज्याभिषेक की झाँकी की लीला का प्रवर्तन करते दिखाया गया है।[3] नोरविन हेन के शोध के अनुसार रामचरितमानस की प्रथम मंच प्रस्तुति बनारस में 1625 ई. के आसपास हुई होगी।[4]

आज पूरे हिन्दी क्षेत्र में रामलीलाएँ रामचरितमानस का ही मुख्य आधार ग्रहण करती हैं और अगर ऐतिहासिक काल क्रम की दृष्टि से देखें तो रामलीला को इसके आरम्भिक काल में झाँकी एवं जलूस के साथ मानस-पाठ को प्रस्तुत करने की

परम्परा रही जिसका विकास बाद में संवादमूलक एवं नाटकीय लीला के रूप में दिखाई पड़ता है। एच. एच. विल्सन, जेम्स प्रिंसेप, सिल्वा लेवी के हवाले से इन्दुजा अवस्थी के शोध का भी यही निष्कर्ष है कि "रामलीला की प्राचीन शैली पाठ को ही अधिक महत्त्व देने के कारण अभिनटन प्रधान थी और बाद में उसमें नाटकीय संवाद जोड़े गये हैं।[5] गेय रामलीलाएँ भी उन्नीसवीं शताब्दी के अन्तिम दशकों में ही विकसित हुईं। एक दृष्टि से देखें तो यह तीनों ही शैलियाँ–झाँकीपरक, संवादपरक और गेय परम्पराशील मानी जाएँगी क्योंकि इनकी प्रस्तुति अनिवार्यतः सामुदायिक एवं अव्यावसायिक हैं। व्यावसायिक एवं पेशेवर ढंग से रामलीला की शुरुआत तो बीसवीं शताब्दी के आरम्भ में पारसी रंगमंच की शैली के प्रभाव में रामलीला मंडलियों की स्थापना से हुई लेकिन इसी व्यावसायिकता की प्रतिक्रिया एवं नवजागरण के प्रभाव में प्रयोगशील रंगमंच का भी उद्‌भव हुआ जिस पर एक ओर शीतला प्रसाद त्रिपाठी का 'जानकी मंगल' एवं माधव शुक्ल का 'सीता-स्वयंवर' जैसा नाटक शौकिया तौर पर खेला गया तो दूसरी तरफ पेशेवर ढंग से छाया नाटक, पुतुल नाटक, नृत्य नाटिका जैसे प्रयोगशील रूपों में रामलीला को प्रस्तुत करने की कोशिश दिखाई पड़ने लगी। इस सन्दर्भ में उदय शंकर का छाया-नाटक, शांति वर्धन का पुतुल नाटक, नरेन्द्र शर्मा एवं सचिन शंकर की नृत्य नाटिका, भारतीय कला केन्द्र की रामलीला एवं बिरजू महाराज की प्रस्तुति 'कथा रघुनायक की' का सहज ही उल्लेख किया जा सकता है।

हिन्दी क्षेत्र में रामचरितमानस पर आधारित रामलीला की विभिन्न शैलियों को निम्न आरेख से चिह्नित किया जा सकता है :

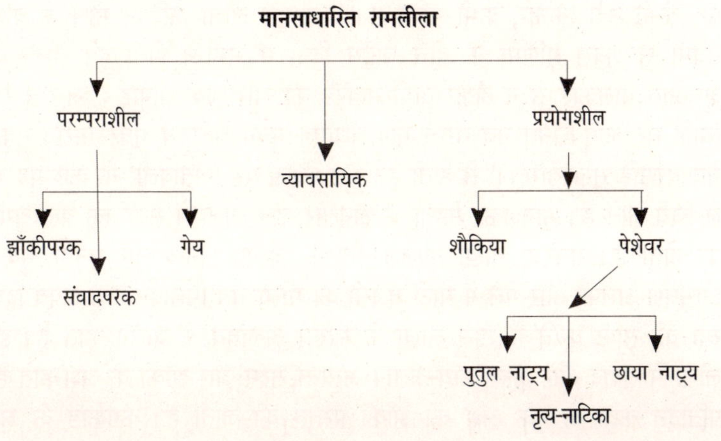

झाँकीपरक लीलाएँ

झाँकीपरक लीलाओं में कथा का अभिनय नहीं होता बल्कि कथा के किसी विशेष दृश्य को—रामलीलाओं में सामान्यतः राम दरबार के दृश्य को स्थिर रूप में प्रस्तुत किया जाता है। यहाँ नाटक के चरित्र अभिनेता नहीं बल्कि 'स्वरूप' हैं और वे ऐसे दर्शक के समक्ष उपस्थित होते हैं जो मात्र नाटक का 'रसिक' न होकर संस्कारवान प्रतिमा पूजक है। यही कारण है कि 20 जनवरी 1950 को मथुरा में एक झाँकीपरक रामलीला को देखकर नोरविन हेन को ऐसा अनुभव हुआ था मानो वे किसी मंदिर में हैं जहाँ पत्थर की प्रतिमाएँ जीवित मनुष्य से बदल दी गई हैं।[6]

झाँकी का सर्वप्रथम उल्लेख साहित्य में यूँ तो सौरीन्द्र मोहन टेगोर की 1879 में रचित पुस्तक[7] में मिलता है लेकिन इलाहाबाद न्यायालय के एक फैसले[8] के हवाले से रामलीला विशेषज्ञ डॉ. भानुशंकर मेहता बनारस की चित्रकूट रामलीला को 1543 ई. में होना सिद्ध करते हैं।[9] स्पष्ट है कि इस रामलीला में रामचरितमानस का आधार बाद में ग्रहण किया गया। वाराणसी की इस सर्वाधिक प्राचीन रामलीला को चित्रकूट रामलीला क्यों कहा जाता है, यह स्पष्ट नहीं है। सर्वाधिक विश्वसनीय व्याख्या यह है कि तुलसीदास और मेघा भगत ने चित्रकूट की झाँकीपरक रामलीला को ही वाराणसी की अपनी रामलीला में अपनाने की कोशिश की इसलिए यह चित्रकूट रामलीला कहलाई।[10] यह रामलीला बहुस्थलीय मंच की लीला है : "कुछ लीलाएँ चित्रकूट नामक स्थल पर होती हैं, कुछ झाँकी की लीलाएँ बड़ा गणेश के रामलीला भवन में नककटैया और शबरी मिलन पिशाचमोचन पर, युद्ध की लीलाएँ चौकाघाट पर—इस प्रकार अभिनय के स्थल प्रतिदिन बदलते रहते हैं। कभी सड़क पर, कभी नदी किनारे, कभी मंदिर में।"[11] सम्पूर्ण लीला अश्विन मास के कृष्ण नवमी से शुक्ल पूर्णिमा के बीच बाईस दिनों में सम्पन्न होती है। लीला की शुरुआत बालकांड से न होकर अयोध्याकांड की आरम्भिक चौपाई : 'जब तें रामु ब्याहि घर आए। नित नब मंगल मोद बधाए। भुवन चारिदस भूघर भारी। सुकृत मेघ बरसहिं सुख बारी।।' से होती है। कुछ स्थलों पर 'गीतावली' के कुछ पद भी ले लिये जाते हैं। भानुशंकर मेहता के अनुसार, इस लीला में सर्वाधिक बल शृंगार पर होता है। रामरज, तीखा काजल, तिलक, बुलाक, नित्य नए सुनहरे मुकुट, आभूषण अलफी और गले में मोटी तुलसी की माला सब मिलाकर एक अपूर्व दिव्य रूप की सृष्टि करते हैं। इस लीला के स्वरूप अल्पवय के बालक होते हैं। इस लीला में संवाद और अन्य कार्य-कलाप अत्यन्त सूक्ष्म और झाँकी के अंश होते हैं। प्रतिदिन कथा के एक अंश की झाँकी प्रस्तुत की जाती है। कर्मकांड के अंश

विस्तार से होते हैं। रामचरितमानस और तुलसी के अन्य पदों का नारदबानी में पाठ होता है। चित्रकूट की लीला में अन्य रामलीलाओं की तरह कोई भी जुलूस नहीं निकलता। जो यात्राएँ हैं भी, वे बिना तड़क-भड़क के सम्पन्न होती हैं। इस लीला में राम का गंगा पार करना, शबरी मंगल, गिरि सुमेर की झाँकी (जिसके दर्शन करना काशी के रईस अपने लिए अनिवार्य मानते हैं), रावण-वध, अवध-प्रयाण (जिसमें भगवान के विमान को काशी के व्यवसायी सम्पन्न लोग आगे से उठाकर अवध की ओर ले जाने का प्रयास करते हैं और लंका स्थल के निवासी उसे पीछे खींचकर रोके रखना चाहते हैं, फलतः विमान हवा में उड़ता-सा कभी पचास कदम पीछे, कभी सौ कदम आगे बढ़ता है, और अयोध्या की यह लहराती यात्रा कई घंटों में पूर्ण होती है।) और भरत मिलाप (नाटी इमली का भरत-मिलाप, विश्व का सबसे बड़ा मेला, सबसे छोटा नाटक है—दर्शक चार-पाँच लाख, अवधि-पाँच मिनट)। राजगद्दी की लीला अनुष्ठान सहित होती है, उसके बाद धनुष-बाण की झाँकी और अन्त में 'दशावतार की झाँकी'।[12] झाँकीपरक

चित्रकूट की रामलीला, वाराणसी

रामलीलाओं में वाराणसी की इस लीला के अतिरिक्त चित्रकूट की गुदड़ अखाड़े की रामलीला एवं करवी की रामलीला, राजस्थान के बिसाऊ की रामलीला का भी महत्त्वपूर्ण स्थान है। इन लीलाओं के अध्ययनोपरांत इन्दुजा अवस्थी ने जो निष्कर्ष निकाला है वह ध्यान देने योग्य है : "रामलीलाओं में झाँकी और शोभायात्राओं के महत्त्व और लोकप्रियता और मानसपाठ के अनिवार्य समावेश को देखते हुए यह निष्कर्ष उचित प्रतीत होता है कि अभिनटनपरक शैली रामलीला का प्रारम्भिक रूप है। इसी में मानसपाठ का सबसे अधिक महत्त्व दिखाई देता है और 'दर्शन' के रूप में रामलीला की संकल्पना स्पष्ट होती है। पाश्चात्य लेखकों के रामलीला के सम्बन्ध में जो उल्लेख मिलते हैं उनसे पता चलता है कि उन्नीसवीं शताब्दी के अंत में रामलीला में इन्हीं भव्य दृश्य-विधानों और झाँकी दृश्यों का प्राधान्य था; क्योंकि अधिकांश ने इसको मूक प्रदर्शन कहा है।"[13]

संवादपरक लीलाएँ

संवादपरक लीलाओं में बनारस के रामनगर की रामलीला का अन्यतम स्थान है। यह रामलीला बनारस महाराज उदित नारायण सिंह (शासन काल 1796-1835) के जमाने में आरम्भ हुई। यहाँ रामलीला को रामचरितमानस की टीका के रूप में कल्पित किया गया। उदित नारायण सिंह के संरक्षण में रचित 'मानस दीपिका' के आरम्भ में टीकाकार रघुनाथ दास 'सिन्धी' ने लिखा है कि उनके संरक्षक ने रामचरितमानस की तीन टीकाओं (तिलक) का प्रवर्तन किया।[14] पहली टीका रामलीला के रूप में, दूसरी चित्र-रामायण के रूप में और तीसरी टीका प्रस्तुत मानस-दीपिका है।[15]

रामनगर की रामलीला सौर पंचांग के आधार पर भाद्रपद के शुक्ल पक्ष में चतुर्दशी (सितम्बर के आसपास) से आरम्भ होकर अश्विन मास के कृष्ण और शुक्ल पक्ष तक लगातार 31 दिनों तक चलती है। इस लीला का मुख्य आधार तो रामचरितमानस रहा है लेकिन ईश्वरीप्रसाद नारायण सिंह (1821-89) के काल में काष्ठजिह्वा स्वामी, रघुराज सिंह एवं भारतेन्दु हरिश्चन्द्र के सहयोग से 'मानस' के कुछ प्रसंगों को अधिक नाटकीय रूप प्रदान किया गया।[16] और इन्हीं के समय बनारस में रामलीला के विभिन्न स्थल भी निर्मित किए गए।[17] झाँकीपरक लीलाओं की तुलना में संवादपरक लीलाओं में पाठ एवं नाट्यलेख की अलग-अलग भूमिका होती है और जैसा कि अनुराधा कपूर का मानना है कि "यूँ तो उत्तर-भारत की रामलीलाओं का आधार रामचरितमानस होता है लेकिन हरेक क्षेत्र का हर प्रदर्शन अपना एक अलग पाठ निर्मित करता है। रामनगर की रामलीला का पाठ

रामचरितमानस की कई सम्भावनाओं का द्वार खोलता है : देखने, पढ़ने और सुनने की सम्भावनाओं को। पाठ से प्रदर्शन की ओर जाने का अर्थ है पाठ का दो रूपों में विभाजन—एक वह जो नाटकीय है इसलिए अभिनेय एवं गेय दोनों हैं तथा वह जो कम नाटकीय है इसलिए मात्र गेय है। जो पाठ अभिनेय होता है उसे दो बार दुहराया जाता है—एक बार रामायणियों के द्वारा गाया जाता है एवं दूसरी बार अभिनेताओं द्वारा बोला जाता है जो मूल का कुल परिवर्तित रूप होता है।"[18]

रामनगर की रामलीला कई दृष्टियों से विशिष्ट है; इसमें झाँकी भी है और जुलूस भी,[19] संवाद भी है और नाटकीयता भी[20] और भानुशंकर मेहता इसे 'घटित लीला' कहते हैं क्योंकि पात्र अपनी भूमिका जीते हैं, दर्शक अपनी सुविधा के अनुसार भौतिक आँखों से या मन की दृष्टि से लीला देख लेते हैं। कहीं कोई मंच-विधान नहीं। रामलीला की घटनाओं के स्थल नियत हैं, पात्र वहाँ अपना कार्य करते हैं। दर्शक सुविधानुसार कार्यकलाप में शामिल होकर स्वयं पात्र बन जाते हैं। अवध में वे बाराती बनते हैं तो रावण के दरबार में दरबारी।[21]

दर्शक एवं पात्र की इसी अभिन्नता को रेखांकित करते हुए कुछ विद्वानों ने रामनगर की रामलीला को लोक-कला का रूप माना है। रिचर्ड शेखनर ने लिखा है कि, "रामनगर की रामलीला मूलतः एक लोक-कला है जो भारतीय इतिहास के औपनिवेशिक दौर में पूर्णता को प्राप्त हुई, 'रजवाड़ों' में विकसित हुई और

रामनगर की रामलीला, वाराणसी

आधुनिक दौर में भी बनारस की विशिष्टताओं को प्रतिबिम्बित करती हुई जीवित है। अगर कथकली और इस प्रकार के अन्य कला-रूपों ने शास्त्रीय नियमों पर आधारित सार्थक एवं शक्तिशाली सौन्दर्यशास्त्र को विकसित किया तो रामनगर की रामलीला ने लोकनियमों पर आधारित अपना एक अलग सौन्दर्यशास्त्र विकसित किया।"[22] इस सन्दर्भ में लेकिन इस तथ्य की अनदेखी करना असम्भव है कि यह रामलीला सभी दृष्टियों से एक भव्य प्रदर्शन है जिसका लोक-कला की सादगी से संगति बैठाना मुश्किल है। आज से बीस वर्ष पहले इसका बजट अनुमानतः दो लाख सोलह हजार आँका गया था और इस लीला को अंजाम देने में करीब दो सौ लोग (95 अभिनेता, 100 शिल्पी एवं 4 मंदिर के पुजारी) हिस्सा लेते हैं।[23] और एक बात यह भी है कि इस लीला की प्रस्तुति एवं मंचन में लोक-कला के विपरीत दर्शकों में एक प्रकार की श्रेणीबद्धता की परिकल्पना भी की गई है। इस लीला को सभी दर्शक समान रूप से रसास्वादन नहीं कर सकते। यहाँ अनुराधा कपूर का यह अवलोकन दृष्टव्य है : "हाथी पर सवार महाराजा के सामने पाठ के तीनों रूप उपस्थित होते हैं—वह अपनी प्रति से मानस को पढ़ते हैं, नीचे हाथी के पाँव तले बैठे रामायनियों के पाठ सुनते भी हैं और अपने उच्चासन से प्रदर्शन को देखते भी हैं जबकि दर्शकों को चुनाव करना पड़ता है। जो यह मानते हैं कि रामचरितमानस का श्रवण एक प्रकार की पूजा है वो रामायनियों के नजदीक की जगह चुनते हैं। चूँकि स्वरूप एवं उनके बीच हजारों लोग होते हैं इसलिए वे तुलसी को सुनना एवं स्वरूप का दर्शन करना चुनते हैं। यहाँ पाठ श्रवण है। अन्य के लिए पाठ दर्शन है। इसलिए वे अभिनय-स्थल के करीब का स्थान चुनते हैं जिससे वे ईश्वर की उपासना कर सकें। दर्शकों के लिए या तो आँख है या कान—दोनों का सुख उनकी पहुँच के बाहर है।[24]

परम्पराशील संवादपरक अन्य रामलीलाओं में बनारस की लाटभैरवा की आदिराम लीला, अस्सी की रामलीला, इलाहाबाद, लखनऊ, अयोध्या, दिल्ली, भरतपुर, सतना की रामलीलाएँ अग्रगण्य हैं। इन सभी लीलाओं में रामचरितमानस का आश्रय ग्रहण किया जाता है; मानस-पाठ अनिवार्य है लेकिन संवाद के लिए मानस के अलावा अन्य राम-साहित्य का भी कहीं-कहीं सहारा लिया जाता है।

गेय लीलाएँ

परम्पराशील रामलीला की कुछ प्रस्तुतियाँ सम्पूर्णतः गेय प्रस्तुतियाँ हैं—न सिर्फ रामचरितमानस के पाठ का गायन होता है बल्कि संवाद भी गाकर ही प्रस्तुत किया

जाता है। यह गायन मूलतः हिन्दुस्तानी शास्त्रीय संगीत पर आधारित होता है लेकिन कहीं-कहीं लोक-धुनों का भी आश्रय ग्रहण किया जाता है। यहाँ संगीत पश्चिमी आपेरा की तरह नाटकीय संघर्ष एवं भावाभिव्यक्ति का माध्यम न होकर संवादों को गीतात्मक रूप से प्रस्तुत करने का जरिया मात्र है। यह अनुमान अनुचित नहीं है कि गेय रामलीलाओं का सृजन नौटंकी (उत्तर-प्रदेश) ख्याल (राजस्थान) और सांग (हरियाणा) आदि गेय-नाट्यरूपों के प्रभाव और पारसी रंगमंच के गीतों-गजलों आदि से युक्त संवादों की लोकप्रियता को देखते हुए किया गया होगा।[25] यह भी अकारण नहीं है कि गेय रामलीलाएँ रात्रि के समय ही प्रस्तुत की जाती हैं।

गेय रामलीलाओं में सर्वाधिक प्राचीन कुमायूँ रामलीला है जिसकी पहली प्रस्तुति देवीदत्त जोशी द्वारा अल्मोड़ा में सन् 1886 के दशहरे में सम्पन्न हुई थी। इस रामलीला का आलेख देवीदत्त जोशी ने रामचरितमानस के आधार पर तैयार किया था। संवाद दोहों चौपाइयों को जोड़ने के लिए पद्य में ही नियोजित किए गए और इसकी अदायगी पारसी शैली की तुकांतता से प्रभावित थी। वस्त्राभूषण

कुमाऊँ रामलीला

भी पारसी रंगमंच की तरह मखमल के बने भड़कीले इस्तेमाल किए जाते हैं। इस रामलीला में संवाद के लिए ठुमरी, भजन, ग़ज़ल, कव्वाली सभी का प्रयोग होता है लेकिन इनका आधार शास्त्रीय रागों पर रखा गया है। अधिकतर राग जोगिया, खमाज, बिहागड़ा, पीलू, सोहनी, भटियार, जयजयवंती, काफी, पूरिया, हमीर, भैरवी को दादरा, कहरवा, रूपक, तीनताल एवं दीपचंदी तालों में निबद्ध किया जाता है। "संवाद-गीतों के अतिरिक्त चौपाई और दोहों की भी एक विशिष्ट संगीतात्मक शैली है। दोहों के गायन की पद्धति परिस्थिति और पात्र के अनुसार भिन्न-भिन्न होती है। नाटकीय संवादों के उपयुक्त संगीत के प्रयोग की सर्वाधिक सफलता चौपाइयों के गायन में ही स्पष्ट होती है। इसके दो प्रमुख भेद हैं–राक्षसी तर्ज और अराक्षसी तर्ज। राम और रावण युद्ध के समय आमने-सामने खड़े होकर भिन्न लयों में अपनी संवाद-चौपाइयों का गायन करते हैं। अराक्षसी तर्ज की चौपाइयों की गति धीमी होती है और राग झिंझोटी पर आधारित है, जिसमें शांतरस की प्रधानता होती है, जबकि राक्षसी तर्ज का गायन राग बिलावल पर आधारित होने के कारण अधिक उग्र प्रतीत होता है। बनवास और लक्ष्मण-शक्ति का संगीत बहुत करुण और गंभीर है, धनुषयज्ञ के अवसर पर संगीत उल्लासमय है, नासिका कटने के प्रसंग का संगीत वेगवान और हासकर है। गायन-पद्धति प्रसंगों के वातावरण निर्माण और पात्रों के चरित्र-चित्रण में पूरी तरह समर्थ होने के कारण दर्शकों के बीच लोकप्रिय है। वास्तव में प्रसंग और पात्रों के आधार पर चौपाइयों और गीतों के गायन की पद्धति का निर्धारण ही अल्मोड़ा-रामलीला की सबसे बड़ी विशेषता और उसकी गेयशैली की सफलता का मूल कारण है।"[26] कालान्तर में यह रामलीला इतनी प्रसिद्ध हुई कि न सिर्फ कुमाऊँ, गढ़वाल क्षेत्र में ही दशहरे के एक प्रमुख आकर्षण के रूप में स्थापित हुई बल्कि दिल्ली, लखनऊ, झाँसी जैसी जगहों में भी जहाँ पर्वतीय प्रदेश के लोग काफी संख्या में निवास करते हैं, यह गेय रामलीला मंचित होती है।

कुमाऊँ रामलीला की तरह पौड़ी गढ़वाल में भी 1897 ई. में गेय रामलीला का मंचन आरम्भ हुआ। यह रामलीला भी रामचरितमानस पर आधारित होने के बावजूद कुमाऊँनी रामलीला की तरह स्थानीय लोकधुनों एवं देवी-देवताओं की अवहेलना नहीं करता। इस रामलीला में बागेश्वरी, विहाग, देश, दरबारी, मालकौंस जैसे शास्त्रीय रागों के अतिरिक्त गढ़वाली लोकधुनों का भी प्रयोग होता है और इस रामलीला का आरम्भ स्थानीय देवी कंडोलिया के पूजन से होता है।[27] गढ़वाल एवं कुमाऊँ के अलावा गेय रामलीलाएँ राजस्थान के पाटुंदा एवं हरियाणा के रोहतक में भी मंचित होती हैं। लेकिन जहाँ पाटुंदा की रामलीला में हाड़ौती भाषा

का प्रयोग होता है वहीं रोहतक की लीला में मुख्यतः खड़ी बोली का प्रयोग किया जाता है। रामचरितमानस का मुख्य आधार ग्रहण करने के बावजूद इन दोनों रामलीलाओं के आलेख में अन्य राम-साहित्य का भी उपयोग होता है। इन दोनों रामलीलाओं का संगीत शास्त्रीय एवं लोकधुनों के आधार पर तैयार किया जाता है। पाटुंदा रामलीला में राजस्थानी ख्याल की शैली अपनाई जाती है और रोहतक की रामलीला, जिसे वहाँ के लोग मुल्तानी लीला कहते हैं, शास्त्रीय राग निबद्ध होता है।

परम्पराशील रामलीलाएँ सामुदायिक संस्कृति की उपज थीं लेकिन 'आधुनिकीकरण' के दबाव में जब इसका जारी रहना दिन-ब-दिन मुश्किल होने लगा तब व्यावसायिक हित को ध्यान में रखकर मंडलियों की स्थापना हुई। मध्य-प्रदेश, बिहार, राजस्थान में कई मंडलियाँ स्थापित हुईं[28] जिन्होंने जनता की माँग पर पारसी कम्पनियों एवं पृथ्वी थिएटर की तरह घूम-घूमकर रामलीलाओं का प्रदर्शन करना आरम्भ किया। हिन्दी क्षेत्र में रामलीलाओं पर व्यावसायिकता का असर पारसी रंगमंच के माध्यम से ही पड़ना शुरू हुआ था। नारायण प्रसाद 'बेताब' (1872-1945) अपनी जीवनी में लिखते हैं : "हिन्दी भाषा से नाटकों के संचालक पारसी गृहस्थ डरते थे क्योंकि उनका दृष्टिकोण व्यापारिक था। इसलिए उनका डरना भी उचित ही था। सेठ खुरशैद जी बालीवाला ने हिन्दुओं की श्रेष्ठ कथा रामायण का नाटक स्वर्गीय श्री विनायक प्रसाद 'तालिब' से लिखवाकर स्टेज किया था। उसमें से भी यह सावधानी कर ली थी कि दर्शकों को यह ध्यान नहीं आने दिया कि हम हिन्दी या हिन्दुओं का नाटक देख रहे हैं। देव-वाणी बोलने वाली सीता माता भी राम से यही कहती नज़र आईं कि : तुम मुझको क्या मिले हो कि मेरा खुदा मिला।"[29] स्वयं बेताब ने पारसी रंगमंच के लिए 'सीता बनवास' का उत्तरार्द्ध (1929) ही नहीं बल्कि रामायण (1915) भी लिखा था। आगा हश्र काश्मीरी (1879-1935) 'सीता बनवास' का पूर्वार्द्ध 1928 में ही लिख चुके थे। पारसी रंगमंच के लिए ही राधेश्याम कथावाचक (1890-1961) ने भी रामायण लिखा था लेकिन पारसी कम्पनियों के रामायण जैसा कि उन्होंने स्वयं लिखा है "नाटक क्या था 'चार-यारी' सी थी—कुछ तालिब साहब का, कुछ उफ़क़ साहब का, कहीं-कहीं रामेश्वर भट्ट की सटीक रामायण के ज्यों के त्यों वाक्य—किसी-किसी जगह—तुलसीदास जी की केवल चौपाइयाँ ही। इसी के संशोधन में जब मैंने अपने लिखे को भी डाला—तब तो यह 'पंचमेल मिठाई' सी हो गई।"[30] इस 'पंचमेल मिठाई' की भी वही विशेषता थी जो पारसी रंगमंच का सामान्य गुण

माना जाता है यानी 'अतिरंजना'।[31] यह अतिरंजना नाटक की प्रस्तुति, उसकी रंग-योजना, संवाद-अदायगी–सभी में लक्षित की जा सकती है। बलवंत गार्गी ने लिखा है कि "पारसी नाटक यूरोप की नाटकीय तकनीकों और भारतीय लोक नाटकों, स्वाँगों, जुलूस-झाँकियों की खिचड़ी था। रंग-सज्जा और पोशाकें इस प्रकार की थीं, जो उस समय पश्चिम में बैठे लोग भारत के रहन-सहन के बारे में कल्पित कर लेते थे। शोख रंगों में चित्रित एक बड़ा अंतिम परदा मंच के पीछे टँगा होता था। यह परदा समस्त पृष्ठभूमि का काम देता था। देव हवा में उड़ते थे, पटाखा फटने पर सिंहासन और जंगल चलते थे। हीरो महल की दीवार पर से नदी में छलाँग लगाता था। मंच इस प्रकार बना होता था कि इसमें चोर-दरवाजे और गुप्त गड्ढ़े होते ताकि किसी भी स्थान पर देवता या कोई देव अचानक प्रकट हो सके। पुष्पक विमानों को हवा में उड़ाने और आकाश से परियों को उतारने के लिए जटिल यंत्र प्रयोग में लाए जाते थे। इस प्रकार के चमत्कारिक दृश्य और युक्तियाँ उन्नीसवीं शताब्दी के लंदन के डूरी लेन थियेटर की भड़कीली दृश्य-सज्जा की सीधी नकल थे।"[32] बीसवीं शताब्दी के आरम्भिक दशकों में जब मंडलियों द्वारा रामलीला करने की परम्परा शुरू हुई तो पारसी रंगमंच की युक्तियों का सहारा लेने के साथ-साथ मंडलियों ने लोकप्रिय कला की समावेशी प्रकृति का भी आधार ग्रहण किया। एक कारण यह भी था कि "चलचित्र के विकास के कारण धीरे-धीरे पारसी रंगमंच का ह्रास होने लगा, पर भारतीय जनता को इनके रंग व्यवहारों की आदत पड़ गई थी और पारम्परिक नाट्यरूपों का पहले की भाँति रस नहीं ले पाते थे। साथ ही रामलीला जैसा व्यापक आयोजन धार्मिक भावना से जुड़ा होने के कारण उन्हें अनिवार्य भी प्रतीत होता था। पारसी थिएटर में हिन्दू दर्शकों की नाट्यरुचि का ध्यान रखते हुए लीला-नाटकों के कुछ रंग-व्यवहारों, जैसे झाँकी-दृश्यों, उपदेशात्मक संवादों आदि का समावेश भी कर लिया गया था। ऐसी परिस्थिति में रामलीला-मंडलियों का निर्माण हुआ जो अपने प्रस्तुतीकरणों में एक ओर रामलीला के धार्मिक और अनुष्ठानपरक पक्षों की रक्षा करती थीं और दूसरी ओर उनमें रंगमंच के परिचित पारसी थियेटरी रंग-व्यवहारों का प्रयोग भी करती थीं।"[33]

मंडलियों की प्रस्तुति में 'ब्रज लोक माधुरी' की रामलीला का स्थान अन्यतम है। पंडित रामदयाल शर्मा के निर्देशन में नौटंकी-शैली की इस प्रस्तुति में ख्याल गायकी एवं ब्रज की भगत-गायकी के मेल से बने स्वाँग का भरपूर प्रयोग किया जाता है। निर्देशक प्रख्यात रहसधारी गायकी के स्वामीखेरा घराना के वर्तमान गुरु हैं इसलिए इस प्रदर्शन में संगीत की प्रधानता का होना स्वाभाविक ही कहा जाएगा।

उन्नीसवीं शताब्दी के पूर्वार्द्ध एवं बीसवीं शताब्दी के आरम्भिक दशकों में अगर एक ओर व्यावसायिकता के दबाव में रामलीला मंडलियाँ स्थापित हो रही थीं तो दूसरी ओर इसकी प्रतिक्रिया में शौकिया नाटक-मंडलियाँ भी स्थापित हुईं। मुख्य रूप से उत्तर प्रदेश, बिहार एवं कलकत्ता में स्थापित इन शौकिया मंडलियों[34] द्वारा ही हिन्दी क्षेत्र में साहित्यिक रंगमंच की शुरुआत हुई। और यह संयोग से कुछ अधिक है कि इन मंडलियों द्वारा सर्वाधिक चर्चित प्रस्तुति में दो–'जानकी मंगल' (1868) एवं 'सीता स्वयंवर' (1889) रामचरितमानस पर आधारित हैं। शीतला प्रसाद त्रिपाठी (मृत्यु 1895 ई.) का 'जानकी मंगल' रामचरितमानस के बालकांड की चौपाई संख्या 226/2 ("भूप बागु बर देखेई जाई") से 284/3 ("छमहु छमा मंदिर दोउ भ्राता") तक का खड़ी बोली हिन्दी में नाट्य-रूपांतरण है। यह नाटक तीन अप्रैल अठारह सौ अड़सठ (3-4-1868) को बनारस के 'थियेटर रौयल' में मंचित किया गया था; जिसकी रिपोर्ट लंदन के इंडियन मेल एंड मंथली रजिस्टर ने अपने सात मई अठारह सौ अड़सठ (7-5-1868) के अंक में प्रकाशित की थी।[35] यह हिन्दी (खड़ी बोली) का पहला मंचित नाटक माना जाता है।[36] तीन अंकों वाले इस नाटक में रामसीय विवाह के प्रसंग वाले दोहे-चौपाइयों का गद्यानुवाद के साथ-साथ नाटककार ने तुलसीदास की 'विनय-पत्रिका' से एक एवं 'कवितावली' से दो पद भी नियोजित किए हैं। लेकिन इस नाटक की मुख्य विशेषता पात्रों के गद्य में संवाद हैं। 'जानकी-मंगल' के सम्पादक के अनुसार, नाटकीयता की दृष्टि से इस नाटक का विशेष महत्त्व नहीं है क्योंकि इसमें जो कुछ भी नाटकीयता आ पाई है वह 'रामचरितमानस' के प्रासंगिक नाटकीय स्थलों के कारण ही। यद्यपि नाटककार ने 'नाटक में सक्रियता' को आद्योपांत बनाए रखने की चेष्टा की है, पर जगह-जगह लंबे-लंबे संवादों की योजना से उसमें बाधा भी उपस्थित होती है। फिर भी रामचरितमानस के इन अंशों से सुपरिचित होने के कारण दर्शकों को ऐसे स्थलों पर नीरसता का अनुभव कम ही हो पाया होगा। इस नाटक के प्रायः सभी पात्र रामचरितमानस के हैं। केवल सीता की सखियों, चतुरसखी, प्रेमसखी और रहस्यसखी नाम देकर अलग-अलग व्यक्तित्व प्रदान करने की चेष्टा की गई।''[37] इस नाटक-प्रस्तुति की प्रसिद्धि इस कारण भी है क्योंकि इसमें लक्ष्मण की भूमिका भारतेन्दु ने निभाई थी। 'जानकी मंगल' की लोकप्रियता का पता इस तथ्य से भी चलता है कि काशी से 1868 ई में प्रथम प्रकाशित होने के बाद प्रयाग के ज्ञानमार्तण्ड यंत्रालय से 1876 ई. में एवं खड्ग विलास प्रेस बाँकीपुर पटना से इसका संशोधित संस्करण 1884 ई. में निकला। इसका मंचन भी बनारस के बाद प्रयाग में किया गया, जो काफी सफल रहा। नैनीताल से निकलने वाली पत्रिका

'समय विनोद' में इसका उल्लेख है : "26 अगस्त को प्रयाग आध्यनाट्य सभा के मेम्बरों ने रेलवे थियेटर में 'जानकी मंगल' नाटक और 'जयनारसिंह की लीला' का अभिनय किया। अब की बार का अभिनय बहुत ही उत्तम हुआ। उसमें जानकी के रूप की सजावट और उसकी सखियों का गान, परशुराम का क्रोध और मालियों का गीत तो अत्यंत उत्कृष्ट हुए।"[38]

माधव शुक्ल (1881-1943) का 'सीता स्वयंवर' श्री रामलीला नाटक मंडली, प्रयाग के लिए 1889 में लिखा गया। रामचरितमानस पर आधारित यह नाटक नाटककार के राष्ट्रवादी विचारों के कारण काफी चर्चित हुआ था। प्रयाग की पहली नाटक मंडली की यह पहली प्रस्तुति थी जो तीन रात तक क्रमिक रूप से चलती रही।[39] इसे याद करते हुए शिवपूजन सहाय ने लिखा है : " 'सीता स्वयंवर' पहला खेल था। पात्रों की उमंग-तरंग अगाध थी। दर्शकों का ठट्ठ दर्शनीय था। माननीय मालवीय जी, पूज्य भट्ठ जी, प. श्री जोशी आदि महानुभाव दर्शकों में विराजमान थे। धनुष भंग का प्रकरण था। राजा लोग शिव जी का धनुष उठाने में असमर्थ थे और हताश हो बैठे। इसी प्रसंग पर शुक्ल जी की बनाई हुई एक जोशीली कविता राजा जनक जी के मुख से निकल पड़ी, जिसका आशय कुछ इस तरह का था : 'ब्रिटिश-कूटनीति के समान कठोर इस शिव-धनुष को तोड़ना तो दूर रहा, वीर भारतीय युवक इसे टस से मस भी न कर सके, यह अत्यन्त दुःख का विषय

मंडलियों की रामलीला, ब्रज लोक माधुरी

है। हाय!' फिर क्या आफत मच गई। मालवीय जी महाराज उन दिनों पूरे 'माडरेट' थे, उठ खड़े हुए। ड्राप गिरवा दिया। भट्ट जी आदि ने उन्हें बहुत समझाया, किन्तु वह शांत न हुए। आखिर उस दृश्य को बन्द ही कर देना पड़ा। फिर भी अभिनेताओं और मंडली संचालकों का उत्साह कम न हुआ।''[40] इसी घटना को याद करते हुए डा. मधु शर्मा लिखती हैं कि ''इस घटना से भी मंडली के संचालक हतोत्साहित नहीं हुए और उन्होंने अपने नाट्याभिनय में राष्ट्रीयता का पुट बराबर बनाए रखा''[41] वस्तुतः यह दोनों प्रस्तुतियाँ भारतेन्दु युग के राष्ट्रीय जागरण से प्रेरित हैं।

बीसवीं शताब्दी के आरम्भिक दशकों में भारतीय कला के प्रायः सभी रूपों में परम्परा और प्रयोग के मेल से नई-नई उद्भावनाएँ दिखाई पड़ती हैं। पुतुल कला की भारत में यूँ तो एक अतिसमृद्ध प्राचीन परम्परा रही है[42] लेकिन उदय शंकर (1900-1977) ने जब भारत संस्कृति केन्द्र अल्मोड़ा में छाया पुतुल शैली में रामलीला प्रस्तुत की तो पारम्परिक सपाट पारभासी पुतलियों के बजाय नर्तकों एवं नृत्यांगनाओं को रोशनी एवं परदे के बीच गतिमान करके मनुष्य के त्रिआयामी शरीर का परदे पर लुभावनी छवि उत्पन्न करने के प्रयोग में सफल रहे। उदय शंकर की यह प्रस्तुति कई अर्थों में न सिर्फ उनके रचना-संसार में बल्कि रामलीला प्रदर्शन के इतिहास में भी विशिष्ट स्थान रखती है क्योंकि अपने अन्य प्रदर्शनों की तरह यहाँ वे भारतीय कला की आत्मा को पश्चिमी दर्शकों और अपने समय के लिए 'अनूदित'[43] करने के बजाय अपने पश्चिमी अनुभवों को छाया-पुतुल की पारम्परिक भारतीय कला को सँवारने के लिए कर रहे थे। आश्चर्य नहीं कि उनके जीवनीकार इस प्रस्तुति को उनके अल्मोड़ा प्रवास की सर्वाधिक विस्मयकारी रचना मानते हैं।[44]

प्रोजेश बनर्जी ने उदय शंकर की नृत्य-नाटिकाओं को तीन कोटियों में बाँटा है। पहली कोटि 'शिव-तांडव','शिव-पार्वती नृत्य-द्वन्द्व' 'रिद्म ऑफ लाइफ' 'लेबर एंड मिशनरी', 'इन्टरनल मेलोडी' एवं 'प्रमिला-अर्जुन' जैसी नृत्य-नाटिकाओं की है जो मंच पर प्रस्तुत की गई। दूसरी 'कल्पना' जैसी प्रस्तुति जिसे फिल्मी पर्दे पर उतारा गया और तीसरी कोटि ऐसी नाटिकाओं की है जिसे 'प्रकाश की नृत्य नाटिका' कहना ज्यादा उपयुक्त होगा। 'रामलीला' एवं बुद्ध के जीवन पर आधारित प्रस्तुति की कोटि यही थी जिसे सफेद परदे पर काली एवं रंगीन छायाओं के सहारे मंचित की गई। रामलीला को श्वेत श्याम छायाओं के सहारे पहले मंच पर फिर मुक्तकाशी रंगमंच पर प्रस्तुत किया गया।[45] छह हजार दर्शकों के सम्मुख खुले मंच पर चालीस फीट चौकोर सफेद पर्दे पर ढाई घंटे तक बिजली के प्रकाश एवं छाया से जो जादू रचा था उसकी पुष्टि दर्शकों में उपस्थित अंग्रेजी कवि

हरिन चटोपाध्याय ने अपनी एक कविता में की है।[46] वस्तुतः इस प्रस्तुति में शंकर ने रोशनी से शरीर की दूरी एवं नजदीकी कायम कर न सिर्फ छायाओं का आकार नियंत्रित करने में सफलता पाई थी बल्कि छाया एवं आकृति को एक-दूसरे पर अध्यारोपित कर दृश्यबंध को संकेतित करने में भी सफल हुए थे। वैसे उनके आलोचकों का यह कहना सही है कि "उदय सही अर्थों में प्रकाश के उस्ताद थे। 'रामलीला' से लेकर 'शंकर स्कोप' तक उनकी इस कला में एक उत्तरोत्तर विकास दिखाई पड़ता है। आरम्भ में 'रामलीला' के श्वेत श्याम, छोटी-बड़ी छायाएँ ढाई घंटे तक सफेद पर्दे पर दृष्टिगोचर हुईं फिर बीस मिनट का 'बुद्ध बैले' आया और पूर्ण विकास रंगीन छायाओं की रामलीला में दिखाई पड़ा।[47]

उत्तर भारत की अन्य रामलीलाओं की तरह उदय शंकर की 'रामलीला' का भी आधार ग्रंथ 'रामचरितमानस' था।[48] उदय शंकर ने अयोध्या से राम के निष्कासन से प्रस्तुति की शुरुआत की और अंत राम के राज्यारोहण से। आरम्भ के राज्यारोहण की विफलता और अंत के राज्यारोहण की सफलता के बीच के कथा-सूत्र को संगीत के माध्यम से नियोजित किया गया। यहाँ संगीत का प्रयोग प्रस्तुति की मात्र पृष्ठभूमि निर्माण के लिए नहीं किया गया था बल्कि पारम्परिक गायन को भी इसमें नाट्य के प्रयोगधर्मी रूप का एक अविभाज्य अवयव बना देने पर जोर था। इस प्रस्तुति के संगीत निर्देशक पंडित लालमणि मिश्र ने लिखा है

उदय शंकर का छाया पुतुल नाटक

कि, "जब मैंने उदय शंकर के शेडो-प्ले रामायण में मानस की चौपाइयों का उन धुनों में प्रयोग किया जो केवल उत्तर-प्रदेश से सुनी जाती हैं तब कलकत्ता तथा मुम्बई आदि के समाचार पत्रों ने लिखा कि मानस की चौपाइयों को ऐसे आकर्षक ढंग से भी गाया जा सकता है, यह बात बहुत कम लोगों को मालूम थी।"[49] वस्तुतः यह पारम्परिक गायन की प्रयोगशील प्रस्तुति थी। इस प्रयोगशील 'रामलीला' के

सचिन शंकर की नृत्य-नाटिका

चर्चित होने का एक कारण यह भी था कि प्रमुख रूप से पश्चिम में भारतीय नृत्य-कला निर्देशक के रूप में विख्यात उदयशंकर की सम्भवतः यह पहली रचना थी जिसे ग्रामीणों के समक्ष प्रस्तुत किया गया। भारत संस्कृति केन्द्र के छात्रों ने ढोल पीटकर गाँववालों को रामलीला के प्रदर्शन की सूचना दी थी। प्रवेश शुल्क के रूप में एक फूल या एक फल या कोई एक सब्जी की घोषणा की गई थी। ग्रामीणों के समक्ष रामलीला को प्रस्तुत करते हुए स्वयं उदय शंकर काफी खुश हुए थे। उन्हें इस बात का एहसास था कि 'सच्चे अर्थों में वे पहली बार अपने लोगों के सामने अपनी कला का प्रदर्शन कर रहे थे।'[50]

उदय शंकर के पश्चात् उनके तीन शिष्यों ने राम कथा पर आधारित नृत्य-नाटिका प्रस्तुत करने की परम्परा को आगे बढ़ाया। नरेन्द्र शर्मा (1924-2008) और सचिन शंकर (1924-2005) ने 'न्यू स्टेज' के तत्वाधान में रामायण को बंबई में 1950 ई. में प्रस्तुत किया। सचिन शंकर स्वयं राम की भूमिका में तथा उनकी पत्नी कुमुदिनी सीता की भूमिका में काफी चर्चित रहे परन्तु इसमें मंचित 'जटायु और रावण के युद्ध का-सा प्रभावशाली दृश्य' बलवंत गार्गी के अनुसार, भारतीय रंगमंच पर और कहीं कम ही देखने में आता है।[51]

उदय शंकर के एक अन्य शिष्य शांतिवर्द्धन (मृत्यु 1954) ने 'लिटिल बैले ट्रूप' के तहत रामायण का पुतली नाटक बंबई में 1952 में प्रस्तुत किया था। इस प्रस्तुति की विलक्षणता इस बात में थी कि यहाँ पुतुल मनुष्य का अनुकरण करने की बजाय मनुष्य पुतलियों की तरह अभिनय करते दिखाए गए। नृत्य-नाटिका में 'मानव पुतली' का यह एक कल्पनाशील प्रयोग था जिसका विश्व में कहीं और प्रयोग होने का उल्लेख नहीं मिलता। अकारण नहीं कि संगीत नाटक अकादमी द्वारा इसे बाद में 'शताब्दी की प्रस्तुति' घोषित किया गया और पेरिस के अन्तर्राष्ट्रीय नाट्य-उत्सव में 1960 में इसके मुकुट-मुखौटों एवं वस्त्र-सज्जा के लिए पुरस्कृत किया गया।[52]

एक घंटा चालीस मिनट की अबाध अवधि वाली इस प्रस्तुति में जैन लघुचित्रों एवं कथकली की भंगिमाओं पर आधारित मुखौटों का इस्तेमाल किया गया था। अवनीदास गुप्त एवं बहादुर सेन द्वारा मानस की चौपाइयों को संगीतबद्ध किया गया था। इस प्रस्तुति का आँखों देखा हाल बलवंत गार्गी ने कुछ यूँ बयान किया है : ''पर्दा उठता है। गाँव के मेले का दृश्य दिखता है। एक छोटे-से तंबू में पुतलियों का खेल हो रहा है। मोर के पंखों से सजा हुआ ढोलची ढोल बजाता है। पुतलियों वाले आते हैं और लोगों को खेल देखने के लिए पुकारते हैं। वे रामायण का नाटक दिखा रहे हैं।

शांतिवर्द्धन की मानव पुतली नाटिका

"मंच पर काठ की पुतलियाँ नहीं नाच रहीं, बल्कि कलाकार मुकुट-मुखौटे लगाए पुतलियों की भाँति नाच रहे हैं। ये ताल और सुर में किसी अदृश्य पुतलीकार के संकेतों पर नाचते हुए रामायण की कथा बहुत सरल तथा ललित रूप में प्रस्तुत करते हैं। उनकी पुतलियों के समान मुद्राएँ, गति, पृष्ठभूमि का संगीत एक जादू-भरे संसार की रचना कर देता है।[53]

शांतिवर्द्धन की मानव पुतली नाटिका

रामचरितमानस पर आधारित रामलीलाओं में भारतीय कला केन्द्र की प्रस्तुति का एक महत्त्वपूर्ण स्थान है। सुमित्रा चरतराम द्वारा दिल्ली में 1952 में स्थापित इस केन्द्र ने 1957 को दशहरे के अवसर पर रामलीला की प्रस्तुति की। साठ हजार रुपए के बजट वाली यह प्रस्तुति हर मायने में सफल रही। मानस पर आधारित इस रामलीला की पटकथा प्रख्यात हिन्दी साहित्यकार रामधारी सिंह 'दिनकर' एवं राही ने तैयार की थी। राम की भूमिका में भगवान दास वर्मा, सीता के रूप में जयन्ती शर्मा, रावण के रूप में नरेन्द्र शर्मा की सर्वत्र तारीफ हुई। संगीत सुशील दासगुप्ता एवं ज्योतिन्द्र मोयत्रा के द्वारा तैयार किया गया था।[54] नृत्य-नाटिका के रूप में नरेन्द्र शर्मा एवं इन्दर राजदान ने एक सौ दस फुट चौड़े बहुदृश्यात्मक अर्धवृत्ताकार मंच पर मानस की संकल्पना की थी। "नाटक जुलूस से आरम्भ होता है, जो खुले पंडाल में बैठे दर्शकों में से गुजरकर मंच पर आता है। कथाकार नाटक का परिचय देता है। मंच के बाईं ओर रावण का महल है, जहाँ अन्याय का निवास है। दाईं ओर राम, लक्ष्मण और सीता हैं। बीच में जंगल का दृश्य है, जहाँ सत्य और असत्य का युद्ध होता है। जब रावण सीता का हरण करके अपने महल में ले आता है, या उसकी बहन शूर्पणखा नाक कटवाकर हाहाकार करती हुई अपने भाइयों के दरबार में जाती है, तब भी नाटक के कार्य का सूत्र टूटता नहीं। इसमें पहाड़ी नाच, तलवार चलाने के करतब लोक-नाटकों की जुलूस-झाँकियाँ और रंगीन रीतियाँ हैं।"[55] इस प्रस्तुति में राम-कथा को अन्य रामलीलाओं की तरह

भारतीय कला केन्द्र, दिल्ली

धारावाहिक न दिखाकर एक ही दिन करीब तीन घंटों में प्रस्तुत कर दिया जाता है। 1957 से भारतीय कला केन्द्र की यह प्रस्तुति दिल्ली में दशहरा के सांस्कृतिक गतिविधियों का एक स्थायी कार्यक्रम रही है। केन्द्र की इस प्रस्तुति में समय-समय पर नरेन्द्र शर्मा, गुरु गोपीनाथ, उमा शर्मा, भूषण लखान्द्रि, शांति शर्मा, विश्वजीत रामचौधुरी, शोभा दीपक सिंह जैसे कलाकार जुड़ते रहे हैं। हाल के वर्षों में इसकी प्रस्तुति, संगीत, संवाद, वस्त्र-सज्जा सभी में एक प्रकार की 'चुस्ती' से जन्म लेने वाली 'अप्रामाणिकता' के दर्शन होने लगे हैं। यह भी आकस्मिक नहीं है कि सन् 2001 से भाषा भी मूल अवधी के बजाय खड़ी बोली कर दी गई।

कथक के विख्यात नर्तक बिरजू महाराज (1937...) की नृत्य नाटिका 'कथा रघुनाथ की' को भी रामचरितमानस पर आधारित प्रयोगशील रामलीला की श्रेणी में रखा जा सकता है। कथक केन्द्र दिल्ली की यह प्रस्तुति 1978 में सम्पन्न हुई थी। पटकथा इन्दुजा अवस्थी ने तैयार की थी तथा वस्त्र-सज्जा मीरा लाखिया का था। पंडित बिरजू महाराज नृत्य-कला निर्देशक के साथ-साथ संगीत-निर्देशक भी थे। कथक में नृत्य-नाट्य की सम्भावनाओं का अन्वेषण यूँ तो मैडम मेनका (1899-1947) ने बीसवीं शताब्दी के तीसरे चौथे दशक में ही कर लिया था[56] लेकिन कथक की पारम्परिक एकल प्रस्तुति का सामूहिक नृत्य-गान के लय में सम्पूर्ण संयोजन पंडित बिरजू महाराज की देन कहा जाएगा। एक स्थल पर उन्होंने स्वयं स्वीकार किया है कि "कथक तब तक एकल प्रस्तुति की ही चीज मानी जाती थी जब तक कि इस महान स्त्री मेनका ने कथक में नृत्य-नाटिका की शैली की अपार सम्भावनाओं को तीसरे चौथे दशक में वस्त्र-सज्जा, मंच-सज्जा तकनीक एवं

बिरजू महाराज की नृत्य नाटिका 'कथा रघुनाथ की'

संगीत में साहसिक अन्वेषण के सहारे उजागर नहीं कर दिया।"[57] बिरजू महाराज स्वयं अपने घराना (लखनऊ) की शुद्ध परम्परा से जुड़े होने के बावजूद एक ऐसे अथक प्रयोगकर्ता के रूप में जाने जाते हैं जिन्होंने नए टुकड़ों एवं परणों की रचना ही नहीं की बल्कि 'नूपुर', 'कलिया-दमन', 'मदन-रति, 'ताजमहल', 'इन्तजार' एवं 'राजपूत-रमणी' जैसी कई लघु कथात्मक प्रस्तुतियाँ एवं 'कुमार सम्भव', 'मालती-माधव', 'कृष्णायन', 'मिर्जा गालिब', 'कथा रघुनाथ की', 'शाम-ए-अवध', 'माल्विका अग्निमित्र', 'हव्वा-खातून' जैसी महत्त्वाकांक्षी नृत्य-नाटिकाओं का सफलतापूर्वक नृत्य-निर्देशन भी किया।

'कथा रघुनाथ की' को दिल्ली के अलावा लखनऊ, इलाहाबाद, भोपाल, चित्रकूट, आगरा जैसी जगहों में भी प्रस्तुत किया गया। अपनी स्पष्ट एवं कथात्मक शैली के लिए विख्यात बिरजू महाराज[58] की इस रचना में भी कथक की शुद्ध गतियों एवं मुद्राओं का प्रयोग हुआ था। अन्य प्रस्तुतियों की तरह बिरजू महाराज की इस प्रस्तुति में भी संगीत की केन्द्रीय भूमिका थी। कहना न होगा कि यह संगीत मानस-संगीत में भी एक नया आयाम जोड़ती है।

सन्दर्भ एवं टिप्पणियाँ

1. भानुशंकर मेहता, सो कासी सेइस कस न, बुक फेच इंडिया, दिल्ली, प्रकाशन वर्ष, 1999, पृ. 159
2. विश्वनाथ प्रसाद मिश्र (सं), रामचरितमानस, काशिराज संस्करण, सर्वभारतीय काशीराज-न्यास, वाराणसी, प्रथम संस्करण, पृ. 17-18
3. इन्दुजा अवस्थी, रामलीला परम्परा और शैलियाँ, राधाकृष्ण प्रकाशन, दिल्ली, दूसरा संस्करण 2000, पृ. 56
4. नोर्विन हेन, द मिरेकल प्ले ऑफ मथुरा, ओ.यू.पी. बम्बई, कलकत्ता, मद्रास, फर्स्ट पब्लिश्ड 1972, पृ. 108
5. इन्दुजा अवस्थी, वही, पृ. 63
6. नोर्विन हेन, वही, पृ. 18
7. पूर्वोक्त पर उद्धृत पृ. 17
8. "रामलीला एक धार्मिक जुलूस है जिसमें लोग ऐतिहासिक चरित्रों की पूजा करते हैं। यह लीला मेघा भगत के समय से चल रही है जो संवत 1600 (1543 ई.) में विद्यमान थे।" इलाहाबाद ला जर्नल, 1918ए, पृ. 529, 545
9. भानुशंकर मेहता, रामलीला ऑफ वाराणसी : ट्रेडिशनल, कल्चरल एंड थियेट्रिकल आस्पेक्ट्स, इन डी.पी. सिन्हा, सच्चिदानन्द सहाय (एडिटर्स) रामायणा ट्रेडिशन एंड नेशनल कल्चर्स इन एशिया, डायरेक्टोरेट ऑफ कल्चरल अफेयर्स, गवर्नमेंट ऑफ उत्तर प्रदेश, लखनऊ, 1989, पृ. 115

10. देखें, इन्दुजा अवस्थी, वही, पृ. 65-66; इन पंक्तियों के लेखक के साथ साक्षात्कार में जितेन्द्रनाथ मिश्र ने शिलर के हवाले से यह बताया कि यह स्थल वास्तव में उस वक्त चित्रकूट कहलाता था इसलिए इसका नाम 'चित्रकूट' रामलीला कहलाया।
11. इन्दुजा अवस्थी, वही, पृ. 71
12. भानु शंकर मेहता, वही, पृ. 164-165
13. इन्दुजा अवस्थी, वही, पृ. 63
14. "पहिलो तिलक रामलीला बर। जिहि लखि परति न तिमिर कूप नर।।
    सोरठादि दोहा समुदाई। छंद अमंद चारू चौपाई।।
    जाको जहाँ अर्थ है जैसो। लीला ललित लखावति तैसो।।"
15. फिलिप लुट्गेनडार्फ, द लाइफ ऑफ अ टेक्सट, पर्फोमिंग द रामचरितमानस ऑफ तुलसीदास, ओ.यू.पी. दिल्ली, पृ. 329-330
16. "तुलसीज मास्टरपीस इज द जेनेरेटिंग कर्नेल ऑफ द पर्फोर्मेंस, बट लाइक अ ट्री स्प्रींगिंग फ्रोम अ ग्रेट टैप रूट, द ब्रांचेज आर स्प्रेड फार एंड वाइड।" रिचर्ड शेखनर, पर्फोर्मेटिव सरकमटांसेस : फ्राम द अवाँ गार्द टू रामलीला, सीगल बुक्स, कलकत्ता, 1983, पृ. 239
17. "महाराजा उदित नारायण सिंह ने अभिनय में यथार्थता और सजीवता लाने की दृष्टि से मानस के वर्णनों के आधार पर रामनगर के विभिन्न स्थलों पर महल, वनखंडों, जलाशयों और उद्यानों का निर्माण कराया था। ये स्थान मीलों की दूरी में फैले हैं। अयोध्या, लंका, पंचवटी, जनकपुर, अशोकवाटिका, जनक फुलवारी तथा पंपासर आदि स्थान अलग-अलग बने हैं।" इन्दुजा अवस्थी, वही पृ. 96-97
18. अनुराधा कपूर, एक्टर्स, पिलग्रिम्स, किंग्स एंड गाड, द रामलीला एट रामनगर, सीगल बुक्स, कलकत्ता, न्यू डेल्ही, पेपर बुक्स एडिशन, 2004, पृ. 9
19. "इट्स, पर्फोर्मेंस स्टाइल इज एन अमेलगमेशन ऑफ द वर्डलेस टेब्लू, द झाँकी एंड प्रोसेशनल ड्रामा, व्हेयर द एक्टर्स मूव फ्राम प्लेस टू प्लेस एंड स्पीक डायलाग्स।" अनुराधा कपूर, वही, पृ. 6
20. "रामनगर की लीला में प्राचीन शैली को अधिक नाटकीय रूप प्रदान किया गया है, इसलिए इसमें झाँकी और शोभायात्राओं पर उतना बल नहीं है जितना नाटकीयता और अभिनय की स्वाभाविकता पर।" इन्दुजा अवस्थी, वही, पृ. 88
21. भानुशंकर मेहता, वही, पृ, 88
22. रिचर्ड शेखनर, वही, पृ. 287
23. अनुराधा कपूर, वही, पृ. 236
24. वही, पृ. 9
25. इन्दुजा अवस्थी, वही, पृ. 155
26. वही, पृ. 159
27. रामकथा, अंकन, मंचन, वाचन, इन्दिरा गांधी नेशनल सेंटर फार द आर्ट्स, न्यू डेल्ही, 2008, पृ. 23
28. मध्य-प्रदेश में, 'आदर्श रामलीला मंडल', खजूरीताल, 'मारूति कला मंडल' शाढोरा, गुना, 'शारदा रामलीला मंडल' मड़ई, सतना, 'रामजानकी आदर्श रामलीला' कटनी जबलपुर, चित्रकूट की मंडली उल्लेखनीय है। उत्तर-प्रदेश की मंडलियों में अवध आदर्श रामलीला

मंडल', फैजाबाद, 'ब्रज कला केन्द्र' मथुरा, 'ब्रजलोक माधुरी' मथुरा, 'ब्रजरासलीला संस्थान', वृंदावन, श्री राध विनोद लीला संस्थान, वृंदावन, मुरादाबाद की मंडली अग्रगण्य है। बिहार में 'श्री सीताराम विवाह मंडली', मधुबनी तथा 'महावीर आदर्श रामलीला मंडल' नगरह भागलपुर का नाम लिया जा सकता है। राजस्थान की मंडलियों में 'राजर्षि अभय समाज रामलीला', अलवर, 'रामलीला कमेटी भरतपुर का स्थान महत्त्वपूर्ण है।

29. नारायण प्रसाद 'बेताब', बेताब चरित, राष्ट्रीय नाट्य विद्यालय, नई दिल्ली, पहला संस्करण 2002, पृ. 73
30. राधेश्याम कथावाचक, मेरा नाटक काल, राष्ट्रीय नाट्य विद्यालय, नई दिल्ली, पहला संस्करण 2004, पृ. 35
31. वीरेन्द्र नारायण, पारसी रंगमंच : एक ऐतिहासिक आवश्यकता, रंग-प्रसंग 13, जनवरी-मार्च 2004, पृ. 95
32. बलवंत गार्गी, रंगमंच, (अनु. अतुल भारद्वाज, कृष्ण कुमार), राजकमल प्रकाशन दिल्ली, प्रथम हिन्दी संस्करण 1968, पृ. 171
33. इन्दुजा अवस्थी, वही, पृ. 173-174
34. शौकिया मंडलियों में बनारस का 'नेशनल थियेटर' (1884), जैन नाटक मंडली (1903), अग्रवाल-ब्वायज-ड्रामेटिक क्लब (1904), श्री नागरी-नाट्यकला-संगीत प्रवर्तर मंडली (1906), भारेन्दु-नाटक मंडली (1906), नागरी-नाटक मंडली (1908), रत्नाकार रसिक मंडली (1933), बलिया का बलिया-नाटय-समाज (1884), इलाहाबाद का आर्य नाट्य सभा (1870), श्री रामलीला-नाटक-मंडली (1889), हिन्दी नाट्य-समिति (1908), कानपुर का 'भारत एंटरटेनमेंट क्लब (1885), एम.ए.क्लब (1886), श्री भारत मनोरंजनी सभा (1886), भारत नाट्य-समिति, कैलाश-नाट्य समिति बिहार के पटना-नाटक मंडली (1876), छपरा क्लब (1918), छपरा का अमेच्योर ड्रामेटिक एसोसियेशन, श्री शारदा नाट्य समिति तथा कलकत्ता के हिन्दी नाट्य समिति (1905), हिन्दी नाट्य परिषद् (1906) का नाम उल्लेखनीय है।
35. धीरेन्द्र नाथ सिंह (सं.), जानकी मंगल नाटक, नागरी प्रचारिणी सभा, काशी, प्रथम संस्करण पृ. 57 पर उद्धृत।
36. "हिन्दी भाषा में जो सबसे पहला नाटक खेला गया वह जानकीमंगल था।" भारतेन्दु हरिश्चन्द्र, 'नाटक', भारतेन्दु समग्र, हेमन्त शर्मा (सं.), प्रचारक ग्रन्थावली, वाराणसी, तृतीय संस्करण 1889, पृ. 576
37. धीरेन्द्रनाथ सिंह, वही, पृ. 61
38. वही, पृ. 59 पर उद्धृत।
39. "रामलीला के ही अवसर पर नाटक अभिनीत करने की दृष्टि से इसका श्री गणेश हुआ। वस्तुतः सन् 1898 ई. के लगभग प्रयाग के तीन हिन्दी-प्रेमी उत्साही बालकों हिन्दी के राष्ट्रकवि पं. माधव शुक्ल, पं. बालकृष्ण भट्ट के पुत्र पं. महादेव भट्ट तथा अल्मोड़ा निवासी गोपालदत्त त्रिपाठी ने सुसंस्कृत एवं साहित्यिक रूचि से पूर्ण नाटक खेलने के लिए ही इसकी स्थापना की थी। इस नाटक मंडली का प्रथम नाटक 'सीय स्वयंवर' था, जिसकी रचना माधव शुक्ल ने तुलसीकृत 'रामचरितमानस' के आधार पर की थी। इसका अभिनय तीन रात तक क्रमिक रूप से चलता रहा। नाट्य रचना के अतिरिक्त शुक्ल जी ने अभिनय एवं कुशल निर्देशन भी सफलतापूर्वक किया।" डॉ. अज्ञात (सं.) कवि सेनानी

पं. माधव शुक्ल, समीर प्रकाशन, कानपुर, प्रथम संस्करण 1982 में डॉ. मधु शर्मा, नाटककार, अभिनेता और देश का योद्धा, पृ. 77-78

40. वही, आचार्य शिवपूजन सहाय, प्रयाग की हिन्दी नाट्य समिति, पृ. 140
41. वही, डॉ. मधु शर्मा, पृ. 77
42. "इट इज नोन दैट शैडो पपेट एक्जिस्टेड इन इंडिया एज अर्ली एज सिक्स्थ सेंचुरी बी.सी." एम. नागभूषण शर्मा, टोलु बोम्मलता, संगीत नाटक एकेडमी, न्यू डेल्ही, फर्स्ट एडिशन, 1985, पे. 10
43. "ट्रांसलेशन ऑफ परर्फोमेंस फार शंकर मिंट यूनिवर्सिलिटी इन थीम; पार्टिकुलरिजेशन इन कास्ट्यूम मूवमेंट, म्यूजिक एंड स्टोरी; एंड च्वायस ऑफ थीम एंड स्टाइल टू रीच एंड अपील टू आडियेंस आलरेडी इंटिस्ड बाय द स्पिरीचुएलिटी, एक्जोटिसिज्म एंड रोमांटिक एल्योर ऑफ द ईस्ट जान एल अर्द्धन, परफोर्मेंस एज ट्रांसलेशन, द ड्रामा रिव्यू, वोल्यूम 31 स्प्रिग 1987, पृ. 80
44. "उदय शंकर्स मोस्ट स्टूपेन्डस क्रियेशन एट अलमोड़ा वाज द रामलीला बैले इन शेडो प्ले।" मोहन खोकर, हीज डांस, हीज लाइफ : ए पोट्रेट ऑफ उदय शंकर, हिमालयन बुक्स, न्यू देल्ही, 1983, पृ. 101
45. प्रोजेश बनर्जी, इंडियन बैले डांसिंग, अभिनव पब्लिकेशंस, न्यू देल्ही, फर्स्ट पब्लिश्ड 1983, पृ. 120-121
46. "फोर इयर्स टू कम, अपोन दिस माउंटेन हाइट/योर शेडो ड्रामा शैल नाट पास अवे/एंड एट, हाव मेनी नो यू आर द लाइट/अनसीन एंड क्वायट बिहाइंड द शैडो प्ले?" कोटेड इन मोहन खोकर, वही, पृ. 106
47. प्रोजेश बनर्जी, उदय शंकर एंड हिज आर्ट, बी.आर. पब्लिशिंग कोर्पोरेशन लि. दिल्ली, फर्स्ट पब्लिशड 1982, पृ. 98
48. "द स्टोरी एंड टेक्स्ट आर बेस्ड आन द मेलोडियस रामायणा ऑफ तुलसीदास" मोहन खोकर, वही, पृ. 176
49. लालमणि मिश्र, संगीत और समाज, मधुकली प्रकाशन, भोपाल, प्रथम संस्करण अगस्त 2000, पृ. 73
50. प्रोजेश बनर्जी, वही, पृ. 97-98
51. बलवंत गार्गी, वही, पृ. 219
52. वही, पृ. 224
53. वही, पृ. 221
54. आशीष खोकर, श्रीराम भारतीय कला केन्द्र : ए हिस्ट्री, सुमित्रा चरत राम रिमिनेसेस लस्टर प्रेस, रोली बुक्स, अदिनांकित, पृ. 55
55. बलवंत गार्गी, वही, पृ. 220
56. देखें, दम्यंती जोशी, मेडम मेनका, संगीत नाटक अकादमी, न्यू देलही, फर्स्ट एडिसन, 1989
57. सुशीला मिश्रा, सम डांसर ऑफ इंडिया, हरमन पब्लिशिंग, न्यू देल्ही, फर्स्ट एडिसन, 1992, पृ. 105 पर उद्धृत
58. सुनील कोठारी, इंडियन क्लासिकल डांस आर्ट, अभिन्व पब्लिकेशन, फर्स्ट पब्लिश्ड 1989, पृ. 156

अध्याय-3

रामचरितमानस : चित्र

भारत में चित्रांकन की परम्परा यूँ तो पहली शताब्दी ईसा पूर्व से ही भित्ति-चित्र के रूप में दिखाई पड़ने लगती है लेकिन पांडुलिपियों व पुस्तकों को चित्रांकित करने की कला का आरम्भ यहाँ कब हुआ, इस विषय पर कला-आलोचकों में मतभेद रहा है।[1] रामचरितमानस की रचना सोलहवीं शताब्दी के उत्तरार्द्ध में (1574 ई.) हुई और इस ग्रंथ की चित्रांकित पांडुलिपियाँ सत्रहवीं शताब्दी से हमें मिलने लगती हैं।

पहली पांडुलिपि एस.डी. गाइल्स के संग्रह में हैं जिसके चित्र मालवा शैली में बनाए गए हैं।[2] सम्भवतः यह ओड़छा की रानी हीरा रानी के लिए सन् 1642-43 में तैयार किया गया था।[3] मालवा शैली अपने चटख एवं ओजस्वी रंगों के लिए अलग से ही पहचानी जाती है। तीखे रंगों का यहाँ सपाट प्रयोग किया जाता है। प्रस्तुत चित्र (चित्र संख्या एक) में प्राचीन चित्रित पांडुलिपियों की क्षैतिज योजना

चित्र-1

का ही सहारा लिया गया है। पाठ चित्र के ऊपर पट्ट पर लिखा गया है। चित्र को 19 × 32 सेंटीमीटर के कागज पर सोने चाँदी एवं स्याही से उकेरा गया है।

चित्र-2

दृश्य-रचना में प्रकृति के तत्त्वों (elements) के बीच यादृच्छिक अवकाशीय सम्बन्ध की योजना चित्र को यथार्थवाद से मुक्त करता जान पड़ता है। एक सादे दृश्य-विधान में रंग एवं रूपाकार के नाटकीय मिश्रण से पर्वत, पेड़, आकाश एवं समुद्र को शैलीबद्ध कर उस 'प्रशांत तर्क' के सहारे आख्यानपरक चित्रकला की समस्या को सुलझाने की कोशिश की गई है जिसे डब्लयू जी. आर्चर ने मध्यभारतीय कला की विशिष्टता के रूप में पहचाना था।[4]

अट्ठारहवीं शताब्दी में रामचरितमानस की चार चित्रित पांडुलिपियाँ मिलती हैं जिसमें तीन राजस्थानी या राजपूत शैली की एवं एक जौनपुर कलम की चित्रकारी से सज्जित हैं। आनन्द कुमार स्वामी का यह प्रसिद्ध कथन है कि "राजपूत चित्रकला हिन्दुस्तानी भाषाओं की प्रतिरूप है। भारत की शास्त्रीय कलाओं से राजपूत कला उसी प्रकार बँधी है जिस प्रकार संस्कृत से यहाँ की भाखाएँ।"[5] आश्चर्य नहीं कि संस्कृत के नानापुराणनिगमागमसम्मत रामचरितमानस को राजपूत चित्रकारों ने अपनी कला के लिए इतना उपयुक्त पाया। इस सन्दर्भ में भगवतशरण उपाध्याय का कथन द्रष्टव्य है कि, "राजपूत शैली मध्यकालीन हिन्दी साहित्य की प्रवृत्ति को चित्रित करती है। उसके चित्र बिना भारतीय महाकाव्यों, पुराणों, रामायण, महाभारत, श्रीमद्भागवत, संगीतशास्त्र, कामसूत्र और रीति काव्य जाने भली प्रकार नहीं समझे जा सकते। उनमें कला और साहित्य-बोध का अद्भुत संयोग प्रस्तुत है।"[6]

अट्ठारहवीं शताब्दी में निर्मित राजपूत शैली की तीनों रामचरितमानस की पांडुलिपियाँ जयपुर उपशैली के चित्रों से सज्जित हैं। इनमें से दो पांडुलिपियाँ भारत कला भवन, वाराणसी एवं एक राष्ट्रीय संग्रहालय, दिल्ली में संरक्षित हैं। जयपुर उपशैली सवाई जयसिंह के शासन काल (1699-1743) में राजस्थान की अन्य उपशैलियों–मेवाड़, बुन्दी आदि से अपनी अलग पहचान बनाती है। राजस्थान की भूतपूर्व राजधानी अम्बेर में ही जयपुर उपशैली का जन्म हुआ। अम्बेर के राजाओं ने मुगलों से बड़ा ही सौहार्दपूर्ण सम्बन्ध बनाए रखा और इस सम्बन्ध ने अम्बेर की कलाओं पर भी असर डाला।[7] प्रस्तुत चित्र (संख्या दो एवं तीन) जयपुर उपशैली में चित्रित होने के बावजूद एक-दूसरे से काफी भिन्न हैं। जहाँ चित्र संख्या दो में लोक-तत्त्व काफी मुखर है वहीं चित्र संख्या तीन में मुगल-कला के बढ़ते प्रभाव को साफ परिलक्षित किया जा सकता है। दोनों चित्र बालकांड के फुलवारी प्रसंग के हैं। राम को देखकर सीता के मन में प्रेम का उदय हो चुका है और वे गौरी से अपने मनोरथ पूर्ण करने की प्रार्थना कर रही हैं। गौरी कहती हैं कि हे सीता, हमारी सच्ची आशीष सुनो, तुम्हारी मनोकामना पूर्ण होगी क्योंकि नारद का

चित्र-3

कहा कभी झूठा नहीं हुआ है, अतः तुम्हें वही वर मिलेगा जिस पर तुम अनुरक्त हो गई हो। वह सहज ही सुन्दर साँवरा है, वह करुणा निधान है, सुजान है। वह तुम्हारे शील और स्नेह को जानता है। इस भाँति गौरी का आशीर्वाद सुनकर सभी

सोरठा
पुरुषसिंह दोउ बीर हरषि चले मुनि भय हरन
कृपासिंधु मतिधीर अखिल बिस्व कारन करन ८
चौ । माला
अरुन नयन उर बाहु बिसा । नील जलज तनु स्याम त
कटि पट पीत कसे बर भाथा रुचिर चाप सायक दुहुँ हाथा
स्याम गौर सुंदर दोउ भाई बिस्वामित्र महानिधि पाई
प्रभु ब्रह्मन्यदेव मैं जाना मोहि निति पिता तजेउ भगवाना
चले जात मुनि दीन्हि देखाई सुनि ताडका क्रोध करि धाई
एकहि बान प्रान हरि लीन्हा दीन जानि तेहि निज पद दीन्हा

चित्र-4

सखियों समेत सीता हर्षित हुईं और भवानी की बार-बार पूजा कर मुदित मन घर लौट चलीं। गौरी को अनुकूल जानकर सीता कितनी प्रसन्न हुईं, कहा नहीं जा सकता। सभी प्रकार के मंगल का सूचक उनका बायाँ अंग फड़कने लगा।[8] इन दोनों चित्रों में मंगलसूचक हल्दी रंग के प्राचुर्य से चित्रकार ने महाकाव्य के नायक-नायिका के उस संसार के प्राकृतिक पर्यावरण की सृष्टि की है जिसका मूल राग अलौकिक जान पड़ता है। जीवन में आने वाली खुशियों, उम्मीदों, आकांक्षाओं, दुःखों को वनस्पति (कदली-वृक्ष), पशु (वानर), पक्षी (मोर) के साहचर्य में परिकल्पित किया गया है। गुलाम मुहम्मद शेख का यह कथन याद आता है कि "राजपूत चित्रकारों ने एक ऐसे चित्रात्मक योजना का आविष्कार किया जिसमें रंग, दृश्य अभिव्यंजना का सर्वप्रमुख साधन बना। वर्ण, वस्त्र-सज्जा एवं स्थापत्य का रंग स्थानीय रखा गया जबकि प्राकृतिक पर्यावरण के रंग को सिरे से बदल दिया गया।...इसका तात्पर्य यह हुआ कि प्राकृतिक पर्यावरण का संसार किसी वस्तुनिष्ठ दृष्टि से नहीं बल्कि इसमें निवास करनेवाले चित्रित व्यक्ति की आँख से देखा गया है।"[9]

राष्ट्रीय संग्रहालय, दिल्ली में संरक्षित जयपुर उपशैली वाली पांडुलिपि (प्राप्ति क्रमांक 56.137) के चित्र (संख्या चार) एवं लिखत में एक प्रकार की सादगी है—शास्त्रीय उस्तादों वाली सादगी नहीं बल्कि लोक कला की सादगी; जहाँ सारा जोर साफ-साफ पढ़कर समझ लिए जाने पर होता है चाहे वे चित्र हों या लिखत के वर्ण। यह अकारण नहीं है कि आनन्द कृष्ण ने 'मृगावती' एवं बेसिल ग्रे ने 'लौर चंदा' जैसी लोक-कथाओं के साथ राजस्थानी कला का सम्बन्ध जोड़ा है।[10] प्रस्तुत चित्र में दशरथ अपने चारों पुत्रों के साथ विश्वामित्र के समक्ष बैठे दिखाए गए हैं जो निश्चय ही "सुनि राजा अति अप्रिय बानी। हृदय्कंप मुख दुति कुमुलानी।" वाला प्रसंग है लेकिन चित्र में उसके आगे का पाठ अंकित है : "पुरुष सिंह दोउ वीर हरषि चले मुनि भय हरन" से लेकर ताड़का वध तक : "एकहि बान प्रान हरि लीन्हा। दीन जानि तेहि निज पद दीन्हा।" दो सौ चौहत्तर (274) चित्रों से सजी चार सौ इक्कीस (421) पृष्ठों वाली इस पांडुलिपि में दृश्य एवं पाठ के कई बेमेल संयोजन देखे जा सकते हैं। इस सन्दर्भ में आनन्द कुमार स्वामी की यह धारणा विचारणीय लगती है, जब वे कहते हैं कि,"भारत में चित्रांकित पांडुलिपियों की कोई प्रामाणिक परम्परा नहीं रही है। जो पांडुलिपियाँ मिलती हैं चाहे वे नेपाली भोजपत्रों पर चित्रित हुई हों या गुजराती जैन कृतियाँ हों या संस्कृत व हिन्दी पांडुलिपियाँ हों, वे लिपियों के चारों ओर बिखरी एक चित्रवीथिका की तरह जान पड़ती हैं जिनका बाकी के पृष्ठों से कोई आवयविक सम्बन्ध दृष्टिगोचर नहीं होता।

पर्सिया और चीन में चित्रकार और खुशनवीस के बीच जैसा अन्तरंग सम्बन्ध स्थापित हुआ था वैसा यहाँ स्थापित न हो सका।"[11] वैसे चित्रित पुस्तकों या पांडुलिपियों में चित्र और पुस्तक की अन्तर्वस्तु व रूप के बीच का सम्बन्ध-निर्धारण कला आलोचकों के बीच एक विवादास्पद मुद्दा रहा है।[12]

अट्ठारहवीं शती की ही एक अन्य चित्रित रामचरितमानस की पांडुलिपि कलकत्ता विश्वविद्यालय के आशुतोष संग्रहालय में संरक्षित है।[13] इस पांडुलिपि का निर्माण बंगाल के महिषादल में मार्च 1772 से फरवरी 1775 के बीच हुआ था। पांडुलिपि की पुष्पिका में लिखा है कि महिषादल परगना के कमलापुर गाँव में रानी जानकी के पढ़ने के लिए द्विज श्री इच्छाराम मिश्र ने इसे लिखा। रानी जानकी महिषादल के जमींदार आनन्दलाल उपाध्याय की विधवा थीं और जिन्होंने 1765 से 1804 ई. के बीच वहाँ की जमींदारी सँभाली थी। ऐसा माना जाता है कि महिषादल का यह राजपरिवार उत्तर प्रदेश से आकर यहाँ बसा था। प्रसंगात् यही वह राजपरिवार था जहाँ हिन्दी के सुप्रसिद्ध कवि सूर्यकांत त्रिपाठी 'निराला' का बचपन गुजरा था।[14]

पांडुलिपि की पुष्पिका से यह स्पष्ट नहीं है कि इच्छाराम मिश्र सिर्फ इसके लिखतकार हैं या इसके चित्रकार भी हैं। यह पांडुलिपि अंग्रेजी कागज पर निर्मित की गई है। कुल मिलाकर इसके तीन सौ तैंतालिस (343) आयताकार पन्ने हैं जिसके दोनों ओर चित्र एवं पाठ को अंकित किया गया है। पन्ने का आकार 24.7 × 30.5 सेटीमीटर का है लेकिन रंगीन हाशिये के अन्दर लिखने एवं चित्र बनाने की जगह 17 × 22.5 सेंटीमीटर बचती है। इस पांडुलिपि में चित्रों की कुल संख्या एक सौ तिरपन (153) है। पांडुलिपि को ताड़ व भोजपत्रों के क्षैतिज आकार वाले पारम्परिक ग्रंथ के बजाय मुगलों द्वारा प्रचलित पोथी की शक्ल वाली लम्बवत् पुस्तक के रूप में तैयार किया गया है। इसमें जो रंगीन हाशिये का काम है वह भी डी.पी. घोष के अनुसार मुगल लघु चित्रों से आयातित है।[15] लेकिन निरंजन गोस्वामी इसकी अपेक्षाकृत सरल प्रकृति को देखते हुए इसे भारत कला भवन के मृगावत एवं लौर-चंदा की हाशियाकारी के करीब का मानते हैं।[16]

प्रस्तुत चित्र (संख्या पाँच) इस पांडुलिपि के अयोध्याकांड का है। हाशिये से घिरे फलक को चार खानों में बाँटा गया है। सबसे ऊपर के खाने में पाठ है और नीचे के तीन खानों में तीन धारावाहिक दृश्य की योजना की गई है। पाठ वाले खाने को त्रिकोण की शक्ल दी गई है। नागरी अक्षरों को काले रंग से अंकित किया गया है जबकि खड़ी पाइयों को लाल रंग से चिन्हित किया गया है। पाठ है : "जेहि लषि लषनहु तें अधिक मिले मुनिराउ। सो सीतापति भजन को प्रगट प्रताप

प्रभाउ।। आरत लोग राम सब जाँनाँ। करुणाकर सुजान भगवाना॥'' अर्थात् मुनिराउ (वशिष्ठ) लक्ष्मण से भी अधिक मुदित भाव से उससे मिले। यह सीतापति के भजन के प्रकट प्रताप का प्रभाव है। करुणाकर सुजान भगवान ने सब लोगों

चित्र-5

के दुःख को जाना। चित्र में नीचे के पहले खाने में बाईं तरफ हाथ जोड़कर वशिष्ठ का स्वागत करते राम दिखाए गए हैं। वशिष्ठ के पीछे भरत और शत्रुघ्न हैं। राम के पीछे सीता एवं लक्ष्मण फूल से लदे एक वृक्ष के नीचे वज्रासन में बैठे दिखाए गए हैं। दूसरे खाने में ऊपर वाले वृक्ष के समान एक वृक्ष के नीचे बाईं तरफ कौसल्या, कैकेयी एवं सुमित्रा वज्रासन में बैठी हुई हैं और दाईं तरफ शत्रुघ्न पद्मासन में बैठकर दूर कहीं खोजती निगाहों से बाहर देखते जान पड़ते हैं जबकि ठीक इनके पीछे पेड़ की एक टहनी पकड़े कोई स्त्री खड़ी है। नीचे के अन्तिम खाने में दो पैर पर खड़े एक घोड़े से जुते एक रथ के साथ पाँच व्यक्ति किसी की प्रतीक्षा करते दिखाए गए हैं।

इस पांडुलिपि के चित्रों में कान तक खींचे दीर्घ वृत्ताकार आँखों को देखकर डी.पी. घोष ने इसका सम्बन्ध समकालीन ओड़िया चित्रित पांडुलिपियों की परम्परा से जोड़ा था। इस मान्यता के पीछे एक तर्क यह भी था कि इस पांडुलिपि में जिस विलायती संवत का सर्वत्र उल्लेख है वह उस वक्त ओड़िसा में ही प्रचलित था। श्री घोष यह भी मानते हैं कि इस पांडुलिपि के चित्रकार बंगला पट कला के पूर्वज माने जा सकने वाले मिदनापुर के स्थानीय कलाकार थे।[17] दूसरी तरफ निरंजन गोस्वामी इसे भारत कला भवन के 'लौर-चंदा' के चित्रों से इसकी समानता रेखांकित करते हैं। ओड़िया पांडुलिपियों में चित्रित चरित्रों की अति चौड़ी छाती एवं कमर, गोल चेहरे एवं सिर के चारों ओर फैले घुँघराले केश-गुच्छों के यहाँ नितांत अभाव को रेखांकित करते हुए उन्होंने भारत कला-भवन के लौर-चंदा के रंग, चेहरे, नुकीले शरीर-यष्टि व मुद्राओं का रेखांकन व वस्त्र सज्जा पर एक समान अनौपचारिकता एवं लोकतत्व का हवाला दिया है।[18] यह भी मात्र संयोग नहीं है कि ये दोनों ही अवधी पांडुलिपियाँ हैं। रायकृष्णदास ने सोलहवीं शती के पूर्वार्द्ध में जिस शैली का नाम अपभ्रंश शैली रखा था इस पांडुलिपि को उसी के अन्तर्गत रखा जा सकता है। उन्होंने इस शैली को गुजरात, मालवा, राजस्थान के अलावा बंगाल, उड़ीसा एवं दक्षिण में भी फैलने की बात कही थी।[19]

इस पांडुलिपि में, भारतीय शिल्पशास्त्रों में जिन पाँच मूल रंगों का उल्लेख है उन सभी का प्रयोग हुआ है यानी नीला, लाल, पीला, सफेद एवं काला। यहाँ प्रयुक्त रंग खनिज और वनस्पति से बनाए गए हैं। नीला रंग नील से, लाल रंग सेंदूर से एवं लाख से, पीला रंग पीले गेरू से, सफेद रंग शंख के चूरे तथा सफेद मिट्टी से एवं काला रंग काजल से प्राप्त किया गया है लेकिन इन रंगों को इस पांडुलिपि के चित्रकार ने बिलकुल अपने ढंग से बरतने का प्रयास किया है। यहाँ रंग अपारदर्शी हैं एवं रेखाएँ सीधी सरल बिना किसी गाँठ के। इन चित्रों में पश्चिम

भारतीय शैली की रैखिक, काले रंगों का बाह्य रेखाकार, एकचश्मी चेहरे, छोटी गर्दन, नुकीले नाक एवं ठोढ़ी की समानता है लेकिन पश्चिम भारतीय शैली में पृष्ठभूमि एवं अग्रभूमि प्रायः लाल रंग में चित्रित करने की परम्परा रही है जबकि इन चित्रों में उसे सफेद रखा गया है। जैन चित्रों में स्वर्ण एवं लाजवर्दी रंगों का बहुतायत प्रयोग हुआ है जबकि इस पांडुलिपि में इसका नितांत अभाव देखा जा सकता है।[20] एक और विशेष बात इस पांडुलिपि की यह है कि इसे चित्रित करने में इस बात का विशेष ध्यान रखा गया है कि उन दृश्यों का ही संयोजन किया जाए जो महाकाव्य के सर्वाधिक लोकप्रिय आख्यान हैं। इस सन्दर्भ में निरंजन गोस्वामी की यह प्रतिक्रिया गौरतलब है कि उस दौर में चित्रांकन को कला की सौन्दर्यगत मीमांसा के बजाय प्रचार एवं सज्जा का विषय माना जाता था।[21]

अट्ठारहवीं शताब्दी के ही अंत में रामचरितमानस की एक और चित्रित पांडुलिपि काशी नरेश के यहाँ तैयार होना शुरू हुई। इसके पूरा होने में अठारह वर्ष का समय (1796-1814) एवं एक लाख साठ हजार रुपया खर्च हुआ था। इस वृहद परियोजना में हजारों चित्र बनाए गए जिसे आठ खंडों में नियोजित किया गया और अब यह सर्वभारतीय काशिराज न्यास, रामनगर दुर्ग, वाराणसी में संरक्षित है। रामनगर के मूर्धन्य विद्वान ठाकुर प्रसाद द्विवेदी के अनुसार इस पांडुलिपि का निर्माण काशी नरेश श्री उदित नारायण सिंह (1783-1835) ने कराया और इसके तूलिकार का नाम श्री रामचरण था।[22]

प्रस्तुत चित्र (संख्या छह) में तुलसीदास को श्रोताओं के समक्ष मानस के लंका कांड का समापन करते हुए दिखाया गया है : ''समर विजय रघुबीर के चरित जे सुनहिं सुजान। विजय विवेक विभूति नित तिन्हहिं देहि भगवान।। एह कलि काल मलाएतन मन करि देषु विचार। श्री रघुनाथ नाम तजि नाहिन आन आधार।।'' यानी जो सुजान श्री रघुवीर के समर विजय सम्बन्धी चरित सुनते हैं उनको भगवान नित विजय, विवेक एवं विभूति प्रदान करते हैं। यह कलिकाल 'मलाएतन' (मल का घर) है अब इसमें श्री रघुनाथ का नाम तजकर और कोई आधार नहीं है। चित्र में पाठ के बाद संरक्षक श्री उदित नारायण सिंह के बारे में भी कुछ सूचनाएँ दी गई हैं, जैसे 'उदित नृपति प्रमुदित करत विद्या विभव विलास' या 'दै दै सौ सौ करी करी करी उदित सव दीप।' इसी प्रकार चित्र (संख्या सात) में 'पुस्तक संपूरण भई कंचन चित्र विचित्र' के साथ 'लिखित मिंद त्रिपाठी केदारनाथ' का भी उल्लेख है। स्पष्ट ही ''त्रिपाठी केदारनाथ'' इस चित्रित पांडुलिपि के तुलीकार नहीं हैं बल्कि संभवतः पाठ के लिपिकार मात्र हैं। जैसा कि ठाकुर प्रसाद द्विवेदी के हवाले से पहले उल्लेख किया जा चुका है कि श्री रामचरण इस पांडुलिपि के चित्रकार हैं।

चित्र-6

इस चित्रित पांडुलिपि में पाठ एवं चित्र का अनुपात एक जैसा नहीं है। प्रस्तुत चित्र में भी जहाँ चित्र संख्या छह में पाठ और चित्र का अनुपात 60:40 का है वहीं चित्र संख्या सात में लगभग 15:85 का है। वैसे अनेकानेक ऐसे भी चित्र इस पांडुलिपि के हैं जिसमें कोई पाठ है ही नहीं। कागज पर निर्मित यह चित्रित पांडुलिपि अलंकृत हाशिये एवं स्थापत्य आधारित दृश्य-योजना एवं सममिति के

कारण सहज ही मुगल शैली की चित्रित पांडुलिपियों की याद दिलाता है। आनन्द कुमारस्वामी ने इस स्वर्णाक्षरी रामायण के चित्रों को 'मुगल प्रभावित उत्तर-राजपूत चित्रकला' का नमूना माना है।[23] कुमारस्वामी जिसे 'मुगल प्रभावित उत्तर-राजपूत चित्रकला' कहते हैं, बाद में उसे ही 'लोकप्रिय मुगल शैली' (पापुलर मुगल स्टाइल) के नाम से अभिहित किया गया। कार्ल खंडेलवाला लिखते हैं : "मुगल शैली का

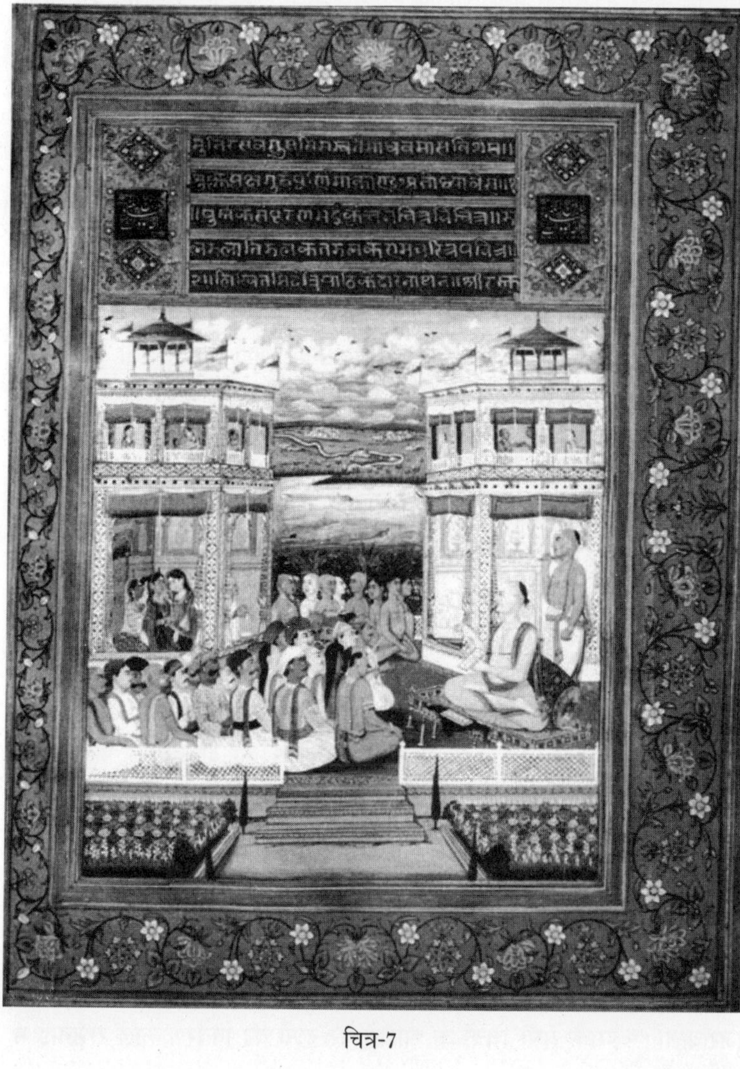

चित्र-7

अपेक्षाकृत कम समृद्ध समाज में प्रसार ने इस शैली के चित्रित पांडुलिपियों की माँग को जन्म दिया। यह अपेक्षाकृत कम समृद्ध समाज पुरानी गुजराती शैली या बुर्जुआ लोदी शैली से अब संतुष्ट होने वाला नहीं था। वैसे यह वर्ग साम्राज्य के शाही कारखानों में निर्मित होने वाले उस्ताद कलाकारों की सेवाएँ प्राप्त करने का सामर्थ्य भी नहीं रखता था लेकिन उसकी नजर में पहले की कला पुरानी पड़ चुकी थी। नई कला को सामान्यतः 'लोकप्रिय मुगल शैली' कहा जाने लगा। इस कला पर मुगल प्रभाव स्पष्ट है लेकिन इसका विषय-वस्तु अधिकांशतः हिन्दू साहित्यिक स्रोतों से लिया जाता था। यद्यपि इस शैली में अकबर के शाही कारखाने की परिष्कृत रंग-योजना का अभाव था फिर भी इसे आकर्षण एवं जीवंतता से रहित नहीं कहा जा सकता।[24]

पर्सी ब्राउन ने लिखा है कि चीनी व जापानी चित्रकला की मुख्य विशेषता रेखाएँ हैं, पर्सिया की कला की रेखाएँ व रंग हैं जबकि भारतीय लघु-चित्रों में रेखा व रूप दोनों सुदर्शन हैं लेकिन इस कला का जो सर्वाधिक आकर्षक तत्त्व है वह है रंग।[25] मानो इस कथन की पुष्टि के लिए ही इस पांडुलिपि को चित्रित किया गया हो। स्वर्ण एवं खनिज रंगों की बहुवर्णी छटाएँ जहाँ एक राजसी संसार का जादू रचती हैं वहीं वनस्पतियों से निर्मित रंग-निगारी कथा में राजदरबार के बरक्स अरण्य की प्रकृति को प्रक्षेपित बड़ी सहजता से कर जाती है। काव्य की संरचना में राजदरबार और अरण्य के बीच पसरे तनाव को चित्रकार ने रंगों की भिन्न-भिन्न छटाओं से रूपायित करने की कोशिश की है। अयोध्या कांड के राजसी ऐश्वर्य के बरक्स पंचवटी व किष्किंधा की प्रकृति के ऐश्वर्य को चित्रकार ने रंग-योजना की जिस युक्ति से विराट सिद्ध किया है वह कलाकार की सिद्धहस्तता का परिचायक है। डॉ. हीरानंद शास्त्री का यह अनुमान सही है कि "इसमें जो चित्र अंकित हैं निस्सन्देह किसी उस्ताद चित्रकार या चित्रकारों द्वारा बनाये गये होंगे।"[26]

उन्नीसवीं शताब्दी के आरम्भ में ही रामचरितमानस की दो चित्रित पांडुलिपियाँ फारसी लिपि में मिलती हैं। यह दोनों ही पांडुलिपियाँ राष्ट्रीय संग्रहालय, दिल्ली में संरक्षित हैं।

पहली पांडुलिपि 1810 ई. की है जिसका प्राप्ति क्रमांक 86.154 है। यह दो खंडों में विभाजित है। प्रथम खंड में एक सौ पाँच एवं द्वितीय खंड में सतहत्तर चित्र हैं। पांडुलिपि के आरम्भ में ही यह सूचना अंकित है : "मालिक बरकतराम वल्द ज्वाला सहाय बरहमन, धीमी गोसाईं मोजा राजपुर, तारो, रसूलपुर तहसील, जिला गुजराँवाला।" इसके सभी चित्रों के हाशिये पर दृश्य का विवरण लाल रोशनाई में

लिखा मिलता है लेकिन पाठ को प्रायः काली रोशनाई से अंकित किया गया है। पाठ का शीर्षक भी दिया गया है जिसे लाल रोशनाई से लिखा गया है। सम्पूर्ण पांडुलिपि को स्वर्ण अंकित लाइन पर उतारा गया है।

प्रस्तुत चित्र (संख्या आठ 'क') बालकांड का है जब शिव का धनुष टूटने पर क्रोधित परशुराम राम का ज्ञान वचन सुनकर शांत मन से तप के लिए वन चले जाते हैं। चित्र में निम्नांकित दोहा अंकित है : "कहि जै जै जै रघुकुलकेतू। भृगुपति गये बनहि तप हेतु॥ अपभय कुटिल महीप डेराने। जहँ तहँ कायर गवँहि पराने॥ देवन्ह दीन्हीं दुंदुभी प्रभु पर बरषहिं फूल। हरषे पुर नर नारि सब मिटी मोहमय सूल॥" अर्थात् रघुकुल की पताका की जय जय कहकर भृगुपति (परशुराम) तप के लिए वन चले गए। कुटिल राजा गण डरकर जहाँ तहाँ भाग गए। देवता नगाड़े बजाकर प्रभु पर फूल बरसाने लगे। पुर (जनकपुर) के नर-नारी सभी हर्षित हो गए क्योंकि उनका मोहमय शूल मिट गया था। चित्र के हाशिये पर लाल रोशनाई से लिखा हुआ है : "देवता वह ज़न्हा-ए-राजा दर इशरत" यानी देवता और

चित्र-8

भोगविलास में रत राजा की रानियाँ। चित्र में चार पुरुष एवं चार स्त्रियों को गाते बजाते दिखाया गया है। ऊपर के अंश में चार पुरुष हैं (जिसे हाशिये में देवता बताया गया है) जिसमें तीन क्रमशः शंख, डफली, तुरही बजाते एवं एक को गाते हुए चित्रित किया गया है। स्त्रियों में एक को डफली एवं एक को कोई तार वाद्य लिये एवं दो को गाते हुए दिखाया गया है। स्त्रियों को धानी रंग के भूदृश्य में कश्मीरी फिरन एवं दुपट्टे में अंकित किया गया है। अंडाकार चेहरा, चमकीले गाल, दोहरी ठोढ़ी, चोंचनुमा नाक, भरे होंठ, खूब नुकीली भौंह और बादामी आकार वाली आँखें–सभी कश्मीर की पहचान लिये हुए है। पुरुष चतुष्टय बैंगनी रंग की पृष्ठभूमि में अंगरखा एवं पगड़ी के साथ मूँछों में हँसते दिखाए गए हैं। पानी को गहरे नीले रंग से दर्शाया गया है जिसमें सफेदी के सहारे लहरों का आभास कराया गया है। पाठ एवं दृश्य का अनुपात करीब-करीब आधा है जिसको तीन तरफ से बेल-बूटे के हाशिये से घेरकर सजाया गया है। हाशियानिगारी में अरुण कमल का प्रयोग कश्मीर शैली की खास पहचान है।

दूसरा चित्र (संख्या आठ 'ख') लंका कांड के उस दृश्य का है जब रावण के फैलाए 'माया जाल' में राम को छोड़कर सभी बुरी तरह फंस जाते हैं। युद्ध-क्षेत्र में कई-कई लक्ष्मण को देखकर वानर-भालू मन में बहुत डर जाते हैं। लक्ष्मण सहित पूरी सेना को चित्रलिखित सी स्थिति में देखकर राम धनुष पर बाण चढ़ाकर निमिष भर में ही सारी माया हर लेते हैं। दृश्य के ऊपर और नीचे निम्न छंद अंकित है : ''जनु चित्र लिखित समेत लछिमन जहँ सो तहँ चितवहिं खरे। निज सेन चकित बिलोकि हँसि सर चाप सजि कोसलधनी।'' हाशिये पर दृश्य के विवरण के बारे में लिखा है : 'तसवीरे बाजी कर्दने रावण' यानी 'रावण के खेलने की तसवीर' तथा 'नमूद शूदने फौजे-रामचन्दर अज़ तरफे रावन' अर्थात रामचन्द्र की फौज का रावण की तरफ जाहिर होना। पाठ को ऊपर एवं नीचे की एक-एक पट्टियों पर लिखा गया है, जो सम्पूर्ण पृष्ठ के बीस प्रतिशत हिस्से से भी कम जगह घेरता है बाकी के अस्सी प्रतिशत को तीन दृश्य में विभाजित किया गया है। सबसे ऊपर के हिस्से में नीले समुद्र के किनारे बाईं तरफ दसानन को दिखाया गया है जिसके सामने दाईं तरफ दो वानरों को चित्रित किया गया है। एक जिसका रंग भूरा है केसरिया झंडा हाथ में लिये है जबकि उसके पीछे बैंगनी रंग के वानर को तुरही बजाते दिखाया गया है। मध्य दृश्य में धानी भूदृश्य की पृष्ठभूमि में दो गदाधारी वानरों के आगे-आगे चलते राम को धनुष पर वाण चढ़ाते हुए दिखाया गया है। नीचे के दृश्य में कत्थई पृष्ठभूमि में चार मुकुटधारी वानरों को हाथ में गदा लिये प्रसन्नचित्त दर्शाया गया है। यहाँ सभी चरित्र एकचश्मी बनाए गए हैं सिवाय मध्य

पटल के, एक वानर के शरीर को कई रंगों में कल्पित किया गया है : कहीं बैंगनी, कहीं श्वेत, कहीं कत्थई, कहीं पीला, कहीं श्याम, कहीं भूरा। घुटनों तक की धोती को भी कई रंगों से छींटदार बनाया गया है। इन चित्रों में रंग की ऐसी योजना की गई है मानो वे यथार्थ को पकड़ने के बजाय नाटकीयता रचने के साधन हों। यहाँ भारतीय चित्रित पांडुलिपियों के बारे में कला विदुषी डॉ. कपिला वात्स्यायन का यह मंतव्य विचारणीय है कि "यहाँ चित्रकार पाठ या रचना को यथार्थवादी ढंग या गैर काल्पनिक ढंग से चित्रित करने की कोशिश नहीं करते बल्कि नाट्य निर्देशक या झाँकी के प्रस्तोता की तरह अपनी प्रस्तुति में रचना के चरम नाटकीय क्षणों को चुन-चुनकर प्रस्तुत करते हैं।"[27]

रामचरितमानस की दूसरी फारसी पांडुलिपि, जो राष्ट्रीय संग्रहालय, नई दिल्ली में संरक्षित है 1811 ई. की बताई जाती है। इसका प्राप्ति क्रमांक 66.99 है। इस पांडुलिपि के आरम्भ में यह सूचना दी गई है : "श्री आत्माराम के निवेदन पर सुल्तान सिंह खत्री ने परगना कलानूर, लाहौर में लिखा और पेंटिंग की। इसकी कीमत एक हजार आठ सौ इक्यावन (1,851) रु.।" इस पांडुलिपि में बयालीस (42) चित्र हैं।

प्रस्तुत चित्र (संख्या नौ) बालकांड के राम-सीया विवाह का है। पाठ को दृश्य के बीचोंबीच अंकित किया गया है : दो छंद और एक चौपाई।[28] जिसका भावार्थ है कि मुनि मंगल वाणी से वेद पढ़ रहे हैं। अवसर जानकर गगन से फूल झर रहे हैं। वर को देखकर जनक दम्पती अनुराग से भरकर उनके पैर पखारने लगे जिससे उनके शरीर में पुलकावली छा गई। नभ और नगर में गुंजायमान गान और जय-जयकार की ध्वनि मानो चारों दिशाओं में उमड़ चली। जो चरण कमल कामदेव के शत्रु अर्थात् शिव के उर सर में सदा विराजते हैं जिनका एक बार भी स्मरण करने से मन में निर्मलता छा जाती है और कलियुग के सारे दोष दूर हो जाते हैं, जिसका स्पर्श पाकर पाममयी मुनीपत्नी भी परमगति पाई, जिन चरणों का मकरन्द रस शिवजी के मस्तक पर विराजमान है, जिनका सेवन कर मुनीजन अभीप्सित इच्छाएँ पूर्ण करते हैं उन्हीं चरणों को भाग्य के भाजन जनक पखार रहे हैं और सब लोग उनका जय-जयकार कर रहे हैं।

पाठ को बीच में अंकित कर दोनों ओर पाँच दृश्यों की इस चित्र में योजना की गई है। लाल-पीले चंदोबे एवं कदली स्तम्भ से विवाह का मंडप सजाया गया है। मंडप के बाईं ओर श्याम वर्ण राम और गौर वर्ण सीता को गांठ जोड़े खड़ा दिखाया गया है। ऊपर चार तोतों का जोड़ा प्रसन्न मुद्रा में बैठा है। और नीचे पाँव पखारते हुए जनक जी को चित्रित किया गया है। बगल में राजा जनक की

पत्नी बैठी हैं जिन्हें सामने बैठे राम नाम की पत्रिका लिये दो प्रसन्नचित्त व्यक्तियों के साथ वार्ता में निमग्न दिखाया गया है। सबसे नीचे दो व्यक्तियों को मुखामुखम

चित्र-9

अंकित किया गया है। पाठ के दाईं ओर ऊपर पाँच स्त्रियों को इस अनुष्ठान को बड़ी उत्सुकता से पर्यवेक्षण करते दिखाया गया है और नीचे चार पुरुषों को ऊर्ध्वबाहु होकर जय-जयकार करते चित्रित किया गया है। स्त्रियाँ लहँगा, चोली एवं दुपट्टे में हैं और पुरुष जामा और पगड़ी पहने हुए हैं। सभी पुरुष गले में मोतियों का हार एवं कान में कुंडल या कर्णफूल धारण किए हुए हैं। स्त्रियाँ करधनी, नथिया, बाजूबंद, कंगना, पाजेब एवं भर-भर हाथ चूड़ियाँ पहने हुई हैं। पूरे दृश्य का संयोजन चित्रकार ने कुछ यूँ किया है मानों पाठ में ही नहीं बल्कि 'दृश्य' भी विवाह की 'मंगलबानी' से ध्वनित हो रहा है। लाल, पीले, कत्थई, धानी एवं आसमानी रंग के वस्त्राभूषणों के बीच हल्दी रंग की अधिकता पूरे दृश्य को मांगलिक एवं स्वस्तिवाचकता से भर देता है। दृश्य के सभी प्राणी एवं प्रकृति, मंडप के ऊपर फूल बिखेरते देवता एवं चारों दिशाएँ ऐसा जान पड़ता है मानो उस मंगलबानी के बीच किसी स्वर्गिक घटना के साक्षी हो रहे हों। यही वह कला है जिसके बारे में महेन्द्र सिंह रंधवा ने लिखा है कि जैसे 'उषा की स्वर्गीय लालिमा एवं इन्द्रधनुष के आकाशीय रंग छलक-छलक पड़ रहे हों।[29]

भारतीय लघु-चित्रों में कांगड़ा कलम[30] सर्वाधिक गीतात्मक मानी जाती है : "चित्रों की रेखाएँ ऐसी बनती हैं मानो संगीत की सृष्टि कर रही हों।[31] इस चित्रित पांडुलिपि में वह 'विराट निश्चितता एवं परिष्कृत वाग्वैदगध्य[32] का सर्वत्र दर्शन होता है जिसे कांगड़ा कला का सर्वाधिक उल्लेखनीय वैशिष्ट्य माना गया।

उन्नीसवीं शताब्दी में ही निर्मित रामचरितमानस की दो और चित्रित पांडुलिपियाँ राष्ट्रीय संग्रहालय, नई दिल्ली में संरक्षित हैं। यह दोनों ही पांडुलिपियाँ अधूरी हैं। पहली पांडुलिपि 1858 ई. की बताई जाती है। इसका राष्ट्रीय संग्रहालय में प्राप्ति क्रमांक 77.13/1.86 है। इस चित्रित पांडुलिपि के एक सौ चौहत्तर पृष्ठ ही राष्ट्रीय संग्रहालय में उपलब्ध हैं जिसमें सत्तासी (87) पृष्ठ में चित्र हैं तथा सत्तासी पृष्ठ में पाठ को लिपिबद्ध किया गया है। आरम्भ के पृष्ठ में यह सूचना दर्ज की गई है[33]: "श्रीयुत बाबू गणपतिसींह वो बाबू रामनारायण सींह की पुस्तक लीखवाई शाकिन, चक आदमपुर।। लिखि फेरूलाल कायस्थ श्री संवत् 1915।। मीतीपुषस्सुदि चतुरथी 4 बार श्रुकरवार।" इस पांडुलिपि की लिखावट में कुछ विशिष्टताएँ हैं जैसे समकालीन चलन के विपरीत इसमें तीनों 'श', 'ष', 'स' का प्रयोग हुआ है। 'न' के बदले 'ण','स' के बदले 'श', 'विचारि' के बदले 'विशारी', 'दसा' के बदले 'दशा', 'शुक्रवार' के बदले 'श्रुकरवार', सिंह के स्थान पर 'सींह', लिखवाई के बदले लीखवाई एवं 'व' में सर्वत्र नुक्ते का प्रयोग किया गया है। प्राचीन पांडुलिपियों में

चित्र-10 (क)

सर्वत्र ही 'ख' के बदले 'ष' का प्रयोग मिलता है लेकिन इस पांडुलिपि में 'ख' का सर्वत्र प्रयोग हुआ है।

इस पांडुलिपि के चित्र पोथी के क्षैतिज रूपाकार लिये हुए हैं। यहाँ प्रकृति, पेड़, बादल, आकाश, क्षितिज शैलीबद्ध ढंग से चित्रित किए गए हैं। इस पांडुलिपि के वस्त्राभूषण–पुरुषों के कुंडल, लंबे हार, मुकुट, धोती एवं स्त्रियों के लंहगे, चोली, दुपट्टा, कर्णफूल, गले का हार राजस्थानी छाप लिये हुए है। प्रस्तुत चित्र (संख्या दस 'क') में वज्रासन में बैठने की शैली एवं पीछे के पैर के ऊपर धोती को पंख की तरह चित्रित करने का ढंग जयपुर उपशैली की तरह का है। द्रष्टव्य है राष्ट्रीय संग्रहालय में संरक्षित जयपुर उपशैली की चित्रित पांडुलिपि (प्राप्तांक 56.137)। इन चित्रों की प्रस्तुति एवं संकल्पना में सर्वत्र लोक कला की सादगी के दर्शन होते हैं। चित्र में चरित्रों को नामांकित करने का प्रयास भी वस्तुतः लोक कला के चिह्न हैं। चित्र संख्या दस 'ख' में सखी, जानकी, राम एवं लक्ष्मण को इसी प्रकार चिह्नित किया गया है। यह चित्र प्रसिद्ध पुष्पवाटिका के प्रसंग का है : "सिय सोभा हियँ वरणि प्रभु आपनि दशा विशारी। बोले सुचि मन अनुज सन बचन समय अनुहारी।। तात जनकतनया यह सोई। धनुषजम्य जेहि कारन होई।। पूजन गौरि सखी ले आई। करत प्रकासु फिरई फुलवाई।।" अर्थात् सीता जी की शोभा का हृदय में वर्णन कर अपनी दशा का विचार कर राम ने अपने छोटे भाई से कहा कि हे तात यह वही जनक जी की बेटी हैं जिनके लिए धनुषयज्ञ हो रहा है। सखियाँ इन्हें गौरी पूजन के लिए लाई हैं और ये फुलवारी में प्रकाश बिखेरती घूम

रही हैं। इस पूरे प्रसंग के गीतात्मक सौन्दर्य को कलाकार ने मर्म की सादगी से रूपायित किया है। जैन चित्रित पांडुलिपियों के बारे में आनन्द कुमारस्वामी ने जो कहा है वह इस पांडुलिपि के चित्रों के बारे में भी कहा जा सकता है कि, ''सुघड़ता या रेखाओं की सुघड़ संयोजना पर कोई खास तवज्जो नहीं दिया गया है और इस अर्थ में रेखांकन लिपि की तरह जान पड़ता है (संलग्न पाठ की तरह) जिसका अंकन साफ-साफ और आसानी से पढ़ लिए जाने के लिए होता है। रंग और बुनावट पर अलग से ध्यान नहीं दिया गया है। पाठ और चित्र दोनों एक ही रूढ़ि से बँधे जान पड़ते हैं।''[34]

उन्नीसवीं शताब्दी की दूसरी अधूरी पांडुलिपि (प्राप्ति क्रमांक 72.253) के सोलह चित्रित पन्ने ही राष्ट्रीय संग्रहालय, दिल्ली में संरक्षित हैं लेकिन इस पांडुलिपि के चित्र एवं पाठ की लिपि का स्तर बहुत उच्च कोटि का है। पाठ के अंकन के लिए चित्र निर्माण के साथ ही चौखटा पहले बना लिया गया था इसलिए कई जगह पाठ चौखटे से बाहर भी हो गए हैं और कई स्थलों पर शब्द के न अटने की वजह से ऊपर छोटा करके उसे लिखना पड़ा है। चित्र संख्या ग्यारह 'क' में 'नाही' को ऊपर लिखना पड़ा है और चित्र संख्या ग्यारह 'ख' में 'जड़ताई' एवं 'सकुचाई' के ई चौखटे से बाहर हो गए हैं। इस पांडुलिपि के लेखांकन की एक और विशेषता यह है कि सभी पन्नों पर दृश्य को संकेतित करने वाले शीर्षक भी दिए गए हैं जैसे ग्यारह 'क' का शीर्षक है : 'नारद मुनि हिमाचल के स्थान में आए' तथा ग्यारह क का शीर्षक है 'श्री पार्वती जी ने घोर तप किया तब सप्तर्षि समुझावने आए हैं'। पाठ एवं दृश्य का अनुपात लगभग आधा-आधा रखा गया है। पाठ की लिखत सुघड़ तथा स्पष्ट

चित्र-10 (ख)

है लेकिन अवधी व्याकरण की कई जगहों पर अवहेलना भी दिखाई पड़ती है।[35]

प्रस्तुत चित्र (संख्या ग्यारह क) में बालकांड का वह प्रसंग दर्शाया गया है जब नारद पार्वती की भाग्य-रेखाओं को पढ़कर यह कहने पर कि इसे योगी, जटाधारी, निष्काम, नंगा एवं अमंगल वेशधारी वर मिलेगा पर्वतराज इसके निवारण का उपाय पूछते हैं। तब नारद कहते हैं कि हे हेमवंत! सुनो, विधाता ने जो ललाट पर लिख दिया है उसे न देव, न दानव, न नर, न नाग, न मुनि कोई नहीं मिटा सकता तो भी मैं एक उपाय बताता हूँ। यदि देव सहाय हों तो वर के तो वैसे ही गुण रहेंगे लेकिन जो-जो दोष हैं वे सभी अनुमानतः शिव जी के भी हैं और यदि शिव जी के साथ विवाह हो जाए तो सभी लोग इन दोषों को भी गुण कहने लगेंगे।

भारतीय लघुचित्रों में चेहरों का एकचश्मी अंकन एक प्रकार की चित्ररूढ़ि रही है लेकिन इस पांडुलिपि में इसका निर्वाह नहीं हुआ है। इस चित्र (संख्या ग्यारह क) में अंकित नौ व्यक्तियों में आठ व्यक्ति एकचश्मी नहीं हैं। दूसरी विशेषता इस चित्र की यह है कि इसमें पार्वती को एक लघुकृत स्त्री के रूप में चित्रित किया गया है लेकिन उन्हें पिता की गोद में बैठी एक बच्ची की तरह अंकित किया गया है।

चित्र (संख्या ग्यारह 'ख') का शीर्षक 'श्री पार्वती जी ने घोर तप किया तब

चित्र-11 (क)

चित्र-11 (ख)

सप्तर्षि समुझावने आए हैं' बालकांड के उस प्रसंग को सामने लाता है जब शिवजी के कहने पर तपस्यारत पार्वती की परीक्षा लेने सप्तर्षि पहुँचते हैं। सप्तर्षियों के यह पूछने पर कि आप क्यों इतना घोर तप कर रही हैं? पार्वती जवाब देती हैं कि 'कहत मरम मन अति सकुचाई...' अपने मर्म की बात कहते मन सकुचाता है क्योंकि हमारी जड़ताई सुनकर आप हँसेंगे। मेरा मन हठ पकड़ लिया है, वह सीख कोई नहीं सुनता। वह जल पर दीवार उठाना चाहता है। नारद के कहे को मैं सत्य समझकर मानो बिना पंख के ही उड़ना चाहती हूँ। मेरा अविवेक तो देखिए मैं शिव को अपना पति बनाना चाहती हूँ। यह सुनकर सप्तर्षि हँस पड़े और बोले आखिर तुम्हारा शरीर तो पत्थर का ही बना है, भला कहो तो आखिर नारद का वचन सुनकर आज तक किसका घर बस सका है।

चित्र के पाठ को दृश्य में कमल सरोवर के किनारे, एक वृक्ष के नीचे शिवलिंग के समक्ष एक पैरों पर, हाथ जोड़े बैठी पार्वती, जिसके पीछे खड़ी दो स्त्रियाँ हैं एवं सामने बालक के रूप में सप्तर्षियों को अंकित किया गया है। ऊपर आकाश को बिजलियों से ढके बादलों से घिरा दिखाया गया है। इस चित्र में भी चित्रित दस व्यक्तियों में नौ व्यक्ति दोचश्मी हैं। इस पांडुलिपि में स्त्रियों के चौड़े ललाट, दबी हुई नाक, उनकी अनम्य शारीरिक भाषा एवं वस्त्राभूषण, पेड़ एवं प्रकृति की शैली, भवन-निर्माण एवं वास्तु-कला, पीले एवं नारंगी रंग की अधिकता सभी बुंदी-कोटा कलम का स्मरण कराती है। प्रस्तुत दोनों चित्रों (संख्या ग्यारह 'क' एवं 'ख') में बादलों की कड़क एवं चमक को कोटा कलम की तरह ही स्वाभाविक बनाने की कोशिश की गई है। बुंदी कोटा शैली का विकास चुनार रागमाला (1591) पर आधारित माना जाता है जिस पर मेवाड़ एवं दक्कनी शैली का भी पर्याप्त प्रभाव पड़ा।[36]

उन्नीसवीं शताब्दी के आरम्भ होते ही भारत में प्रिंटिंग प्रेस से नागरी लिपि में बड़े पैमाने पर प्रकाशन का काम शुरू हुआ। आरम्भिक प्रकाशित रचनाओं में बाबूराम के संस्कृत प्रेस, खिदिरपुर से सन् 1810 ई0 में प्रकाशित रामचरितमानस का नाम अग्रगण्य है।[37] बीसवीं शताब्दी के आरम्भ होते-होते इसके एक सौ तेईस (123) संस्करण निकल चुके थे[38] लेकिन गीता-प्रेस से कल्याण पत्रिका के मानसांक का अगस्त 1938 में प्रकाशन कई दृष्टियों से उल्लेखनीय माना गया। चालीस हजार छह सौ प्रतियों वाले इस विशेषांक की एक उल्लेखनीय विशेषता यह भी थी कि इसमें रचना को चित्रित (इलस्ट्रेट) करने की कोशिश भी की गई थी। लेकिन यह कोशिश प्राचीन चित्रित पांडुलिपियों की तरह लघु-चित्रों के सहारे नहीं बल्कि कम्पनी की कैलेंडर या बाजार कला और राजा रवि वर्मा की पश्चिमी तकनीक के

सम्मिलित आश्रय के सहारे की गई थी। रवि वर्मा (1848-1906) द्वारा सन् 1894 ई. में स्थापित रवि वर्मा फाइन आर्ट्स लिथोग्राफिक प्रेस, बम्बई में जर्मन प्रिंटर्स एवं उच्च गति की भाप चालित प्रेस द्वारा प्रमुख हिन्दू देवी देवता के चित्र लाखों की संख्या में छापे गए। इन चित्रों में पहली बार तैल रंगों को बरतते हुए पश्चिमी कला की तरह का परिप्रेक्ष्य (पर्सपेक्टिव), शरीर-रचना, प्रतिरूपण, छाया-प्रकाश का अनुकरण किया गया था। इन चित्रों की गुणवत्ता एवं उपयोगिता पर कला-आलोचकों के भिन्न-भिन्न मत हैं।[39] लेकिन इस तथ्य की अनदेखी करना मुश्किल है कि इन चित्रों ने ही पहली बार एक मानक अखिल भारतीय प्रतिमा चित्रण व मूर्ति-चित्रण का आधार तैयार किया।[40] गीता-प्रेस के चित्र भी यही प्रमाणित करते हैं। रेखांकन, जल-रंग, तैल रंग एवं लिथोग्राफ के सहारे गीता-प्रेस के अधिकृत चित्रकारों—बी.के. मित्र, भगवान, जगन्नाथ, देवलालीकर, एस.एन. पंडित, बृजेन्द्र ने पुराण एवं महाकाव्य के नायक-नायिकाओं को मानों इसी रूप में ढाला था जिसका साँचा राजा रवि वर्मा ने रवि वर्मा फाइन आर्ट्स लिथोग्राफिक प्रेस में तैयार किया था।

प्रस्तुत चित्र (संख्या बारह) में बी.के. मित्र द्वारा चित्रित राम दरबार की झाँकी है। गीता-प्रेस के रामचरितमानस के बालकांड का आरम्भ इसी चित्रित पृष्ठ से होता है। इस चित्र में राजसी वेश में राम एवं सीता राजसिंहासन पर बैठे दिखाए गए हैं जिसके दाईं ओर लक्ष्मण तथा बाईं ओर भरत और शत्रुघ्न धनुर्धारी रूप में हाथ जोड़े खड़े हैं। नीचे हनुमान राम के पैर हाथ में लिये बैठे हैं जिसके सामने कालीन पर धूपदान, झारी, कमंडल तथा थाली में फल सजे हुए दिखाए गए हैं। पूरा दृश्य लाल एवं सुनहरे रंग से देदीप्यमान है जिसमें वस्त्रों का नीला, पीला, गुलाबी एवं हरा रंग प्रतिभासित होता जान पड़ता है।

स्पष्ट ही इस दृश्य का बालकांड से कोई सम्बन्ध नहीं है (राम का राज्यारोहण उत्तर-कांड में नियोजित है) बल्कि रचना की आदर्श निष्पत्ति को पाठक के समक्ष मानो आरम्भ में ही एक दृश्यात्मक बंध में प्रस्तुत कर दिया गया है। इस चित्र की एक विशेषता और भी है कि शीर्षक के अनुरूप यह राम की राजसभा को नहीं बल्कि 'दरबार' को ही सामने लाता है। चित्र में न सिर्फ सीता के हाथों में 'गुलाब' है बल्कि झारी और धूपदान का रूपाकार फारसी रंग का रखा गया है। यहाँ आनन्द कुमारस्वामी का वह कथन याद आता है जो उन्होंने रवि वर्मा के चित्रों पर विचार करते हुए कहा था : "उनके भगवान और नायक उस मनुष्य के रूप में ढाले गए हैं जो अपने देवत्व दर्शाने के लिए अपेक्षित योग्यता नहीं रखते।"[41]

गीता-प्रेस की पुस्तकों में रचना की हर घटना का चित्रांकन नहीं मिलता बल्कि

चित्र-12

हर कांड के आरम्भ में कांड की प्रतिनिधि घटना का एक रेखांकन दिया जाता है जैसे बालकांड के पहले 'राम जी पालने में' शीर्षक से रेखांकन (चित्र संख्या तेरह) रामचरितमानस के सटीक-मोटा टाइप संस्करण में दिया गया है। इसी प्रकार अयोध्याकांड का आरम्भ 'केवट के भाग्य' शीर्षक रेखांकन से, अरण्यकांड का 'अत्रि के अतिथि', किष्किन्धाकांड का 'भगवान श्री राम की सुग्रीव से मैत्री', सुन्दरकांड का 'लंकादहन', लंकाकांड का 'शरणागतवत्सल' तथा उत्तरकांड का 'गुरुबन्दन' शीर्षक

चित्र-13

रेखांकन से किया गया है। ये रेखांकन सही अर्थों में निदर्शन (इलस्ट्रेशन) है। गीता-प्रेस के लीला चित्र मंदिर संग्रहालय में कई संग्रह-चित्र (स्टॉक पेंटिंग) संरक्षित रखे गए हैं जिसे प्रकाशन के कई छोटे-बड़े पुस्तकाकारों में प्रयुक्त किया जाता है। इन चित्रों को रेखांकन एवं तैल-रंग के अलावा जल-रंग में भी बनाए गए हैं।

प्रस्तुत चित्र (संख्या चौदह) में चित्रकार भगवान ने जल-रंगों में राम-रावण के

चित्र-14 (क)

बीच युद्ध को दर्शाया है और चित्र संख्या चौदह ख में चित्रकार देवलालीकर ने सीताहरण के प्रसंग को उठाया है। इन चित्रों में प्रसंग की गंभीरता को, जल-रंग का माध्यम अपने हलके-फुलकेपन के कारण, उठाने में सर्वथा असमर्थ दिखाई पड़ता है, अलबत्ता एक प्रकार की रंगमंचीय नाटकीयता रचने में जरूर सफल हुआ जान पड़ता है, जो तत्कालीन पारसी रंगमंच के मेलोड्रामा की याद दिलाता है।

महाकाव्य की नायिका सीता की जन्मस्थली मिथिला के लोकजीवन में स्त्रियों द्वारा बनाई जाने वाली अरिपन, कोहबर एवं मृणमूर्त्तियों में सीता के जीवन की कई स्मृतियाँ हैं। मिथिलांचल में दीवार पर कोहबर तथा फर्श पर अरिपन बनाने की परम्परा काफी प्राचीन काल से मौजूद रही है। तुलसी बालकांड में लिखते हैं : "कोहबरहिं आने कुअँर कुअँरि सुआसिनिन्ह सुख पाई कै। अति प्रीति लौकिक रीति लागीं करन मंगल गाई कै।। लहकौरि गौरि सिखाव रामहि सीय सन सारद कहैं। रनिवासु हास बिलास रस बस जन्म को फलु सब लहैं।।[42] यहाँ कोहबर में पार्वती राम को एवं सरस्वती सीता को लहकौर सिखा रही हैं। मिथिला कला[43] में, किसी भी लोक-कला की तरह 'रचना' के बजाय 'रचने की प्रक्रिया' पर ज्यादा महत्त्व दिया जाता था लेकिन सन् साठ के अकाल से विवश होकर आय के वैकल्पिक स्रोत ढूँढ़ने के क्रम में मिथिला की स्त्रियों को फर्श या दीवार के बजाय कागज पर 'रचना' को तवज्जो देने के लिए बाध्य होना पड़ा। लेकिन इस 'बाध्यता' से कला-इतिहास में एक दुर्लभ आख्यान

चित्र-14 (ख)

की सृष्टि हुई : वर्षों पुरानी सामुदायिक जिन्दगी में जिस बहुरंगी नैना-जोगिन, लटपटिया सुग्गा, बिध-बिधाता, नाग-नागिन, सामा-चकेबा, बाँसवट व पुरैन का सचमुच का बसेरा था, वे एक नागरिक कला के शैलीकृत आशयों में ढलने लगे। यह एक अद्वितीय कला-रूप के जन्म की कहानी थी।

प्रस्तुत चित्र (संख्या पन्द्रह) रामचरितमानस के धनुष-भंग और जयमाल का है। पूरे दृश्य का संयोजन रंगों की बहुवर्णी आभा से किया गया है। छायाहीन दृश्य को यहाँ रेखाओं के बदले रंग से उभारा गया है। यह दरभंगा के जितवारपुर की महापात्र स्त्रियों की लोक कला है जिसमें गुलाबी, हरे, पीले, नारंगी, नीले एवं काले रंगों के आपसी संवाद-विवाद से कथा सूत्र को आगे बढ़ाने का प्रावधान है।[44] इस संदर्भ में सीता देवी द्वारा बनाए दिल्ली के अकबर होटल में भारतीय रेस्तरां के भित्ति-चित्र दृष्टव्य हैं। आदिवासी लोक कला संग्रहालय, भोपाल में संरक्षित रामचरितमानस की चित्रवीथिका के प्रस्तुत अंश (चित्र संख्या पन्द्रह) में जहाँ कार्यव्यापार (धनुष का भंग होना एवं तीर का राम की ओर छूटते हुए दिखना) सांकेतिक मालूम पड़ता है वहीं रंग की लौकिकता उसे गैर-सांकेतिक धरातल पर खींचता प्रतीत होता है। सम्भवतः इसी प्रकार, एक प्रतीकात्मक कला कथात्मकता को रूपायित करने की समस्या का हल ढूँढ़ती है।

चित्र संख्या सोलह 'क' एवं 'ख' क्रमशः 'स्वर्ण-मृग' एवं 'सीता-हरण' के

चित्र-15

प्रसंग का है। यह चित्र गंगा देवी (1928-1991) द्वारा 1975-1977 के दौरान बनाए गए थे।[45] इन्होंने रामचरितमानस की सत्ताईस प्रमुख घटनाओं को 290 × 155 सें.मी. की दो चित्रवीथियों में चित्रित किया था।[46]

पहली चित्रविधि में राम के जन्म से लेकर राम-सीता विवाह तक की ग्यारह

चित्र-16 (क)

उल्लेखनीय घटनाओं को संयोजित किया गया है तथा दूसरी में राम के वनगमन से लेकर उनके राज्यारोहण तक का चित्रण है। दोनों चित्रवीथियाँ तीन क्षैतिज खंडों में विभाजित हैं जिसमें हरेक के चार से छह उपखंडों में इतनी ही घटनाओं को संकलित किया गया है। घटनाओं के क्रम को बाएँ से दाएँ रेखीय क्रम से आगे बढ़ाया गया है। प्रस्तुत दृश्य (चित्र संख्या सोलह 'क') में मारीच सीता को आकर्षित करने के लिए स्वर्ण-मृग के जादुई रूप में उपस्थित हुआ है। स्वर्ण-मृग के प्रकट होने फिर लुप्त हो जाने तथा पुनः प्रकट होने की क्रिया को बहुकेन्द्र बिन्दु की प्रविधि से उपस्थित किया गया है। स्वर्ण-मृग की कई उपस्थितियों की प्रतीति, राम के केन्द्र बिन्दु (Focal Point) के बीच लता की दीवार खड़ी करके, कराया गया है लेकिन चित्र के उच्च-कोण परिप्रेक्ष्य (Top angle Perspective) के कारण दर्शकों को यह दोनों ही दृश्य उपलब्ध रहते हैं।

चित्र संख्या सोलह 'ख' में गंगा देवी ने तीन घटनाओं को एक दृश्य में संयोजित किया है। लक्ष्मण का राम की मदद के लिए जाना, रावण का सीता-हरण के लिए एक साधु के वेश में उपस्थित होना तथा रावण का रथ सीता की निगाह से ओझल रहना—इन तीनों स्थितियों को एक ही धरातल पर घटित होते निरंतरता में इस तरह दिखाया गया है कि दर्शक को उसकी समकालिकता पर सहज ही विश्वास हो जाता है : बावजूद इसके कि वह इन तीनों घटनाओं को तीन भिन्न

चित्र-16 (ख)

अन्तरिक्ष (Space) में घटित होते हुए देख रहा होता है। इन तीनों स्थितियों में चरित आगामी घटना से अनजान हैं लेकिन दर्शक इन्हें एक सपाट द्विआयामी अन्तरिक्ष में देख सकता है–स्थपति के नक्शे की तरह जिसमें गहराई के आयाम को एक केन्द्र बिन्दु हासिल करने के लिए लोप कर दिया जाता है।[47]

मिथिला चित्रकला की पूरी परम्परा यूँ तो रंगीन आरेखण की परम्परा रही है बावजूद इसके गंगा देवी की नक्शानवीसी विशेष रूप से रेखांकित करने योग्य है, यह प्रस्तुत चित्रों से भी प्रमाणित होता है। नदी की धार की तरह गंगा देवी की रेखाएँ अखंडित एवं प्रवाहमयी जान पड़ती हैं। पूरी शृंखला में शायद ही कोई ऐसी रेखा मिले जिसे सुधारा गया हो या सुधारने की गुंजाइश हो। यह कलाकार के आरेखण की सिद्धहस्तता का परिचायक है। रंगयोजना में कलाकार ने एक शास्त्रीय किस्म की मन्द्रता का बोध कराया है जो मिथिला-कला की पारम्परिक नियमावली के लिए पराई ही कही जाएगी। रंग की आभा मृण्मयी होने के बावजूद एक पारलौकिक संसार को भासमान करती प्रतीत होती है। क्या मिथिला-कला का यह कोई नया प्रस्थान है?

आधुनिक काल में रामचरितमानस को चित्रित करने का काम रोजालिया हम्मेल 'राधिकाप्रिया'[48] ने किया है। दिल्ली के बी.आर. पब्लिशिंग कारपोरेशन ने इस कलाकार को अपने प्रकाशन 'रामचरितमानस सचित्र शब्दकोश' को चित्रित करने के लिए अधिकृत किया था। रोजालिया ने पुस्तक के सात कांड के लिए सात चित्र बनाए। ये चित्र हैं जिसमें चित्रकार ने कांड की सभी घटनाओं की वीथिका मात्र

चित्र-17 (क)

बनाने के बजाय उस कांड की मूल आत्मा को नाथद्वारा शैली में पकड़ने की कोशिश की है। स्वयं चित्रकार के अनुसार, "रामचरितमानस के प्रत्येक अध्याय के लिए एक चित्र है बल्कि कहना चाहिए कि प्रत्येक अध्याय के आध्यात्मिक संदेश को पहुँचाने के लिए एक पावन बिंब है।"[49] इस 'पावन बिंब' में पेड़-पौधे, चाँद-सूरज, हाथी-घोड़े, स्त्री-पुरुष, हंसों का जोड़ा, आम्रपाली, मछलियाँ, चिड़ियाँ, कदली-बन, कमलदल, बादल ऐसे चित्रित हैं मानो किसी राग में खोए हुए हैं जहाँ प्रकृति और मनुष्य (या देवता?) के साहचर्य की बात करनी भी अटपटा सा जान पड़ता है—वे एक-दूसरे के साहचर्य में नहीं हैं बल्कि आत्यंतिक रूप से मानो एक हैं। यह अनुभूति समकालीन समय में इतनी पराई है कि चित्र का दिक्काल अलौकिक प्रतीत होता है। आश्चर्य नहीं कि चित्रकार स्वयं अपनी इस कला को 'पवित्र-कला' मानती हैं जो आत्मा और ईश्वर के बीच एक पुल है या जिसे एक उच्चतर संसार का दर्शन कराने वाली एक खिड़की कह सकते हैं।[50]

प्रस्तुत चित्र (संख्या सत्रह 'क' एवं 'ख') क्रमशः अयोध्याकांड तथा अरण्यकांड के हैं। अयोध्याकांड में चित्रकार ने राम-सीता-लक्ष्मण के वनगमन, दशरथ की अंत्येष्टि, केवट प्रसंग, राम-भरत मिलन, सेना सहित जनक दम्पती का चित्रकूट आगमन, भरत द्वारा पादुका स्थापना के प्रसंग को उठाया है। चित्र में एक चौथाई दृश्य जल में एवं तीन चौथाई थल में परिकल्पित किया गया है। थल दृश्य में ऊपर बाईं ओर सूर्य के नीचे दशरथ की जलती हुई चिता है और नीचे जल

दृश्य में भक्ति एवं गंगा की धार में बहती राम-सीता-लक्ष्मण को लिए केवट की नाव एवं हंसों का जोड़ा है। खिले एवं मुकुलित कमल एवं पुरइन से भरी गंगा को एक सरोवर की तरह दर्शाया गया है मानो नदी की धार भी इस अलौकिक दृश्य को देखकर ठिठक गई हो। चित्र के बीचोंबीच राम-भरत मिलन के दृश्य को समायोजित किया गया है जिसमें शरीर की विशेष मिलन-भंगिमा से एक अतीन्द्रिय मिलन के अनुभव का संसार उन्मीलित होता प्रतीत होता है।

अरण्यकांड का आरम्भ पंचवटी में रामसीय के एक शृंगारिक दृश्य से होता है : एक बार चुनि कुसुम सुहाए। निज कर भूषण राम बनाए।। सीताहि पहिराए प्रभु सादर। बैठे फटिक सिला पर सुन्दर।”[51] राम के लिए जलपरियों एवं हंस के जोड़ों को चुन-चुनकर फूलमालाओं को लाते दिखलाना चित्रकार का एक कल्पनाशील बिंब है। बीच में शूर्पणखा एवं सीता को सुनहरे पाढ़ एवं श्वेत वस्त्र में दर्शाया गया है। दाएँ किनारे के मध्य में स्वर्णमृग एवं नीचे राम को बाण छोड़ते चित्रित किया गया है। दाईं ओर सबसे ऊपर सीता-हरण कर आकाश मार्ग से जाता दशानन का श्वेत घोड़ों से जुता स्वर्ण रथ दिखाया गया है। और इसके ठीक नीचे राम की बाँहों में दम तोड़ता जटायु चित्रित है। आकाश मेघाच्छन्न है जिसकी परिकल्पना का आधार सम्भवतः यह चौपाई है : “जहँ जहँ जाहिं दंव रधुराया। करहिं मेघ तहँ-तहँ नम छाया।”[52]

नाथद्वारा शैली अपने चमकीले रंगों तथा सुस्पष्ट शैली के लिए जानी जाती

चित्र-17 (ख)

है। मेवाड़ शैली की मुगल अप्रभावित परम्परा की अनुगूँज भी नाथद्वारा में सुनी जा सकती है विशेषकर गुजराती परम्परा से आई लहरदार आकाश-रेखाएँ और बड़ी-बड़ी आँखें। नाथद्वारा का गहरा नीला रंग इन चित्रों पर सर्वाधिक स्पष्ट है। इन चित्रों का नीला, पीला एवं हरा रंग अपनी शुद्धता एवं अमिश्रितता में पवित्रता का अवबोध कराता है। भारतीय लघुचित्रों की तरह इन चित्रों में छायाएँ नहीं हैं लेकिन यहाँ प्रायः चेहरे एकनक्शी अंकित नहीं किए गए हैं। प्रकृति का रूपाकार एवं भवन का स्थापत्य पारम्परिक शैलीबद्ध ढंग से अंकित है लेकिन चित्र के सम्पूर्ण संयोजन में यह कुछ अलग-सा दिखाई पड़ता है।

सन्दर्भ एवं टिप्पणियाँ

1. प्रख्यात कला-मर्मज्ञ कार्ल खंडेलवाला का विचार है कि, "यद्यपि हमलोग अजंता के गुफा नं. नौ एवं दस में उकेरे गए पहली सदी ईसा पूर्व के चित्रों से ही भित्ति-चित्र की एक बेमिसाल परम्परा से परिचित रहे हैं लेकिन चित्रांकित पुस्तकों की परम्परा हमें दसवीं शती के पहले नहीं मिलती। बौद्ध रचना 'अष्टसहसिणप्रज्ञापारमिता' के ताड़-पत्रों पर पालशासक महिपाल प्रथम के काल में चित्रित किया गया। यह सचित्र कृति 994 ई. की ठहरती है। दूसरी रचना तो ताड़पत्र पर अंकित जैन ग्रंथ है जो करीब 1060 ई. की है।" कार्ल खंडेलवाला, मोती चन्द्र, न्यू डोकुमेंट्स ऑफ इंडियन पेंटिंग, द बोर्ड ऑफ द प्रिंस ऑफ वेल्स म्यूजियम ऑफ वेस्टर्न इंडिया, बम्बई, 1969, पृ. 1-2

   दूसरी ओर प्रसिद्ध पुरातत्वशास्त्री श्री हीरानन्द शास्त्री का मानना है कि, "भारत में चित्रित पुस्तकों की परम्परा अति प्राचीन काल से ही मौजूद रही है। इसका कारण यह है कि न सिर्फ कर्मकांडी उपकरणों एवं बेदी को चित्रित करने वाली श्रोत सूत्र एवं शुल्व सूत्र जैसी पांडुलिपियों में बल्कि चरक-संहिता जैसी चिकित्साशास्त्रीय पुस्तकों में शल्य-उपकरणों को एवं शिल्पशास्त्र की पुस्तकों में चक्र व्यूह को दर्शाने के लिए सचित्र पुस्तकों की आवश्यकता थी। संस्कृत शास्त्रियों को मालूम है कि चित्रित पांडुलिपियाँ जिसे चित्र-काव्य कहा जाता है, में पद्म, खड़ग, गुरज जैसे बंधों में काव्य रचने के लिए भी चित्रांकन की आवश्यकता होती थी। इन बंधों को सिर्फ पुस्तकों में ही चित्रित नहीं किया जाता था बल्कि शिलाओं पर भी उत्कीर्ण किया जाता था जिसे धार के भोजशाला एवं इन्दौर के 'उन' में देखा जा सकता है जहाँ 'सर्पबंध' अंकित किया गया है। इसी प्रकार उज्जैन के महाकाल मंदिर के समक्ष छत्री में भी उत्कीर्णित चित्र दृष्टव्य हैं।...अगर ऐसे चित्र आश्मिक आलेखों (लिथिक रिकाड्र्स) में मिल सकते हैं तो क्या पुस्तकों के लेखकों ने अपनी रचनाओं को उपयुक्त चित्रों से नहीं सजाया होगा?" हीरानन्द शास्त्री, इंडियन पिक्टोरियल आर्ट एज डेवलप्ड इन बुक इलस्ट्रेशन, बड़ौदा, 1936, पृ. 15
2. जान गाय (सं), पाम लीफ एंड पेपर : इलस्ट्रेटेड मेनुस्क्रिप्ट ऑफ इंडिया एंड साउथ ईस्ट एशिया, नेशनल गैलेरी ऑफ विक्टोरिया, मेलबोर्न, 1982
3. सम्भवतः इन्हीं चित्रों को उमाकान्त प्रेमानन्द शाह ने हैदराबाद में श्री जगदीश मित्तल

के साथ देखा था। देखें, एन इलस्ट्रेटेड मेनुस्क्रिप्ट ऑफ गिरिधर दास गुजराती रामायणा इन डी.पी. सिन्हा, सच्चिदानन्द सहाय (सं), रामायणा ट्रेडिशन एंड नेशनल कल्चर इन एशिया, डायरेक्टोरेट ऑफ कल्चरल अफेयर्स, गवर्नमेंट ऑफ उत्तर प्रदेश, लखनऊ, पृ. 140

4. डब्लू.जी. आर्चर, सेंट्रल इंडियन पेंटिंग, फेबर एंड फेबर, लंडन, 1956, पृ. 14
5. आनन्द कुमारस्वामी, राजपूत पेंटिंग, वोल्यूम-वन, मोतीलाल बनारसीदास, न्यू डेल्ही, सेकेंड एडिशन, 1976, पृ. 1
6. भगवतशरण उपाध्याय, भारतीय कला की भूमिका, पीपुल्स पब्लिशिंग हाउस, दिल्ली, द्वितीय संस्करण, 1991, पृ. 79
7. राजस्थानी एवं मुगल-कला के बीच सम्बन्धों को लेकर कलालोचकों में गहरा मततैभिन्नय रहा है। एक ओर आनन्द कुमारस्वामी जैसे कला मर्मज्ञ हैं जो राजस्थानी एवं मुगल कला को एक-दूसरे के सर्वथा विपरीत प्रकृति के मानते हैं (''देयर कुड स्कार्स्लि एग्जिस्ट टू कंटेम्पोररी स्कूल मोर डायवर्स इन टेम्पर,'' राजपूत पेंटिंग्स, वही, पृ. 5) इसका कारण कुमारस्वामी यह बतलाते हैं कि राजस्थानी कला का जन्म जहाँ भित्ति-चित्र की कोख से हुआ वहीं मुगल कला लघु-चित्रण की कला है। आगे वे कहते हैं कि चूँकि पांडुलिपि को चित्रित करने की कला भी लघु-चित्रण की कला है इसलिए राजपूत चित्रकला या किसी भी प्रामाणिक भारतीय कला का पांडुलिपि को चित्रित करने की कला से कोई सम्बन्ध नहीं हो सकता (वही, पृ. 3) दूसरी ओर गुलाम मुहम्मद शेख जैसे कलाकार आलोचक हैं जिनका मानना है कि, ''राजपूत चित्रकारों ने भिति-चित्र के साथ-साथ चित्रित पुस्तकों की परम्परा से भी दाय ग्रहण किया है। चित्रित पुस्तकों की प्राचीनतम परम्पराओं में से एक जैन चित्रकला ने ही राजपूत कला की चित्रात्मक योजना को दिशा प्रदान की।'' (गुलाम मुहम्मद शेख, कुमारस्वामी एंड राजपूत पेंटिंग्स, इन परोक्ष (एडिटर्स), गुलाम मो. शेख, के.जी. सुब्रमन्यम, कपिला वात्स्यायन, ललित कला अकादमी, न्यू डेल्ही, 1989, पृ. 92) एक भिन्न दृष्टि कल्याण कुमार गांगुली जैसे लोगों की है जो मानते हैं कि ''राजपूत चित्रकला अपनी प्रकृति, मनोभूमि एवं संवेदना में जहाँ जैन विश्व दृष्टि से बिलकुल अलग है वहीं मुगलों की अय्याशी, विलासिता एवं चमक-दमक की दुनिया से भी इसका कोई वास्ता नहीं।'' (कल्चरल हिस्ट्री ऑफ राजस्थान, सन्दीप प्रकाशन, दिल्ली, 1983, पृ. 232)
8. चित्र संख्या दो पर बालकांड की निम्न चौपाई, छंद एवं सोरठा उद्धृत हैः ''प्रसाद सिर धरेउ। बोली गौरि हर्ष हिय भरेउ। सुनु सिय सत्य असीस हमारी। पूजै मन कामना तुम्हारी। नारद वचन सदा सुठि साचा। सो वर मिलै जाहि मनु राजा। छंद-मनु जाहि राचेउ मिलै सो वर सहज सुंदर सांवरौ। करूना निधान सुजान सील सनेह जानत रावरौ। इहि भाँति गौरि असीस सुनि सिय सहित हिय हर्षी अली। तुलसी भवानिहि पूजि पुनि मुदित मन मंदिर चली। सोरठा-जानि गौरि अनुकूल सिय हिय हर्षित जाई कहि। मंजल मंगल मूल बाम अंग फरकन लगे।'' 1725 ई. की इस पांडुलिपि में अवधी व्याकरण के इस सामान्य नियम कि 'अकारान्त पुलिंग शब्द अवधी में तथा पंचाली में उकारान्त हो जाते हैं' को नहीं स्वीकार किया गया है। (किशोरीदास वाजपेयी, हिन्दी शब्दानुशासन, ना.प्र. सभा, पृ. 574 देखें) रामचरितमानस के पाठालोचन की समस्या से जूझते हुए विश्वनाथ

प्रसाद मिश्र का यह कथन प्रासंगिक है कि, "अपभ्रंश के अकरांत पुलिंग शब्दों में प्रथमा और द्वितीय के एकवचन में लगने वाली 'उकार' की मात्रा और तृतीया-सप्तमी के लिए सानुनसिक रूपों का व्यवहार अनुलिपिकर्ताओं के लिए कष्टप्रद रहा है। परवर्ती काल में धीरे-धीरे इनका अधिकतर परित्याग कर दिया गया। तुलसीदास के स्वाक्षर में लिखे 'पंचनामा' के दोहे से स्पष्ट है कि वे उकारांत रूपों के ग्रहण के पक्ष में थे।" रामचरितमानस, काशीराज संस्करण, वाराणसी, 1962, पृ. 22। यहाँ यह एक रेखांकित करने लायक तथ्य है कि अब तक रामचरितमानस के पाठालोचन में चित्रित पांडुलिपियों का आश्रय नहीं लिया गया है।

9. गुलाम मो. शेख, वही, पृ. 92
10. देखें, कल्याण कुमार गांगुली, कल्चरल हिस्ट्री ऑफ राजस्थान, सन्दीप प्रकाशन, दिल्ली, 1983, पृ. 220-221
11. आनन्द कुमारस्वामी, वही, पृ. 3-4
12. आनन्द कुमारस्वामी के ऊपर उद्धृत मत का प्रत्याख्यान प्रस्तुत करते हुए डॉ. हीरानंदशास्त्री ने लिखा है : "चित्रित महाभारत एवं रामायण बहुज्ञात हैं। इनमें जो चित्र हैं वे अधिकांश पाठ से जुड़े हुए हैं। हिन्दी उर्दू तथा अन्य भाषाओं की भी ऐसी चित्रित पांडुलिपियाँ मिलती हैं जिनमें पाठ के साथ चित्र का आवयविक संबंध दिखाई पड़ता है।" हीरानन्द शास्त्री, वही, पृ. 16
13. आशुतोष संग्रहालय के लिए संस्थापक संग्रहाध्यक्ष श्री डी.पी. घोष ने 1942 में पश्चिम बंगाल के मुर्शिदाबाद जिले के जियागंज पुलिस स्टेशन में साधकबाग वैष्णव मंदिर के पुजारी श्री रामदास औलिया से इस पांडुलिपि को हस्तगत किया था। संग्रहालय में इस पांडुलिपि का प्राप्ति क्रमांक T.448 है। इस चित्रित पांडुलिपि के बारे में श्री घोष ने जर्नल ऑफ द इंडियन सोसायटी ऑफ ओरियंटल आर्ट के खंड तेरह में (पृ. 130-138 तक) कुछ चित्रों के साथ एक लेख 'एन इलस्ट्रेटेड रामायणा मेनुस्क्रिप्ट ऑफ तुलसीदास एंड पट्स फ्रोम बेंगाल, 1945 में प्रकाशित कराया था।
14. 'निराला' के जीवनीकार डॉ. राम विलास शर्मा लिखते हैं : "बंगाल के मिदनापुर जिले में महिषादल नाम का राज्य था। यहाँ राजा रामनाथ राज करते थे। जब इनका देहांत हुआ, तब इनकी रानी पति का शव लेकर चिता पर चढ़ गईं। राज्य का उत्तराधिकारी कोई न था। तभी वहाँ पछाँह से जिला बांदा का रहनेवाला लक्ष्मण प्रसाद नाम का गरीब ब्राह्मण युवक भटकता हुआ जा पहुँचा। महाराज रामनाथ की पत्नी ने सती होने से पहले उसी को राजसिंहासन पर बिठा दिया। गदर के बाद लक्ष्मण प्रसाद के पुत्र ईश्वर प्रसाद गर्ग राजा हुए। अंग्रेजों को जैसे बंगाल पुलिस के लिए पुरवियों की जरूरत थी, वैसे ही राजा ईश्वर प्रसाद कुछ मातबर आदमी चाहते थे जो बंगाली प्रजा को काबू में रख सके। उन्होंने अंग्रेज अफसरों से बात की, जिसका नजीजा यह हुआ कि सिधारी पंडित के दो पुत्र रामसहाय और रामलाल महिषादल में आ गए। रामसहाय के ही पुत्र निराला थे। निराला की साहित्य-साधना, भाग एक, राजकमल प्रकाशन, दिल्ली, तृतीय संस्करण, 1979, पृ. 16-17
15. डी.पी. घोष, 'एन इलस्ट्रेटेड रामायणा मेनुस्क्रिप्ट ऑफ तुलसीदास एंड पट्स फ्रोम बेंगाल, जर्नल ऑफ द इंडियन सोसायटी ऑफ ओरियेंटल आर्ट, वाल्यूम XIII, पृ. 130
16. निरंजन गोस्वामी, केट्लाग ऑफ पेंटिंग्स ऑफ द आशुतोष म्यूजियम, मेनुस्क्रिप्ट ऑफ

द रामचरितमानस, आशुतोष म्यूजियम ऑफ इंडियन आर्ट, 1981, पृ. 15

17. डी.पी. घोष, वही
18. निरंजन गोस्वामी, वही, पृ. 28-29
19. राय कृष्णदास, एन इलस्ट्रेटेड अवधी मेनुस्क्रिप्ट ऑफ लौर चन्दा इन द भारत कला भवन, ललित कला न. 1 और 2, अप्रैल 1955, मार्च 1956, पृ. 70
20. निरंजन गोस्वामी, वही, पृ. 27
21. वही, पृ. 32
22. देखें, गोविन्द नारायण पांडे, श्री रामलीला, प्रकाशक : ज्ञानवती पांडेय, रैयूया, सोराँव, इलाहाबाद, प्रथम संस्करण, 1993, पृ. 5
23. आनन्द कुमारस्वामी, वही, पृ. 54
24. कार्ल खंडेलवाल, द डेवलपमेंट्स ऑफ स्टाइल इन इंडियन पेंटिंग्स, द मेकमिलन कम्पनी ऑफ इंडिया लि. दिल्ली, 1974, पृ. 82-83
25. पर्सी ब्राउन, इंडियन पेंटिंग अंडर द मुगल्स, कोस्मो पब्लिकेशन्स, न्यू देल्ही, 1981, पृ. 25
26. हीरानन्द शास्त्री, वही, पृ. 16
27. कपिला वात्स्यायन, जौर गीत-गोविंद, नेशनल म्यूजियम, न्यू देल्ही, 1979, पृ. 4
28. ''पढ़हिं वेद मुनि मंगल बानी। गगन सुमन उतरि अवसरू जानी॥
बरू बिलोकि दंपति अनुरागे। पाय पुनीत पखारन लागे॥
लागे पखारन पाय पंकज प्रेम तन पुलकावली।
नभ नगर गान निसान जयधुनि उमगि जनु चहुँदिसि चली।
जे पद सरोज मनोज अरि उर सर सदैव विराजहीं।
जे सुकृत सुमिरत विमलता मन सकल कलि मल भजहीं॥
जे परसि मुनिबनिता लही गति रही जो पातकमइ।
मकरंदु जिन्ह को संभु सिर सुचिता अवधि सुर बरनई॥
करि मधुप मन मुनि जोगिजन जेसेई अभिमत गति लहैं।
ते पद पखारत भाग्यभजनु जनकु जय-जय सब कहैं।''
29. महेन्द्र सिंह रन्धवा, कांगडा, साहित्य अकादेमी, नई दिल्ली, द्वितीय आवृति, 1984, पृ. 89
30. कांगड़ा कला के जनक पंडित सेउ दिल्ली या लाहौर से गुलेर सम्भवतः 1710-20 के आसपास पहुँचे। पहाड़ी कला के अधिकांश विशेषज्ञ यह मानते हैं कि नादिरशाह के आक्रमण (1793) से त्रस्त होकर भागे हुए मुगल कला के प्रशिक्षित दिल्ली के कलाकारों ने ही पहाड़ पहुँचकर इस नई कला का सूत्रपात किया। पंडित सेउ के पुत्र नैनसुख राजा गोवर्धन चंद (1770-73) तथा जसरोटा के बलवंत सिंह के शासन काल में सेउ के दूसरे पुत्र मानक के बेटे खुशाल एवं निक्का ने प्रकाशचंद (1760-1790) के काल में कांगड़ा कला को परवान चढ़ाया। जब संसारचंद (1775-1823) कांगड़ा घाटी के एकछत्र शासक बने तब सुजानपुर कांगड़ा-कला का केन्द्र भी बन गया। मानक, खुशाल, नैनसुख के पुत्र गौहरू गुलेर से सुजानपुर पहुंचकर 'गीत गोविन्द' 'बिहारी सतसई', 'भगवत पुराण', 'रागमाला', 'बारामासा', 'अष्टनायिका', 'नल दयमंती' के अलावा संसारचंद के जीवन की असंख्य घटनाओं को कुछ यूँ अंकित किया कि कांगड़ा कला मानव-मन की अनन्त गहराइयों को स्पर्श करने वाली कला के रूप में स्थापित हो गई। यह सही है कि संसार

चंद का काल कांगड़ा कला का स्वर्ण-युग था और पंजाब के इतिहास में कांगड़ा चित्रकला का विकास बसंत के सुरभिमय पवन की तरह है जो हमें सर्वदा मोहित करती रहेगी। देखें एम.एस. रन्धावा, कांगड़ा पेंटिंग्स ऑफ द बिहारीज सतसई, नेशनल म्यूजियम, न्यू डेल्ही, सेकेंड इम्प्रेशन, 1982, पृ. 33 एंड एम.एस. रन्धावा, इंडियन पेंटिंग्स, गवर्नमेंट म्यूजियम एंड आर्ट गैलेरी, चंडीगढ़, 1986, पृ. 75

31. महेन्द्र सिंह रन्धावा, कांगड़ा, वही, पृ. 90
32. बी.एन. गोस्वामी, द पेंटर नैनसुख एंड हीज पेट्रन बलवंत सिंह इन बार्बरा स्ट्रोलर मिलर (एडिटेड), पावर ऑफ आर्ट, पेट्रोनेज इन इंडियन कल्चर, आक्सफॉर्ड यूनिवर्सिटी प्रेस दिल्ली, 1992, पृ. 240
33. देखें चित्र संख्या 10 'क'
34. आनन्द कुमारस्वामी, केट्लाग ऑफ द म्यूजियम ऑफ फाइन आर्ट्स, बोस्टन, न. 5, कोटेड इन सरयू दोषी, जैन मिनियेचर्स पेंटिंग एन आउट्लाइन इन परोक्ष, वही, पृ. 84
35. अवधी में अकरांत पुलिंग उकारान्त हो जाते हैं लेकिन इस पांडुलिपि में ऐसा नहीं किया गया है। दन्त्य स को तालव्य श लिखा गया है।
36. "कोटा के शाही संग्रहालय में संरक्षित खाकों में चुनार रागमाला की तरह का ही रचना, चरित्र एवं दृश्य का शैलीबद्ध रूप दिखाई पड़ता है और साफ पता चलता है कि 1591 ई. के चुनार रागमाला को ही बुंदी एवं कोटा के कलाकार आधार चित्र मानते थे।" एम. के. बृजराज सिंह, द किंगडम दैट वाज कोटा, ललित कला एकेडेमी, न्यू डेल्ही, पृ. 11
37. "सन् 1802 ई. से पूर्व हिन्दी में किसी मुद्रित पुस्तक का पता नहीं लगा है।...सदल मिश्र द्वारा सम्पादित और संस्कृत प्रेस से मुद्रित तुलसीदास का रामायण (27 × 22 से.मी.) प्रथम ज्ञात मुद्रित रामचरितमानस है। इंडिया आफिस ने प्रकाशन तिथि 1810 ई. दी है। पुस्तक लगभग 500 पृष्ठ का था एवं मूल्य 20 रुपए रखा गया था।" कृष्णाचार्य, हिन्दी के आदि मुद्रित ग्रंथ, भारतीय ज्ञानपीठ प्रकाशन, दिल्ली, प्रथम संस्करण 1966, पृ. 22 एवं 30
38. शिवनंदन सहाय, गोस्वामी तुलसीदास, बिहार राष्ट्रभाषा परिषद् पटना, द्वितीय संस्करण, खृष्टाब्द 2000, पृ. 239
39. "इफ हेवेल एंड कुमारास्वामी कंडेम्ड रवि वर्माज एडोप्सन ऑफ नेचरलिज्म एज इनआथेंटिक, मोर रिसेंट एनेलेसिस हैव रेड द ओबडयुरेट आइकोनिक फ्रंटालिटी, टेम्पोरल रिकर्सिविटी एंड इंडेक्सिकलेटी ऑफ इंडियन इमेजेज इन टर्म्स ऑफ ए 'पोपुलर' नेगोशियेशन विद कोलोनियल इडियोलोजिज ऑफ स्पेस, टाइम एंड सिग्निफिकेशन," कजरी जैन, न्यू विजुयल टेक्नोलजिज इन द बाजार, रीटेरीटोरियलाइजेशन ऑफ द सेक्रेड इन द पोपुलर प्रिंट कल्चर, सराय रीडर, 2003, पृ. 45
40. देखें, ईर्विन न्युमेयर एंड क्रिस्टीन सेल्बर्गर, पोपुलर इंडियन आर्ट : राजा रवि वर्मा एंड द प्रिंटेड गाड्स ऑफ इंडिया, आक्सफर्ड यूनिवर्सिटी प्रेस दिल्ली आक्सफर्ड यूनिवर्सिटी प्रेस दिल्ली, 2003
41. आनन्द कुमारस्वामी, ऐसेज इन नेशनल आइडियलिज्म, मुंशीराम मनोहर लाल पब्लिशर्श लि., फर्स्ट इंडियन एडिशन, 1981, पृ. 79
42. रामचरितमानस, गीता-प्रेस, गोरखपुर, उनहत्रवां संस्करण, संवत् 2045, पृ. 302
43. मिथिला कला दो स्थानों में विकसित हुआ : पहला नेपाल के जनकपुर में जहाँ सीता

कर्ण, सुधीरा कर्ण, चुनचुन झा, अन्जना पंडित, मोमबत्ती यादव जैसे कलाकार सक्रिय रहे हैं तथा दूसरा उत्तरी बिहार का मधुबनी क्षेत्र जहाँ मोटे तौर पर तीन शैलियाँ लक्षित की गई हैं। पहली शैली जितवारपुर की महापात्र ब्राह्मण स्त्रियों द्वारा विकसित चटख रंगों के सहारे देवी-देवताओं (मुख्यतः राम कृष्ण दुर्गा) रामायण (प्रमुखतः रामचरितमानस) तथा मिथकीय तांत्रिक प्रतीकवाद के रूपायित करने वाली भरनी शैली है। इस शैली की प्रमुख चित्रकार जगदम्बा देवी, सीता देवी तथा सरिता देवी मानी जाती हैं। दूसरी शैली कर्ण कायस्थ स्त्रियों द्वारा प्रमुखतः काले तथा लाल रंगों के सहारे वाह्य रेखाकार (आउटलाइन) पर आधारित कचनी शैली विकसित हुई जिसमें उर्वरा के प्रतीक मछली, तोता, हाथी, कछुआ, सूर्य, चाँद, बांसवट, कमलदल इत्यादि को कोहबर में एकरंगी रेखाओं से उकेरा जाता है। गंगा देवी, कर्पूरी देवी, महासुन्दरी देवी, गोदावरी दत्ता इस शैली को बरतने वाली प्रमुख चित्रकार हैं। तीसरी शैली दलितों द्वारा विकसित गोदना शैली है जिसमें प्रमुखतः राजा सल्हेस से सम्बन्धित किंवदंतियों को रेखाओं के सहारे कई क्षैतिज हाशिये में विभाजित कर एक ही बिंब का धारावाहिक रूप से बार-बार दुहराव किया जाता है। रंगों के चटकीलेपन में यह ब्राह्मण शैली के करीब है तथा रेखाओं के बरतने की कला में कायस्थ शैली के। जमुना देवी, ललिता देवी इस शैली की प्रमुख चित्रकार हैं।

44. देखें, जगदीश जे. छावड़ा, द नेरेटिव पेंटिंग्स ऑफ इंडियाज जीतवारपुरी वुमेन्स, वुमेंस आर्ट जर्नल, वोल्यूम, 11, न. 1, स्प्रिंग, 1990, पृ. 26-28
45. ये चित्र क्राफ्टस म्यूजियम, दिल्ली में संरक्षित है। प्राप्ति क्रमांक 7/56/22 एवं 7/54/18
46. रामचरितमानस से सम्बन्धित एक अन्य शृंखला इन्होंने 1973 से 1983 के बीच भी तैयार की है।
47. देखें, ज्योतिन्द्र जैन, गंगा देवी : ट्रेडिशन एंड एक्सप्रेशन इन मिथिला पेंटिंग, मेपिन पब्लिशिंग प्रा.लि. अहमदाबाद एंड द मिथिला म्यूजियम, निगाता, जापान, 1997, पृ. 85
48. रोजालिया हेम्मेल का जन्म बुदापेस्ट, हंगरी के न्यूलासी नामक स्थान में सन् 1946 ई. में हुआ। कला की शिक्षा इन्होंने फ्रांस में प्राप्त की जहाँ वे वर्षों रहीं। भारत वे कई बार आईं और 1991 ई. में स्थायी रूप से यहीं बस गईं। उन्होंने रेवाशंकर शर्मा तथा घनश्याम शर्मा से नाथद्वारा की पारम्परिक चित्रशैली को छह वर्षों तक सीखा। अब वे अपना समय मथुरा, वृन्दावन एवं नाथद्वारा के बीच गुजारती हैं जबकि उदयपुर उनका स्थायी निवास बन गया है जहाँ गन्गौर हवेली, संग्रहालय में उनकी कला का स्थायी प्रदर्शन लगाया गया है। अब वे अपने को एक वैष्णव के रूप में देखती हैं इसलिए अपने नाम के साथ 'राधिकाप्रिया' जोड़ लिया है।
49. लेखक को लिखे एक ई-मेल से उद्धृत।
50. वही,
51. रामचरितमानस, वही, पृ. 618
52. वही, पृ. 626

अध्याय-4

रामचरितमानस : संगीत

"संगीतज्ञों के लिए मानस एक कसौटी है, विशेषकर स्वर-रचनाकार के लिए तो मानस एक अनुसंधान का क्षेत्र प्रस्तुत करता है। यह दुःख का विषय है कि अभी तक मानस-गायन की समस्त धुनों के संकलन की ओर किसी का ध्यान नहीं जा रहा है। मानस का सभी दृष्टियों से अध्ययन मनन हो रहा है किन्तु मानस के संगीतमय रूप की ओर किसी का ध्यान ही नहीं है।"[1]

मानस-गायन की परम्परा सम्भवतः रामलीला से प्रारम्भ हुई।[2] मानस-पाठ उत्तर-भारत में होने वाली यानी सभी रामलीलाओं का एक अनिवार्य अंग रहा है। जहाँ पारम्परिक रामलीलाओं में सम्पूर्ण रामचरितमानस का पाठ ढोल मंजीरों और झाँझ करताल के साथ-साथ चलता रहता है वहीं गेय रामलीलाओं और मंचीय रामलीलाओं में मानस के चुनिंदा दोहों-चौपाइयों को हारमोनियम एवं तबले की संगत के साथ प्रचलित लोक-धुनों में ढालकर प्रस्तुत करने की परम्परा है। जिसे आज 'नारद-बानी' कहा जाता है, वह इन्हीं रामलीलाओं के रामायणियों द्वारा विकसित हुआ; वैसे यह एक पृथक विवेचन का विषय है कि नारद-बानी के विकास में उत्तर-भारत के लोक-संगीत विदेसिया, पुजैया, नहछू, सोहर, आल्हा, सावनी, कजरी, चंदनी, गारी आदि की क्या भूमिका है। नारद-बानी में चौपाई के अंत को एक विशेष ढंग से 'हे हा' का टेक लगाकर उसे नाटकीय बनाया जाता है। यूँ तो चौपाई छंद में ही इतनी सांगीतिक लोच है कि इसे प्रायः किसी भी धुन में ढाला जा सकता है लेकिन क्या उत्तर-भारतीय जीवन के लय को इस छंद द्वारा इतनी गहराई से पकड़ सकने की उसकी क्षमता का ही यह प्रमाण नहीं है कि रामचरितमानस के ग्यारह वर्णिक एवं उन्नीस मात्रिक छंदों में सिर्फ चौपाई (एवं कुछ हद तक दोहा एवं सोरठा भी) छंद को ही मानस के शास्त्रीय, लोक एवं लोकप्रिय गायन में सर्वाधिक 'गेय' माना जाता रहा है।

रामलीलाओं में लोक-संगीत के अलावा शास्त्रीय संगीत का भी प्रयोग हुआ है, विशेषकर 'गेय रामलीलाओं' में एवं उदय शंकर की छाया-नाट्य शैली की रामायण में। अगर अल्मोड़ा के 'श्रीराम लीला नाटक' देखें तो वहाँ मानस की चौपाइयों को राग विहाग, भैरवी, सिंदूरा, खमाच, बिलावल, पीलू, झिंझोटी, कालिंगरा, देश, मालकौंस में बाँधकर दादरा, कहरवा, रूपक या चाँचर तालों में प्रस्तुत किया जाता है। चौपाइयों को वहाँ दो तरीके से गाया जाता है, जिसे राक्षसी एवं अराक्षसी तर्ज का नाम दिया गया है। "अराक्षसी तर्ज की चौपाइयों की गति धीमी होती है और राग झिंझोटी पर आधारित है जिसमें शांत रस की प्रधानता होती है जबकि राक्षसी तर्ज का गायन राग बिलावल पर आधारित होने के कारण अधिक उग्र प्रतीत होता है।"[3] इसी प्रकार उदयशंकर की छाया नाट्य शैली के रामायण में पंडित लालमणि मिश्र ने मानस की चौपाइयों को उन धुनों में प्रस्तुत किया, जिसे हमारे राग-संगीत का आधार माना गया है।[4] लोक-संगीत की धुन पर मानस की कुछ चौपाइयों की लालमणि मिश्र ने स्वरलिपि भी तैयार करने का काम किया है। उदाहरणस्वरूप यहाँ दो रचनाएँ प्रस्तुत हैं।

पहली रचना कहरवा ताल पर उत्तरकांड की यह चौपाई 'कंचन कलस विचित्र सँवारे। सबहि धरे सजि निज-निज द्वारे' को ढाला गया है। लंका-विजय के बाद घर लौटे राम सीता लक्ष्मण की खुशी में घर-घर सोने के कलश से सजी अवधपुरी की हलचल एवं उमंग को कहरवा ताल से उचित ही पकड़ा गया है। दूसरी रचना 'सुत विलोकी हरषी महतारी। बार-बार आरती उतारी' को दीपचंदी ताल में ढाला गया है।

ताल कहरवा

+	0	+	0
म – म म कं ऽ च न	म म म ग क ल स वि	रे ग ग म चि ऽ त्र सं	ग रे स नी वा ऽ रे ऽ
स रे रे – रा ऽ मा ऽ	– – – – ऽ ऽ ऽ ऽ	नी नी नी स स ब हि ध	रे – रे रे रे ऽ स जि
रे स रे म नि ज नि ज	ग रे स रे द्वा ऽ रे ऽ	नी – स – रा ऽ मा ऽ	– – – – ऽ ऽ ऽ ऽ

राजसिंहासन पर बैठे पुत्र की बार-बार आरती उतारती माताओं के दर्प एवं ममत्व को दीपचंदी का द्रुत लय सहज ही उपयुक्त जान पड़ता है। कहरवा ताल प्रायः सुगम संगीत में प्रयुक्त होता है तथा दीपचंदी ठुमरी अंग का एक प्रसिद्ध ताल है। इन दोनों तालों का रूप शास्त्रकारों के अनुसार द्रुत गति में ही खिलता है।[5]

ताल दीपचंदी (द्रुत लय)

+	2	0	3
प प – सु त ऽ	नी नी – – वि लो ऽऽ	स – – की ऽ ऽ	स – स – ह ऽ र ऽ
ग रे ग रे षी ऽ ऽ ऽ	स – नी – म ऽ ह ऽ	स ग – ता ऽ ऽ	म ग म प – री ऽ ऽ ऽ ऽ
प – – बा ऽ ऽ	प – ध प र ऽ बा ऽ	म प म ऽ र ऽ	ग रे स नी आ ऽ ऽ ऽ
स स ऽ र ती ऽ	नी स म ग ऽ ऽ ऽ उ	रे स – ता ऽ ऽ	स – – – री ऽ ऽ ऽ

मानस की चौपाइयों को ख्याल की बंदिशों में ढालने का काम सर्वप्रथम विष्णु दिगम्बर पलुस्कर (मृत्यु 1931 ई.) ने किया।[6] मानस पर उनकी तैयार की हुई स्वरलिपि को ढूंढिराज पलुस्कर ने संग्रहीत एवं प्रकाशित किया है।[7] पलुस्कर के बाद ओंकारनाथ ठाकुर, बलवंत राय भट्ट, भोलानाथ भट्ट, रामाश्रय झा, लालमणि मिश्र ने राग जोग, मालकौंस एवं भैरवी में मानस की कुछ चौपाइयों की स्वर लिपि तैयार की है।

राग जोग ताल झपताल (स्थायी)

+	2	0	3
नी – कं ऽ	स – ग कं ऽ ण	स – किं ऽ	स ऽ स किं ऽ णि
स ग नू ऽ	नी – स पँ ऽ र	ग म धु न	ग म प प सु ऽ ऽ नि
ग म क ह	प नी प त ऽ ल	नी सं ख न	नी – प स ऽ न
ग म रा ऽ	प नी सं नी प म ऽ ऽ ऽ	ग म प म द ऽ य ऽ	ग स स गु ऽ नि

बालकांड के प्रसिद्ध पुष्पवाटिका प्रसंग को राग जोग में बाँधा गया है। चौपाई की पहली अर्द्धाली : 'कंकन किंकनि नूपुर धुनि सुनि कहत लखन सन रामु हृदय गुनि' को स्थायी में तथा दूसरी अर्द्धाली 'मानहुँ मदन दुदुभी दीन्ही।'

राग जोग ताल झपताल (अन्तरा)

+	2	0	3
प म नी प मा ऽ ऽ ऽ	ग – म न ऽ हु	प नी म द	स – – न ऽ ऽ
प नी दुं ऽ	सं सं ऽ दु भी ऽ	सं गं सं नी दी ऽ ऽ ऽ	सं – – नी ऽ ऽ
नी सं म न	गं मं गं सा ऽ ऽ	सं गं मं गं वि ऽ ऽ ऽ	सं नी सं स्व ऽ वि
प नी सं नी ज ऽ य ऽ	प ग म क ऽ हँ	प नी सं नी की ऽ ऽ ऽ	प म ग म ग स न्ही ऽ ऽ ऽ ऽ ऽ

'मनसा बिस्व विजय कहँ कीन्हीं' को अन्तरा बनाया गया है। दस मात्रा वाले ध्रुपद अंग के प्रसिद्ध ताल झपताल (2/3/2/3) में काव्य-नायिका के कंकन किंकनी एवं नूपुर के धुन निबद्ध हैं। राग जोग के वादी मध्यम एवं संवादी षडज में यह चौपाई सहज ही अपने भावानुकूल स्वर को प्राप्त कर सकता है।

राग मालकौंस (स्थायी)

+	3	+	2
स म ग म ग स मु ऽ दि ऽ त ना	नी स ध नी ऽ रि न र	स – म म दे ऽ ख हि	ग म ग स सो ऽ भा ऽ
ग म ध नी रु ऽ प अ	सं – सं सं नू ऽ प न	ध नी ध म य न म नु	ग म ध म ग स लो ऽ ऽ ऽ भा ऽ

राग मालकौंस में अयोध्याकांड की चौपाई की एक अर्द्धाली 'मुदित नारि नर देखहिं शोभा। रूप अनूप नयन तनु लोभा' को स्थायी में तथा अगली चौपाई की पहली अर्द्धाली 'एकटक सब सोहहिं चहुंओरा रामचन्द्र मुख चंद चकोरा' को अन्तरा में निबद्ध किया गया है।

राग मालकौंस (अन्तरा)

0	3	+	0
ग ग म म ए क ट क	ध ध नी नी स ब सो ऽ	सं सं सं सं ह हिं च हुं	गं नी सं – ओ ऽ रा –
सं मं गं मं गं सं रा ऽ ऽ ऽ म च	नी सं ध नी ऽ न्द्र मु ख	सं – सं – चं ऽ द ऽ च	गं गं सं नी ध म ग स को ऽ ऽ ऽ रा ऽ ऽ ऽ

आज के सर्वाधिक लोकप्रिय ताल (4/4/4/4) में निबद्ध इस रचना में रामचन्द्र के चन्द्रमुख से सम्मोहित मुदित नारी नर रूपी चकोर के बिंब को मालकौंस के कोमल स्वर सहज ही मूर्त करने में समर्थ है।

राग भैरवी ताल रूपक (स्थायी)
द्रुत लय

+	2	3
रे स –	ध –	नी नी
दी ऽ ऽ	न ऽ	ऽ द
स – –	स –	– स
या ऽ ऽ	ल ऽ	ऽ वि
म म ऽ	प म ध	प म
र द ऽ	स ऽ ऽ	ऽ ऽ
ग रे ग स	रे रे	ग –
मा ऽ ऽ ऽ	री ऽ	ऽ ऽ

सुन्दरकांड की प्रसिद्ध चौपाई : 'कहेहु तात अस मोर प्रनामा। सब प्रकार प्रभु पूरनकामा।। दीनदयाल विरदु संभारी। हरहू नाथ मम संकट भारी' की अंतिम अर्द्धाली को श्री मिश्र ने राग भैरवी में बाँधा है। सीता की मनोवेदना और प्रार्थना को इस सदासुहागन कहे जाने वाले अत्यंत लोकप्रिय राग में बाँधना उपयुक्त तो है ही, सात मात्रा के रूपक ताल का चुनाव भी प्रशंसनीय कहा जाएगा।

राग भैरवी (अन्तरा)

+	2	3
म ग म		ध –नी –
ह र ऽ	हू ऽ	ऽ ऽ
सं – सं	रे –	सं –
ना ऽ थ	म ऽ	म ऽ
नी – –	सं –	सं –
सं ऽ ऽ	क ऽ	ट ऽ
नी रे सं नी ध प	म ग प म	ग रे स
मा ऽ ऽ ऽ ऽ ऽ	री ऽ ऽ ऽ	ऽ ऽ ऽ

संगीतकारों के संगीतकार एवं आधुनिक भातखंडे कहे जाने वाले पंडित रामाश्रय झा 'रामरंग' ने भी रामचरितमानस के आधार पर ध्रुपद एवं ख्याल के कई बंदिशों की स्वरलिपि तैयार की है, जो उनकी पुस्तक 'संगीत रामायण' में संग्रहीत है। पुस्तक के निवेदन में वे कहते हैं : "संगीत रामायण में लगभग पाँच सौ रचनाएँ (बन्दिशें) हैं। इन रचनाओं की प्रमुख विशेषता यह है कि सातों कांड की परिधि में आनेवाली ये समस्त ध्रुपद व ख्याल शैली की रचनाएँ शास्त्रीय संगीत के नियमानुसार भिन्न-भिन्न प्राचीन एवं नवीन रागों तथा अनेक प्रचलित तालों में लिपिबद्ध हैं। गायन कला की सहजता के साथ-साथ रंजकता से परिपूर्ण एवं श्री रामचरितमानस से संबंधित होने के कारण ये रचनाएं लौकिक तथा पारलौकिक दोनों दृष्टियों से प्रदर्शन के लिए उत्तम तथा लिपिबद्ध होने के कारण सभी छोटे-बड़े संगीतज्ञों के लिए सहज व सदुपयोगी हैं।

'संगीत रामायण' ग्रंथ की रचना का मुख्य उद्देश्य यह है कि शास्त्रीय संगीत की गायन शैली में अधिकतर रचनाओं (बन्दिशों) में जो सास-बहू, ननद-भावज, जेठानी-देवरानी की नोक-झोंक तथा पति-पत्नी की लड़ाई व पिया परदेश गये नहि आये, यौवन यूँ ही बीतो जाय, सूनी सेजरिया मोहे नींद न आये, पैयां परूं पलंगा न चढ़ूंगी इत्यादि इन अश्लील कविताओं एवं भावनाओं से युक्त रचनाओं के गायन की जो परम्परा पूर्ववत् बनी हुई है जिसे सभ्य समाज के लोग सुनना पसन्द नहीं करते तथा जो संगीत ऐसी ब्रह्म विद्या के लिए उपयुक्त नहीं दिखता, इन्हीं अशोभनीय काव्यों से गायन शैली को यथासम्भव मुक्ति दिलाने के लिए श्रीरामचरितमानस के सातों कांडों के प्रत्येक प्रसंग को विशुद्ध शास्त्रीय संगीत की ध्रुवपद एवं ख्याल-काव्य-रचना-शैली में रचकर इसे विभिन्न रागों एवं तालों में निबद्ध किया गया है।"[8]

पंडित भोलाराम भट्ट के शिष्य रामाश्रय झा रामरंग को 'रागदर्पण' की परिभाषा में 'वाग्गेयकार' कहा जा सकता है यानी ऐसा व्यक्ति जो 'वाणी' और 'गीत' दोनों के सम्बन्ध में उत्तम रूप से अभिज्ञ है।[9] इन्होंने न सिर्फ दो हजार से अधिक बंदिशों की रचना की है बल्कि वे सिद्ध गुरु एवं गायक के रूप में भी जाने जाते हैं। रामचरितमानस की इनकी गायकी विशिष्ट है। अभी हाल ही में (13 अप्रैल को) दिल्ली के नेहरू पार्क में आयोजित छठे भक्ति उत्सव के अवसर पर उन्होंने मानस गायन का जो नमूना पेश किया वह रसिकों के बीच काफी चर्चित हुआ। समीक्षक शशिप्रभा तिवारी ने लिखा : "तेरह अप्रैल को रामनवमी थी। इसके मद्देनजर पंडित रामाश्रय झा ने रामचरितमानस के अयोध्याकांड के केवट प्रसंग को पेश किया। उनकी यह प्रस्तुति राग तीरमुक्त, नट-विहाग, खमाज, छाया-कामोद, चारूकेशी और भैरवी पर आधारित थी।

"राग तिलक कामोद, नट और विशेष स्वर समूह जिससे हंसध्वनि का आभास उत्पन्न होता है के मेल से नए राग तीरमुक्त की रचना पंडित रामाश्रय झा ने की है। तीरमुक्त मिथिला का प्राचीन नाम तिरहुत का तत्सम रूप है। सो पंडित झा ने गायन का आरम्भ तीरमुक्त राग और झपताल में निबद्ध रचना से किया। रचना के बोल थे–'गंगा तीर पर ठाढ़े रघुबीर'। अगली रचना राग नटविहाग और तीन ताल में निबद्ध थी। बोल थे–'नैयूया ना चढाउं तोहे, पग धोये बिनो महाराजा'। केवट की भावनाओं को अगली रचना में मुखरित किया। राग खमाज में निबद्ध रचना थी–'प्रभु पग धूरि लगी पहन नारी भई'। केवट की विनती की रचना 'कर जोरी विनती करो तिहारी नाथ' में गाया। यह राग तिलक विहाग में थी। केवट द्वारा चरणामृत ग्रहण किए जाने के दृश्य को 'विहसे प्रभु देख लखन सिय' में चित्रित किया। यह अंश राग छाया-कामोद में था।

"राग चारूकेशी और एक ताल में केवट की जिद और भावना को पेश किया। ...पंडित रामाश्रय झा ने गायन का समापन राग भैरवी और दीपचंदी ताल में निबद्ध रचना से की। 'कहि हारे लखन सिय रघुराई' के गायन से पार्क का पूरा वातावरण राममय और आनन्दमय हो गया।"[10]

बनारस की आत्मा को ख्याल के अलावा ठुमरी एवं दादरा जैसे उपशास्त्रीय रूपों में निरुपित करने वाले पंडित छन्नू लाल मिश्र (1936) ने मानस को भी तदनुसार रूपायित करने का प्रयास किया है। मानस-गायन को प्रस्तुत करने वाले इनके तीन काम्पेक्ट डिस्क हैं : 'रामचरितमानस' (म्यूजिक इंडिया, (CDD-02101A/B, 2003), 'सुन्दरकांड' (WWR/DV/1244, 2005, देवी फाउंडेशन) तथा 'शिव-विवाह' (WWR/DV/1245, देवी फाउंडेशन, 2007)। पहले डिस्क में गायन के पहले छन्नू लाल मिश्र यह रेखांकित करते हैं कि "मानस गाने के लिए बनाया गया है इसलिए महर्षियों ने, ऋषियों ने इसका गान किया है, अर्थ नहीं किया है क्योंकि बार-बार गाने से अर्थ स्वयं स्पष्ट हो जाता है।" गायन के सहारे अर्थमीमांसा की इस अनोखी पद्धति को इन्होंने कथावाचकों के-से कौशल से सिद्ध किया है। मानस के चार कांडों (बालकांड, अयोध्याकांड, लंकाकांड, उत्तरकांड) से ज्ञान, वैराग्य और भक्ति का निचोड़ प्रस्तुत करने के औपचारिक कथन से गायन का आरम्भ किया गया है। पहली रचना राग भैरव में निबद्ध है : 'राम नाम मनि दीप धरू जीह देहरी द्वार। तुलसी भीतर बाहेरहुं जौं चाहसि उजियार' बालकांड (21) के इस नामवंदना वाले दोहे के अतिरिक्त एक दोहा एवं आठ अर्द्धाली को इस अत्यधिक लोकप्रिय राग में प्रस्तुत करने के उपरांत पंडित छन्नू लाल मिश्र राग गुजरी तोड़ी में 'जाना चहहिं गूढ़ गति जेउ। नाम जीहँ जपि जानहिं तेऊ।। साधक नाम जपहिं लय लाएँ।

होहिं सिद्ध अनिमादिक पाएँ।' (बालकांड 29/2) तथा एक अर्द्धाली 'जपहिं नामु जन आरत भारी। मिटहिं कुसंकट होंहि सुखारी।।' (बालकांड 21/3) को पेश करते हैं। अगली प्रस्तुति 'नाम प्रसाद संभु अविनासी। साजु अमंगल मंगल रासी।। सुक सनकादि सिद्ध मुनि जोगी। नाम प्रसाद ब्रह्मसुख भोगी।' (बालकांड 25/1) को तीसरे पहर के राग पीलू में बाँधा गया है। इस चौपाई को अगला अर्द्धाली 'नारद जानेउ नाम प्रतापू। जग प्रिय हरि हरि हर प्रिय आपू।। श्री मिश्र ठुमरी शैली में प्रस्तुत करते हैं तथा शेष बचा अर्द्धाली 'नामु जपत प्रभु कीन्ह प्रसादू। भगत सिरोमनि भे प्रहलादू।।' (बालकांड 25/1) एवं एक चौपाई 'ध्रुव सगलानि जपेउ हरि नाउऊ। पायउ अचल अनूपम ठाउं।। सुमिरि पवनसुत पावन नामू। अपने बस करि राखे रामू।।' (बालकांड 25/3) को शाम का राग पूरिया धनाश्री में विबंद्ध किया गया है। इसी कांड की अगली चौपाई 'अपतु अजामिलु गजु गनिकाऊ। भए मुकुत हरि नाम प्रभाऊ।। कहौं कहाँ लगि नाम बड़ाई। रामु न सकहिं नाम गुन गाई।' (बालकांड 2514) तथा एक दोहे 'ब्रह्म राम ते नामु वड़ बर दायक बर दानि। रामचरित सत कोटि महँ लिय महेस जियँ जानि॥ (बालकांड 25) को पंडित जी राग हंसध्वनि में बेहद रचनात्मक ढंग से प्रस्तुत करते हैं। सुगम एवं शास्त्रीय संगीत के योग से एक नई बात पैदा करते हुए पंडित छन्नूलाल मिश्र यह बतलाना नहीं भूलते कि यह राग गणपति वन्दना के लिए दक्षिण भारत में भी प्रयुक्त होता है इसलिए 'दक्षिण एवं उत्तर में भेद कहाँ है?' आगे दक्षिण की लयकारी की भूरि-भूरि प्रशंसा करते हुए चेन्नई में सीखे गूढ़ लयों का वे प्रदर्शन करते हैं।

अगली प्रस्तुति को 'लक्ष्मण गीता' कहा गया है जिसमें अयोध्याकांड का वह प्रसंग लिया गया है जब राम सीता को जमीन पर सोते देख निषाद को बहुत दुःख होता है और लक्ष्मण उसे ज्ञान, वैराग्य और भक्ति का उपदेश देते हैं। यह एक लम्बी अवधि की प्रस्तुति है जिसमें सात चौपाई (अयोध्याकांड 91/2,3,4; 92/1,2,3,4) दो दोहा (92, 93) एवं अर्द्धाली (91-1) का उपयोग हुआ है। इस प्रस्तुति में पंडित छन्नू लाल मिश्र मुख्यतः पारम्परिक धुनों का सहारा लेते हैं जिसमें रामनगर की नारद-बानी भी शामिल हैं लेकिन अंत की एक अर्द्धाली (सकल बिकार रहित गतभेदा। कहि नित नेति निरूपहिं वेदा।। अयोध्याकांड, 92/4) एवं एक दोहे (भगत भूमि मुसुर सुरभि सुर हित लागि कृपाल। करत चरित धरि मनुज तनु सुनत मिटहिं जग जाल।। अयोध्याकांड, 93) को वे राग मालकौंस में प्रस्तुत करते हैं। इस प्रस्तुति की एक विशेषता यह भी है कि गायक कथावाचकों की शैली में अन्य संत कवियों—सूरदास एवं कबीर के भजन (क्रमशः 'रे मन मूरख जन्म गंवाई' तथा 'भजो रे मन राम गोविन्द हरी') को भी शामिल कर लेता है।

इस सी.डी. के दूसरे खंड की शुरुआत अयोध्याकांड के राम केवट संवाद को कई पारम्परिक धुनों में प्रस्तुत करने से हुई है। 'बरबस राम सुमंत्रु पठाए। सुरसरि तीर आयु तब आए' (अयोध्याकांड, 99/1) से आरम्भ कर 'विदा कीन्ह करुनायतन भगति विमल वरू देई' तक ग्यारह चौपाई (99/2,3,4,100/1,2,3,4,101/1,2,3,4),दो दोहे (101, 102) एक छंद (99/5), एक सोरठा (100) एवं एक अर्द्धाली (99/1) के सहारे उस प्रसंग को गंगा पार कराने के बदले चरणोदक प्राप्त करने में सफल हो जाता है। इस प्रस्तुति में रामचरितमानस से इतर पर सम्बद्ध एक भजन 'मैं न लेहूँ प्रभु तेरी उतराई' को भी शामिल कर लिया गया है। अगली प्रस्तुति में लंकाकांड का वह प्रसंग उठाया गया है जिसे पंडित छन्नूलाल मिश्र 'विभीषण गीता' कहते हैं। रावण को रथी और रघुवीर को विरथ देखकर जब विभीषण अधीर हो जाते हैं तब राम विभिन्न रूपकों के सहारे अपने 'रथ' की प्रकृति का जो संकेत करते हैं वही इस प्रस्तुति का कथ्य बनता है जिसमें पाँच चौपाई (लंकाकांड, 79,/1,2,3,4,5) दो दोहा (लंकाकांड, 79/20) एवं एक अर्द्धाली (लंका कांड, 79/6) के अधिकांश भाग को राग हंसध्वनि में निबद्ध किया गया है। कथावाचन की अपनी विशिष्ट शैली में छन्नू लाल जी इस प्रस्तुति में कबीर के एक भजन 'भाई रे, सो गुरू सत्य कहावैं' को भी समादृत कर लेते हैं। अंतिम प्रस्तुति मानस के अन्तिम कांड का 'काग-भुशुंडि-गरुढ़-संवाद है : 'निज अनुभव अब कहहुँ खगेसा। बिनु हरि भजन न जाहिं कलेसा' से आरम्भ होकर 'भजहुँ राम रघुवीर, करुणाकर सुन्दर सुखद' तक छह चौपाई (उत्तरकांड, 88/3,4,89/1,2,3,4), तीन सोरठा (उत्तरकांड, 89 क, ख, 90 ख) एवं एक दोहा (90 क) को छन्नूलाल मिश्र विख्यात नारद वानी एवं पारम्परिक धुनों में प्रस्तुत करते हैं। इनके गायन के बारे में संगीत समीक्षक प्रकाश वढेरा ने आवाज की जिस सम्मोहन एवं शास्त्र-निरूपण में निष्णात होने की बात कही है[11], वह इस प्रस्तुति से प्रमाणित होती है।

पंडित छन्नूलाल मिश्र ने 'रामचरितमानस' में सुन्दरकांड का कोई अंश प्रस्तुत नहीं किया था। इसकी भरपाई वे 'सुन्दरकांड' पर एक सम्पूर्ण डिस्क (WWWR/DV/1244, सितम्बर 2005) निकालकर करते हैं। ग्यारह राग (भैरवी, ललित, जोगिया, तोड़ी मधुवंती, पुरिया, धनाश्री, भोपाली, दरबारी, हंसध्वनि, मालकौंस, यमन) एवं बारह पारम्परिक धुनों पर आधारित यह प्रस्तुति स्वर, लय एवं राग के त्रुटिहीन निरूपण के लिए याद की जाएगी। बालकांड के शिव-विवाह' से सम्बन्धित कुछ अंशों को छन्नूलाल मिश्र ने एक अन्य डिस्क 'शिव-विवाह' (WWR/DV/1245) में राग भैरवी, कल्याण एवं कुछ पारम्परिक धुनों में गायन किया है। इस प्रकार देखा जाए तो मात्रा एवं गुण दोनों ही दृष्टियों से किराना

घराना के अब्दुल गनी खाँ एवं ठाकुर जयदेव सिंह के शिष्य पंडित छन्नूलाल मिश्र का मानस गायन में उल्लेखनीय योगदान माना जाएगा।

सूर, कबीर और मीरा की 'त्रिवेणी' प्रस्तुत करने वाले ख्याल गायक कुमार गन्धर्व (1924-1992) ने 18 अप्रैल 1986 को 'तुलसीदास : एक दर्शन' (संगीतांजलि ट्रस्ट, दिल्ली) भी प्रस्तुत किया है। कुमार गन्धर्व तुलसीदास में संगीत तत्त्व की कमी पाते थे। अपने एक साक्षात्कार में उन्होंने स्वीकार किया था कि "तुलसीदास को मैंने 1946 में पढ़ा। रामायण बाद में पढ़ी, विनय-पत्रिका पहले। और यह आज भी बहुत जटिल आदमी है। इसको कम्पोज करना आसान नहीं है, क्योंकि संगीत-भाव इसमें बहुत कम है, देखा जाए तो।"[12] कुमार गन्धर्व के लिए तुलसी को कम्पोज करना इसलिए भी आसान नहीं था क्योंकि वे मानते थे कि, "अच्छे स्वर में गाना एक बात है, उसे व्यक्त करना बिल्कुल दूसरी बात है।"[13] यह कुमार गन्धर्व के तुलसी-गायन का आत्यंतिक अन्तर्विरोध ही कहा जाएगा कि वे ख्याल के सांगीतिक अनुशासन में गाते हुए भी उसमें शब्द की महत्ता को स्थापित करना चाहते हैं। राग कल्याण में 'अगनित रवि ससि सिव चतुरानन। बहुगिरि सरित सिंधुमहि कानन' (बालकांड, 201/1) के आश्चर्यलोक की सृष्टि का आधार कुमार गंधर्व जितना अपने स्वर तथा लय के विशिष्ट व्यवहार को बनाते हैं, उतना ही शब्द के अर्थगत सौन्दर्य को प्रस्फुटित भी करना चाहते हैं। इसी प्रकार राग तिलंग में गांधार और निषाद के बीच 'कम्पित थके नयन रघुपति छवि देखें। पलकन्हिहूँ परिहारीं निमेषें।' (बालकांड, 231/3) की प्रस्तुति है, जिसमें कुमार गन्धर्व 'प्रसंग' को स्वर की गतिकी के सहारे नहीं बल्कि व्यंजनों की लहरमान उपस्थिति के द्वारा व्यंजित करना चाहते हैं। यह सच है कि इससे प्रस्तुति में एक अनोखापन आ गया, लेकिन यह प्रश्न तब भी रह जाता है कि क्या यह 'विशिष्टता' सांगीतिक विद्या-विशेष की आन्तरिक संगतियों को आहत कर ही प्राप्त नहीं की गई? ख्याल संगीत की प्रकृति को न समझ पाने के कारण ही सम्भवतः कुछ 'सहृदय' इस प्रकार की भावनाएँ व्यक्त करते हैं : "परम्परा से चली आ रही किसी बेतुकी बंदिशों को छोड़ भी दें तो भी पलुस्कर और ओंकारनाथ ठाकुर के गाए तुलसी आदि के भजनों में शब्द बहुत कम स्थलों पर एक जीवित बिंब की शक्ल ले पाता है। उनके और बाद में भीमसेन जोशी जैसे उच्चकोटि के गायकों द्वारा गाए पद हद से हद उत्कृष्ट सांगीतिक प्रस्तुतीकरण हैं जिसमें गायन के लय का सौन्दर्य जरूर है पर शब्दों के पीछे वह संवेदना और प्राण नहीं है जो शब्दों को सार्थक करते हैं। संगीत में शब्द की सारी सम्भव छवियों वाली यह अर्थवत्ता कुमार गन्धर्व की ऐतिहासिक देन है। त्रिवेणी हो या अपेक्षाकृत नया

संयोजन तुलसीदास : एक दर्शन या उनका स्वरचित मालवती जैसा बहुत आतुर और सुरीला राग हो—कुमार गन्धर्व ने शब्द को उसकी सबसे सही ध्वनि देने का प्रयास किया है।"[14] यहाँ पंडित लालमणि मिश्र की चेतावनी ध्यान देने लायक है। उनका कहना था : "यदि हम ख्याल शैली में शब्दों की महत्ता बढ़ाना चाहेंगे तो निश्चय ही हम उसे अपने उच्च स्थान से नीचे की ओर ले जाएँगे। मैंने स्वयं कई बार ऐसे प्रयोग किए हैं तथा अन्य संगीतज्ञों से करवाए हैं किन्तु परिणाम संतोषजनक नहीं रहा। स्व. पं. विष्णु दिगम्बर ने शास्त्रीय संगीत में संत कवियों की वाणियों को स्वरबद्ध कर शिक्षा देने की प्रथा चलाई, वह स्वयं भी अंतिम दिनों में संत साहित्य का ही गान किया करते थे। उन्हीं की परम्परा को आगे बढ़ाते हुए उनके पट्ट शिष्य संगीत चूड़ामणि पं. विनायक नारायण पटवर्धन ने भी अपनी पुस्तकों में ऐसी अनेक बंदिशें प्रकाशित की हैं, किन्तु शास्त्रीय संगीत के क्षेत्र में इन्हें रागबद्ध भजन कहा जाता है तथा बंदिशों की वह प्रतिष्ठा नहीं हो पाई, जो प्राचीन ख्यालों की है। वस्तुतः संगीतज्ञों की यह भावना बहुत अंशों में ठीक भी है क्योंकि इन पदों के साहित्य को यदि ख्याल शैली पर तोड़-मरोड़कर गाया जाए तो इनका साहित्य सौष्ठव नष्ट हो जाएगा तथा अर्थ का अनर्थ भी होगा, यदि इनका साहित्यिक सौन्दर्य एवं अर्थ को सुरक्षित रखा जाए तो ख्याल शैली की गायकी पूरी नहीं हो सकती।"[15]

साहित्यिक सौन्दर्य एवं अर्थ को सुरक्षित रखने की दृष्टि से ध्रुवपद गायन सर्वोत्तम है लेकिन यह थोड़ा आश्चर्य का ही विषय है कि सोलहवीं शताब्दी के जिन आखिरी दशकों में मानस की रचना हुई (रचना का आरम्भ 1574 ई.) वह युग ध्रुपद का था, बावजूद इसके इस कृति का ध्रुपद गायन में उस वक्त उपयोग हुआ हो, इसका कोई साक्ष्य नहीं मिलता। एक कारण इसका यह हो सकता है कि मानसिंह तोमर (राज्य काल 1486-1516) ने जब ध्रुपद को पुनर्जीवित किया तो इसकी स्वाभाविक भाषा ब्रज मान ली गई और दूसरा कारण यह हो सकता है, ज़ैसा कि सुलोचना यजुर्वेदी ने लिखा है कि, "अकबर की नीति ने जहाँ राजपूतों को मुगलों का पक्षधर बनाया, कलावन्तों और पंडितों को दरबार में सम्माननीय स्थान दिलाया, वहाँ ब्रजभाषा कवियों को भी मुगल विरुदावली का गायक बना दिया। इस परिस्थिति का परिणाम यह हुआ कि ब्रजभाषा-काव्य के लौकिक विषय ही ध्रुवपदों के भी विषय हो गए, साथ ही धनाक्षरी और सवैया जैसे छंद ध्रुवपद गायकों और प्रवीणराय जैसी कोकिल कंठियों के कंठ से भी गुंजित होने लगे।"[16] यह भी विचारणीय है कि ध्रुपद जिस 'प्रबंध' के दाय को ग्रहण कर अग्रसर हुआ उसका मुख्य प्रतिपाद्य विष्णु की स्तुति था। भक्ति काल में कृष्ण की स्तुतिपरक

रचनाओं को ध्रुपद-गायक विष्णु पद ही कहते थे। बैजू के कुछ विष्णुपद राम की प्रशंसा में भी मिलते हैं।[17] बैजू को ब्रजभाषा-ध्रुवपद का आदि कवि ठहराते हुए आचार्य बृहस्पति ने लिखा है कि "शैवों और वैष्णवों के परस्पर सिर फोड़ने वाले दलों में बंटी हुई जनता जब विष्णु और शिव की एकता को भूलकर पारस्परिक विग्रह में निमग्न थी, तब 'रामचरितमानस' की रचना से कहीं पूर्व यह महान गायक विष्णु और शिव की एकता का प्रतिपादन करता हुआ कह रहा था :

"बंसीधर पिनाकधन, गिरिवरधर गंगाधर, चंद्रमालीलाधर हो हरिहर।
सुधाधर, विषधर, धरनीधर, शेषधर, चक्रधर, त्रिशूलधर नरहरि शिवशंकर
रमाधर, उमाधर, मुकुटधर, जटाधर, भस्मधर, कुंकुमधर, पीताम्बरधर।
नन्दीधर, गरुड़धर, कैलासधर, बैकुंठधर, कहै 'बैजू बाबरे' सुनौ हो
गुनीजन, निसदिन हरिहर ध्यान उर धर रे।।

"केवल विशेषणों के प्रयोग से बैजू ने इस रचना में विष्णु और शंकर दोनों को सफलतापूर्वक मूर्त्त रूप में चित्रित कर दिया है।"[18] यहाँ प्रश्न यह उठता है कि रामचरितमारस जैसा काव्य जो समन्वय-साधना की प्रतिज्ञा से ही रचा गया हो, क्या कारण है ध्रुवपद का उपजीव्य न बन सका? आधुनिक काल में भी गुंदेचा बंधुओं से पहले रामचरितमानस को ध्रुपद में प्रस्तुत करने का कोई साक्ष्य नहीं मिलता।

डागर बंधुओं (जिया फरीदुदीन डागर एवं जिया मोइयुद्दीन डागर) के शिष्य गुंदेचा बंधुओं (उमाकांत एवं रमाकांत) ने सन् 1991 में म्यूजिक टूडे[19] के सौजन्य से पहली बार रामचरितमानस को ध्रुपद में प्रस्तुत किया। अपनी इस प्रस्तुति में उन्होंने किष्किंधाकांड की चार चौपाइयों को मियां मल्हार में बाँधा था।"[20] 'घन घमंड नभ गरजत घोरा। प्रिया हीन डरपत मन मोरा' कहने वाले राम के व्याकुल मन को वर्षा ऋतु के गरजते बादलों की पृष्ठभूमि में गंदेचा बंधुओं ने जो मूर्त करने का प्रयास किया है, वह विलक्षण ही कहा जाएगा। मल्हार समूह के इस अत्यन्त लोकप्रिय राग का स्वरूप बिना विस्तृत आलाप के गुंदेचा बंधु चौपाइयों के शब्द संगीत के सहारे निरूपित कर देते हैं–यह इनके गायन की विशिष्टता भी कही जा सकती है और ध्रुपद की दृष्टि से इनकी कमजोरी भी क्योंकि ध्रुपद की रागदारी ख्याल, ठुमरी, टप्पा की तुलना में आलाप केन्द्रित मानी जाती है।[21]

आधुनिक भारत में लोकप्रिय संगीत की शुरुआत फिल्मी संगीत से हुई लेकिन पिछली शताब्दी के सातवें-आठवें दशक में गजल एवं भक्ति संगीत ने लोकप्रियता की नई ऊँचाई छूकर गैर फिल्मी लोकप्रिय संगीत की एक नई कोटि को जन्म

दिया। लोकप्रिय संगीत के विशेषज्ञ पीटर मेनुयेल ने कहीं लिखा है कि, "अगर रिकार्ड से कैसेट के संक्रमण को गजल की लोकप्रियता ने पुष्ट किया तो यह भक्ति संगीत के व्यावसायिक रूप की अपार लोकप्रियता थी जिसने कैसेट के बाजार को शहरी मध्यवर्ग की सीमा से निकालकर सुदूरवर्ती क्षेत्रों तक पहुँचा दिया।"[22] और आज यह एक स्थापित तथ्य है कि इस गैर-फिल्मी भक्ति संगीत की अपार लोकप्रियता के पीछे मानस चतुःशती के अवसर पर मुरली मनोहर स्वरूप के संगीत निर्देशन में प्रस्तुत मुकेश का गाया रामचरितमानस है जिसका पहले लांग प्ले रिकार्ड जारी किया गया था फिर कैसेट।[23] नरेन्द्र शर्मा द्वारा चयनित मानस के चुनिंदा अंशों की इस प्रस्तुति में मुकेश के सहयोगी गायक थे–वाणी जयराम, कृष्णा कल्ले, कमला सिस्टा, पुष्पा पागधरे, प्रदीप चटर्जी, सुधा मल्होत्रा, सुरेन्द्र कोहली, अम्बर कुमार तथा नितिन मुकेश। इस प्रस्तुति की एक विशेषता यह थी कि भारत के अन्य लोकप्रिय संगीत की तरह इसमें भारी आर्केस्ट्रा एवं पश्चिमी 'समस्वरता' (हार्मनी) का प्रयोग नहीं किया गया था बल्कि पारम्परिक वाद्य यन्त्रों के साथ मुक्त एवं आशु ढंग से गायन की प्रस्तुति की गई थी। इस संयोजना में वाद्य के ध्वनि-रूपों (टिम्बर) में निरन्तर परिवर्तन को जरूर कुछ लोग आधुनिक व्यावसायिक सौन्दर्यशास्त्र का दबाव मान सकते हैं।[24] वैसे यह इस गायन की अपूर्व लोकप्रियता का प्रमाण ही माना जाएगा कि सन् 76 से आकाशवाणी (आल इंडिया रेडियो) हर सुबह इसका प्रसारण अनिवार्य समझती है।

मुकेश की इस प्रस्तुति के बाद मानस का लोकप्रिय गायन दो रूपों में आगे बढ़ा–एक तो मुकेश के ही अन्दाज में मानस-पाठ की शैली और दूसरे मानस के चुनिंदा अंशों के गायन की भजन-शैली। पहली शैली के अन्तर्गत संगीतकार मुरली मनोहर स्वरूप के निर्देशन में मन्ना डे का गायन (EMI, ECSD, 2842-45), शेखर कल्याण के संगीत निर्देशन में नितिन मुकेश का गायन (HMV, HTHVS 40198), शेखर सेन के संगीत निर्देशन में अनुराधा पौड़वाल, बाबला मेहता का तुलसी रामायण। (T. Series, MP3 32) तथा दिनेश कुमार दूबे के संगीत निर्देशन में सुरेश वाडेकर, अनुराधा पौड़वाल के सुन्दरकांड (टाइम्स म्यूजिक) को रखा जा सकता है। इसी शैली में उस गायन को भी रखा जा सकता है जिसका प्रयोग टी.वी. धारावाहिकों में हुआ। विश्व में सर्वाधिक दर्शकों वाले धारावाहिक का विश्व-कीर्तिमान स्थापित करने वाला रामानन्द सागर के 'रामायण' (जो प्रमुखतः रामचरितमानस पर आधारित था) की पहली कड़ी का संगीत विख्यात संगीत निर्देशक जयदेव ने तैयार किया था लेकिन उनकी असामयिक मृत्यु के कारण दूसरी कड़ी से संगीत निर्देशक का कार्यभार रवीन्द्र जैन ने सँभाला। इस धारावाहिक में

मानस के दोहों चौपाइयों को ही संगीत की रीढ़ बनाया गया। रवीन्द्र जैन ने हेमलता की आवाज का इस धारावाहिक में सर्वाधिक इस्तेमाल किया लेकिन नितिन मुकेश (गरुड़ की आवाज) शब्बीर कुमार (सीता स्वयंवर के प्रसंग में), कुमार शानू (पुल-निर्माण के दृश्य में), मोहम्मद अजीज (सीता-हरण के बाद राम लक्ष्मण की चीख में) एवं कहीं-कहीं महेन्द्र कपूर के स्वर का भी यथास्थान प्रयोग किया गया। संगीत निर्देशक मुरली मनोहर स्वरूप की ही तरह रवीन्द्र जैन ने भी इस धारावाहिक में मानस पाठ की पारम्परिक गायनशैली को ही लोकप्रिय संगीत के मुहावरे में ढालने की कोशिश की और बहुत हद तक सफलता प्राप्त की।

मुकेश के पश्चात मानस के लोकप्रिय गायन की दूसरी शैली के अन्तर्गत रघुनाथ सेठ के संगीत निर्देशन में वाणी जयराम की 'सम्पाती वन्दना; अनूप जलोटा का 'जय राम', रूपकुमार राठौर एवं चन्दना दीक्षित के 'राम भजन' को रखा जा सकता है। इस शैली में भजन के पारम्परिक लय को बरकरार रखते हुए लोकप्रिय आस्वाद को ध्यान में रखकर गैर-पारम्परिक वाद्य यन्त्रों का भी प्रयोग कर लिया जाता है। हारमोनियम तो अब शास्त्रीय संगीत में भी स्वीकार्य हो चुका है लेकिन यहाँ इसके साथ-साथ सिन्थेसायजर एवं कई प्रकार के इलेक्ट्रानिक गजेट का भी धड़ल्ले से प्रयोग होते देखा जा सकता है। लोकप्रिय संगीत को उचित ही एक ऐसा स्थल माना गया है जहाँ नानाविध सामाजिक विचारधाराएँ एवं सौन्दर्यशास्त्र (जो प्रायः अन्तर्विरोधी होते हैं) परस्पर संघर्ष करते हैं, नाटकीयता अर्जित करते हैं एवं मध्यस्थ बनते हैं।[25]

मुकेश के पश्चात मानस के लोकप्रिय गायन की इन दोनों शैलियों के अतिरिक्त एक और शैली (जिसमें उपयुक्त दोनों शैलियाँ अन्तर्निहित हैं बावजूद इसके इन दोनों से अलग एवं विशिष्ट है) लोकप्रिय गायन की स्वर-साम्राज्ञी लता मंगेशकर द्वारा विकसित हुई। इस शैली की प्रतिनिधि रचनाएँ 'राम रतन धन पायो' (म्यूजिक इंडिया, ASIN : B0013982 DE) में संग्रहीत हैं। लता स्तुति एवं पाठ—दोनों को एक बिलकुल नए अंदाज में प्रस्तुत करती हैं। रामचरितमानस में शिव की प्रसिद्ध राम स्तुति 'जय राम रमा रमनं समनं' (उत्तर कांड 13/1-10) को अपने दिव्य स्वर से वे इसे एक पारलौकिक मंगलवाणी में रूपांतरित कर देती हैं बावजूद इसके कि यह एक पारम्परिक कीर्तन की प्रस्तुति है। लता ने मानस पाठ के लिए अयोध्याकांड का राम-वाल्मीकि संवाद चुना है। वाल्मीकि से राम के यह पूछने पर कि कृपया आप वह स्थल बताएँ जहाँ बनवास के दौरान कुछ समय निवास कर सकें वे (वाल्मीकि) तरह-तरह से भक्त के उस हृदय को उनके (राम के) निवास का सर्वाधिक उपयुक्त स्थल बताते हैं जिसमें स्वयं राम का निवास है।

'राम स्वरूप तुम्हारा वचन अगोचर बुद्धिपर से मन मंदिर तिन्ह के बसहु सीय सहित देउ भ्रात।।' (अयोध्याकांड 126-130) तक भक्त और आराध्य के सम्बन्ध को आदि कवि ने जिस नैतिकता के आलोक में उद्‌घाटित किया है लता की आवाज उस आलोक को एक मूर्त ज्योतिपुंज में बदल देती है। हवा और जल की तरह लौकिक होने के बावजूद लता की आवाज स्वतःपूर्ण एवं पारलौकिक जान पड़ती है मानो कोई आकाशवाणी हो रही हो। मानस पाठ की इस प्रस्तुति में लता ने पारम्परिक धुनों का ही आश्रय ग्रहण किया है बावजूद इसके, यह प्रस्तुति ऋचाओं की-सी आदिम आध्यात्मिकता रचने में सफल हुई है तो शायद यह मानव-कंठ की आश्चर्यजनक पूर्णता है जो हमारा एक साथ आनन्दपूर्ण विस्मय एवं अनिर्वचनीय ऐन्द्रियता से साक्षात्कार कराती है।

रामचरितमानस पर आधारित संगीत के तीनों रूपों–शास्त्रीय, लोक एवं लोकप्रिय का पाठ से एक जैसा सम्बन्ध नहीं है। जहाँ शास्त्रीय संगीत में रचना का काव्यत्व राग के स्थापत्य का महज एक घटक है वहीं लोक एवं लोकप्रिय संगीत में पाठ की केन्द्रीय स्थिति है। जिस प्रकार किसी नाट्‌य प्रस्तुति में नाटक की साहित्यिकता और रंगमंचीयता के बीच कई प्रकार के सम्बन्ध सम्भव होते हैं उसी प्रकार रामचरितमानस की सांगीतिक प्रस्तुतियों में कहीं रचना की व्याख्या है तो कहीं चित्रण तो कहीं महज उसका पाठ है और कहीं-कहीं सिर्फ उसका उपयोग। रचना के इस बहुविध अभिग्रहण में ही उसकी लोकप्रियता का रहस्य छिपा है।

सन्दर्भ एवं टिप्पणियाँ

1. लालमणि मिश्र, संगीत और समाज, मधुकली प्रकाशन, भोपाल, प्रथम संस्करण अगस्त 2000, पृ. 73
2. यह प्रायः माना जाता है कि उत्तर भारत में होने वाली रामलीलाएँ तुलसीदास द्वारा आरम्भ हुई हैं। कृष्ण दत्त मिश्र की लिखी 'गौतमचंद्रिका' में रामलीला का प्रवर्तन करते हुए तुलसीदास को दिखाया गया है। स्पष्ट ही मानस-गायन भी सोलहवीं शताब्दी के अंतिम दशकों में ही शुरू हुई होगी।
3. इन्दुजा अवस्थी, रामलीला : परम्परा और शैलियाँ, राधाकृष्ण प्रकाशन, नई दिल्ली, दूसरा संस्करण 2000, पृ. 159
4. पंडित लालमणि मिश्र सन् 1950-54 के बीच प्रसिद्ध नर्तक पंडित उदयशंकर की नृत्यमंडली के संगीत निर्देशक थे। उन्होंने उदयशंकर के शैडो-प्ले रामायण में मानस की चौपाइयों को उन धुनों में प्रयोग किया, जो केवल उत्तर प्रदेश से सुनी जाती हैं, तो कलकत्ता तथा मुम्बई आदि के समाचार-पत्रों ने लिखा मानस की चौपाइयों को ऐसे

आकर्षक ढंग से भी गाया जा सकता है, यह बहुत कम लोगों को मालूम था। लालमणि मिश्र, वही, पृ. 73

5. डॉ. अरुण कुमार सेन, भारतीय तालों का शास्त्रीय विवेचन, मध्य प्रदेश हिन्दी ग्रंथ अकादमी, भोपाल, प्रथम संस्करण 1973, पृ. 194
6. पंडित विष्णु दिगम्बर पलुस्कर को लाहौर में किन्हीं लाला निरंजनदास ने मानस की एक प्रति भेंट की थी। वे इस रचना से इतना प्रभावित हुए कि वे न सिर्फ इस पर प्रवचन करने लगे, बल्कि 1910 ई. के बाद कहा जाता है कि वे रियाज की चीजों के हर शब्द को 'राम' शब्द में बदल देते थे। उन्होंने जोधपुर प्रवास के दौरान एक बैंड नायक जेम्स से स्टॉफ नोटेशन की प्रारम्भिक जानकारी हासिल कर हिन्दुस्तानी शास्त्रीय संगीत के लिए अपनी स्वरलिपि विकसित की। मानस की स्वरलिपि तैयार करने वाले सम्भवतः वे पहले संगीतकार थे।

   देखें, प्रो. बी.आर. देवधर, पिलर्स ऑफ हिन्दुस्तानी म्यूजिक, संगम बुक्स लंदन, 1933, पृ. 133-145
7. ढुँढिराज गोपाल पलुसकर, (सं.), संगीत रामचरितमानस, काशी विश्वविद्यालय, वाराणसी, 1956
8. रामाश्रय झा 'रामरंग', संगीत रामायण, उत्तर प्रदेश संगीत नाटक अकादमी, लखनऊ, प्रथम संस्करण 1998
9. राज्येश्वर मित्र, मुगल भारत का संगीत चिन्तन, नेशनल पब्लिशिंग हाऊस, नई दिल्ली, संस्करण का उल्लेख नहीं, पृ. 60
10. जनसत्ता, दिल्ली, 21 अप्रैल 2008, पृ. 7
11. द हिन्दू, दिल्ली, 21 अप्रैल 2008, पृ. 7
12. अशोक वाजपेयी (सं.), कुमार गन्धर्व, राजकमल प्रकाशन, नई दिल्ली, प्रथम संस्करण, फरवरी 1982, पृ. 192
13. अशोक वाजपेयी (सं.), कला विनोद, नेशनल पब्लिशिंग हाउस, नई दिल्ली, प्रथम संस्करण, 1982, पृ. 11
14. अशोक वाजपेयी (सं.), कुमार गन्धर्व, उसी में मंगलेश डबराल, जागने का संगीत, पृ. 251
15. लालमणि मिश्र, वही, पृ. 14
16. आचार्य कैलाश चन्द्रदेव बृहस्पति, ध्रुवपद और इसका विकास, बिहार राष्ट्रभाषा परिषद्, पटना, प्रथम संस्करण 2000
17. नर्मदेश्वर चतुर्वेदी, संगीतज्ञ कवियों की हिन्दी रचनाएँ, साहित्य भवन लिमिटेड, प्रयाग, प्रथम संस्करण 1955, पृ. 63
18. आचार्य कैलाशचन्द्र देव बृहस्पति, वही, पृ. 278
19. भक्तिमाला राम, वोल्यूम 1, साइड बी, डी-92007
20. घन घमंड नभ गरजन घोरा। प्रियाहीन डरपत मन मोरा॥
दामिनि दमक रह न धन माहीं। खल कै प्रीति जथा थिर नाहीं॥
बरषहिं जलद भूमि निअराएँ। जथा नवहिं वुध विद्या पाएँ॥
बूँद अघात सहहिं गिरि कैसे। खल के बचन संत सह जैसे॥
छुद्र नहीं भरी चलीं तोराई। जस थोरेहुँ धन खल इतराई॥

भूमि परत भा ढाबर पानी। जनु जीवहि माया लपटानी॥
समिटि समिटि जल भरहिं तलावा। विभि सदगुन सज्जन पहि आवा॥
सरिता जल जलनिधि महुँ जाई। होई अचल जिमि जिब हरि पाई॥

(किष्किन्धाकांड, 13/1,2,3,4)

इन पंक्तियों के लेखक को लिखे एक इ-मेल में उमाकांत गुंदेचा ने यह स्वीकार किया था कि गायन के लिए इन चौपाइयों का चुनाव भोपाल के उनके कवि मित्र ध्रुव शुक्ल ने किया था।

21. इन्दुराम श्रीवास्तव, ध्रुवपद, मोतीलाल बनारसीदास, दिल्ली, फर्स्ट एडिसन 1980, पृ. 47
22. पीटर मैनुएल, द कैसेट इंडस्ट्री एंड पॉपुलर म्यूजिक इन नॉर्थ इंडिया, पॉपुलर म्यूजिक, वोल्यूम 10, नं. 2 (मई, 1991) पृ. 194
23. ग्रामोफोन कम्पनी ऑफ इंडिया लिमिटेड द्वारा तुलसी रामायण के नाम से आठ खंडों में जारी किया गया (EMI, ESCD 2762)। बालकांड एवं अयोध्याकांड के दो-दो कैसेट तथा अरण्यकांड एवं किष्किंधाकांड के एक-एक कैसेट 1973 में, सुन्दरकांड 1974 में, तथा लंकाकांड एवं उत्तरकांड का एक ही कैसेट 1976 ई. में जारी किया गया था।
24. पीटर मेनुअल, पॉपुलर म्यूजिक इन इंडिया, 1901-86, वोल्यूम 7, नं. 2, पृ. 175
25. आर मिडिल्टन, पॉपुलर म्यूजिक, क्लास कनफ्लिक्ट एंड द म्यूजिक हिस्टोरिकल फील्ड, कोटेड इन पीटर मेनुअल, द कैसेट इंडस्ट्री एंड पॉपुलर म्यूजिक इन नॉर्थ इंडिया, वही, पृ. 203

परिशिष्ट

रामचरितमानस के अनुवाद

1. अंग्रेजी
   (i) **Ayodhyakand of Ramcharitmanas**, Tr. Adalat khan, Fort William College, Culcutta, 1871
   (ii) **The Ramayana of Tulsidas**, Tr. Fedric Salmon Growse, E. Samule Cawnpore 1891, (Reprinted in 1978 by Motilal Banarasidas, N. Delhi)
   (iii) **The Ramayana of Tulsidas**, Tr. John Manderville Macfie, T. and T. Clark, Edinburgh, 1930
   (iv) **The Holy Lake of the Acts of Rama**, Tr. W. Duglas P. Hill, Oxford University Press, Delhi, 1952
   (v) **The Ramayana of Tulsidas**, Tr. A.G. Atkins, Birla Academy of Arts and culture, New Delhi 1966
   (vi) **Ramcharitmanas**, (complete works of Goswami Tulsidas, vol. 1 Tr. S.P. Bahadur, Prachya Prakshan, Varansi, 1979, (Reprinted in 1994 by Munshiram Manoharlal, N. Delhi)
   (vii) The **Holy Lake of the Act of Rama**, Tr. R.C. Prasad, Motilal Banarasidas, N. Delhi 1988
2. असमिया
   (i) तुलसीदास रामायण लंका कांड अट्ठारहवीं शती, अनु. श्रीकान्त सूर्यविप्र, सं. डॉ. माहेश्वर नेओग, असम साहित्य सभा, जोरहाट, 1975
   (ii) रामचरितमानस, अनुवाद, भापचन्द महन्त तथा केशदा महन्त, असम साहित्य सभा, जोरहाट, 1981
3. इतालवी
   (i) Ramayana Lanka Kand, Tr. Marco Dola Tomba, 1790
4. उड़िया
   (i) तुलसी रामायण, अनु. वैष्णव मधुसूदन, 1876, अप्रकाशित, भुवनेश्वर संग्रहालय उड़ीसा में पांडुलिपि संरक्षित।
   (ii) तुलसी रामायण, अनु. राय साहब जगदबन्धु महापात्र, रिसीवर

		स्टूडेंट्स स्टोर, बरहमपुर, गंजम, 1950
	(iii)	तुलसी रामायण या श्री रामचरितमानस, अनु. श्रीनाथ चन्द्र मिश्र, राधारमण पुस्तकालय, कटक, 1956
	(iv)	तुलसी रामायण अनु. स्वप्नेश्वर वास, राष्ट्रभाषा पुस्तक भंडार, कटक, 1960
	(v)	श्री रामचरितमानस, अनु. बलराम दास, भुवन वाणी ट्रस्ट, लखनऊ, 1978
5. उर्दू	(i)	रामायण नज्म उर्दू फरहत, हरफ ब हरफ मुताबिक तुलसीकृत, अनु. शंकर दयाल फरहत, नवल किशोर प्रेस लखनऊ, 1986
	(ii)	रामचरितमानस, अनु. जगनाथ खुश्तर, नवल किशोर प्रेस लखनऊ, 1924
	(iii)	तुलसीदास रामायण, अनु. सुखदेवलाल, तेजकुमार प्रेस, लखनऊ, 1956
	(iv)	रामायण मंजूम, अनु. हकीम वाइसराय वहमी, रफीक प्रिंटिंग प्रेस, हैदराबाद, 1960
6. कन्नड़	(i)	तुलसीदास रामायण, अनु. गलक नाथ, सद्गुरु कार्यालय, हवेरी, 1926
	(ii)	तुलसीदास रामायण, अनु. मुक्ति नरसिंह राव, यू.पी. शिनोज (?), मंगलौर, 1935
	(iii)	श्री रामचरितमानस, अनु. गुरुनाथ जोशी, मिंचीन वल्ली, घारवाड़, 1968
7. कुडुरव	(i)	रामकथा, अनु. डॉ. राजेन्द्र कुमार दुबे, वान्या प्रकाशन, भोपाल, 1979
8. कुमाऊँनी	(i)	रामचरितमानस (बालकांड एवं सुन्दरकांड), अनु. बिशनदत्त जोशी 'शैलज', कुमाऊँनी ललित कला साहित्य प्रकाशन, द्वाराहाट, अल्मोड़ा, 1987
9. खड़ी बोली	(i)	रामकथा, अनु. मुंशी अजमेरी, सुधा पत्रिका में प्रकाशित, 1934
	(ii)	रामायण, अनु. सूर्यकान्त त्रिपाठी 'निराला', बालकांड के 120 दोहे तक के अंश, श्री राष्ट्रभाषा विद्यालय, काशी, 1948
10. गुजराती	(i)	तुलसीकृत रामायण, अनु. गिरिजाशंकर मायाशंकर शास्त्री, सस्तु साहित्य वर्धक, अहमदाबाद तथा बम्बई, 1927

(ii) तुलसीकृत रामायण, अनु. कानजी मायाराम व्यास तथा पुरुषोत्तम गीगीभाई शाह, विद्याविजय प्रिंटिंग प्रेस, भावनगर, खौनाबू, 1927

(iii) तुलसीकृत रामायण, अनु. गुजराती माँ भाषान्तर, अनु. अज्ञात, केशर बाई गोकुलदास जीवराज दयाल, कालबादेवी, बम्बई, 1941

11. गोंडी (i) रामना पिटो, अनु. पीलासाय पट्टावी, वन्या प्रकाशन, भोपाल, 1979

12. चीनी (i) रामचरितमानस, अनु. जिन दिंग-हान, जन प्रकाशन गृह, बइेजिंग, 1988

13. जापानी (i) भगवान राम के चरित का सरोवर, अनु. उन इकेदा, तोकियो।

14. तमिल (i) बालकांड (मूल एवं गद्यानुवाद), अनु. के. कृष्णसाचार्य, श्री मध्व विलास बुक डिपो, कुम्भकोणम, 1929

(ii) सुन्दरकांडम, (मूल नागरी के साथ गद्यानुवाद), अनु. एस. जी. सुब्रह्मण्य अय्यर तथा राजलक्ष्मी अय्यर, मद्रास, 1963।

(iii) रामचरितमानस (5 खंड), अनु. एस. नगभारायणन्, रामकृष्णनगर, मद्रास, 1971-72

(iv) श्री रामचरितमानस, अनु. शिवराम कृष्णन, साधन निकेतन, मेलकवेरि, 1983

15. तेलगु (i) तुलसीदास रामायणमु, अनु. भागवतुल नृसिंह शर्मा, वेगुचुक्का ग्रन्थमाला, बेरहामपुर, गंजम, 1926-29

(ii) तुलसीदास रामायणमु, अनु. पसुमर्ति श्रीनिवास राव, बाविल्ल, रामस्वामी शस्त्रुलु एंड संज, मद्रास, 1927

(iii) तुलसीदास रामायणमु, अनु. तांकल साम्ब मूर्ति, विजयवाड़ा, 1945-55 (लेखक द्वय प्रकाशित)।

16. नेपाली (i) रामचरितमानस, अनु. कुलचन्द्र गौतम, ज्ञानमंडल प्रेस, वाराणसी, 1966

17. पंजाबी (i) तुलसीदास रामायण, अनु. सन्त सिन्ध, नवल किशोर प्रेस, लाहौर, 1894

(ii) तुलसीदास रामायण, अनु. गुरुमुख सिंह प्रेमी, मरकेनटाइल प्रेस, 1926

(iii) तुलसीदास रामायण, अनु. हरपाल सिंह बेदी, भाषा-विज्ञान

पटियाला, 1981

18. फारसी (i) समर-उल-हयात, अनु. भोलानाथ नादान, अलीगढ़ मुस्लिम विश्वविद्यालय के मौलाना आजाद पुस्तकालय में संरक्षित (1195-1203 हिजरी की पांडुलिपि)।

(ii) रामायण, अनु. देवीदास कायस्थ, ब्रिटिश म्यूजियम लन्दन में सुरक्षित हस्तलेख, 1804

(iii) रामायण, अनु. मुन्नालाल कायस्थ, मुंशी शिवप्रसाद, हनुमान फाटक, वाराणसी के पास संरक्षित हस्तलेख, 1884

(iv) रामायण, अनु. रामशरण सिंह, मुन्नालाल पुस्तकालय, गया में सुरक्षित हस्तलेख, 1889

(v) रामायण, अनु. हरलाल रूसवा, लखनऊ, 1885

19. फ्रांसीसी (i) सुन्दरकांड, अनु. गार्सा द तासी इस्त्वार-द-ला लितरात्यूर एंदुए, एंदुस्तानी में समावेशित, पेरिस, 1871

(ii) त्राद्युवस्त्यो फ्रांसेज द अयोध्याकांड द्यु रामायन द तुलसीदास, अनु. शार्लोत बोदविल, पेरिस, 1950

20. बंगला (i) रामायण महाकाव्य, अनु. हरिमोहन गुप्त, काव्य-प्रकाश यंत्र, कलकत्ता, 1868

(ii) रामायण, अनु. हरिनारायण मिश्र, बंगवासी इलेक्ट्रिक मेसिन यंत्र, कलकत्ता, 1904

(iii) रामचरितमानस, अनु. सतीशचन्द्र दासगुप्त, खादी प्रतिष्ठान, कलकत्ता, 1933

(iv) रामचरितमानस, अनु. शिवप्रसाद गंगोपाध्याय, बसुमती साहित्य मन्दिर, कलकत्ता, 1951

21. मगही (i) मगही रामायण, अनु. योगेश्वर प्रसाद सिंह 'योगेश', बिहार मगही मंडल, पटना, 1975-85

22. मराठी (i) श्री रामचरितमानस अथवा मराठी चौपाईवृत्त-रामायण, अनु. गणेश सदाशिव मोपटकर, मनोरंजन प्रेस, बम्बई, 1920

(ii) श्री रामचरितमानस अथवा श्री तुलसी रामायण, अनु. यादव शंकर जामदार प्रकाशक शंकर नरहरि जोशी, 1913 (द्वितीय संस्करण 1940 में चित्रशाला प्रेस, सदाशिव पेठ, पुणे से)।

(iii) रामचरितमानस, अनु. कर्वे दत्तात्रेय नारायण, श्री शारदा प्रेस, पुणे, 1949

(iv) रामचरितमानस, अनु. प्रज्ञानन्द सरस्वती, लालचन्द एच.

कटारे, चासर, पुणे 1949

(v) मराठी तुलसी रामायण, अनु. सुलोचना खांडेकर, कांटिनेंटल प्रकाशन, पुणे, 1980

23. मलयालम (i) रामचरितमानस, अनु. डॉ. एन. चन्द्रशेखर नायर, 'देवस्वम' पत्रिका में 1954-57 तक प्रकाशित।

(ii) रामचरितमानस अथवा रामायणम्, अनु. टी.के. भटटतिरी, मातृभूमि प्रिंटिंग तथा पब्लिशिंग कम्पनी, कालीकट, 1968

(iii) तुलसीदास रामायणम्, अनु. बेण्णिकुलम गोपाल कुरूप, साहित्य प्रेर्तक सहकरण सन्धम, कोट्टयम, 1968

24. माडिया (i) रामना वे सोड़, अनु. हीरालाल शुक्ल, मध्य-प्रदेश रामचरितमानस चतुश्शताब्दी समारोह, भोपाल, 1979

25. मैथिली (i) मैथिली रामचरितमानस, अनु. रामलोचन शरण, पुस्तक भंडार पटना, 1968

26. रूसी (i) तुलसीदास रामायण, अनु. अल्कसेय पित्रोविच बारान्निकोव, मास्को, लोनिनग्राद, 1948

27. संस्कृत (i) मानस, अनु. सुधाकर द्विवेदी, 1761, नागरी प्रचारिणी सभा के आर्य पुस्तकालय में सुरक्षित मानस पत्रिका में सन्दर्भित।

(ii) प्रेम-रामायण, अनु. रामू द्विवेद, 1605, पांडुलिपियों ऐशियाटिक सोसायटी (कलकत्ता) पुस्तकालय, इंडिया ऑफिस लाइब्रेरी, लन्दन, सरस्वती भंडार, रामनगर दुर्ग वाराणसी में सरंक्षित।

(iii) मानस भारती, अनु. जनार्दन गंगाधर रटाटे, भुवन वाणी ट्रस्ट लखनऊ, 1981

28. सिन्धी (i) तुलसीकृत रामायण, अनु. तुलसी र. तलरेजा, रमन नगर सोसायटी, भावनगर, सौराष्ट्र, 1969

(ii) असुलु वदो तुलसी रामायण, अनु. केशव कमलेश, हेमन-दास बुकसेलर्स, टोपी बाजार, ग्वालियर।

29. हरियाणवी (i) रामचरितमानस, अनु. रामेश्वरदयाल शास्त्री, अखिल भारतीय साहित्य परिषद, भिवानी, 1988

30. हल्वी (i) श्री रामचरितमानस, अनु. रामसिंह ठाकुर, मध्य-प्रदेश रामचरितमानस चतुश्शताब्दी समारोह समिति, भोपाल, 1991

सन्दर्भ-ग्रन्थ सूची : हिन्दी

1. अंजनीनन्दन शरण, मानस-पीयूष, खंड दो, गीता-प्रेस, गोरखपुर, सातवाँ संस्करण, 1998
2. अंजनीनन्दन शरण, मानस के प्राचीन टीकाकार, कल्याण मानस अंक, हनुमान प्रसाद पोद्दार(सं), वर्ष 13, संख्या, 1, श्रावण 1995
3. अज्ञात (सं.), कवि सेनानी पं. माधव शुक्ल, समीर प्रकाशन, कानपुर प्रथम संस्करण, 1982
4. अरुण कुमार सेन, भारतीय तालों का शास्त्रीय विवेचन, मध्य प्रदेश हिन्दी ग्रन्थ अकादमी, भोपाल, प्रथम संस्करण, 1973
5. उदयभानु सिंह, तुलसी-काव्य-मीमांसा, राधाकृष्ण प्रकाशन, दिल्ली, द्वितीय आवृत्ति, 1975
6. अशोक वाजपेयी (सं.), कला विनोद, नेशनल पब्लिशिंग हाऊस, दिल्ली, प्रथम संस्करण, 1982
7. अशोक वाजपेयी (सं.), कुमार गन्धर्व, राजकमल प्रकाशन, दिल्ली, प्रथम संस्करण, फरवरी 1982
8. इन्दुजा अवस्थी, रामलीला : परम्परा और शैलियाँ, राधाकृष्ण प्रकाशन, दिल्ली, द्वितीय संस्करण, 2002
9. काष्टजिह्वा स्वामी, राम-सुधा, सत्यनारायण शास्त्री, खण्डूड़ी (सं.), सर्वभारती काशी न्यास दुर्ग, रामनगर वाराणसी, 1998
10. किशोरी दास वाजपेयी, हिन्दी शब्दानुशासन, नागरी प्रचारिणी सभा, वाराणसी, चतुर्थ संस्करण, 1988
11. कृष्णाचार्य, हिन्दी के आदि मुद्रित ग्रन्थ, भारतीय ज्ञानपीठ प्रकाशन, दिल्ली, प्रथम संस्करण 1966
12. कैलाश चन्द्रदेव बृहस्पति, ध्रुवपद और इसका विकास, बिहार राष्ट्रभाषा परिषद्, पटना, प्रथम संस्करण 2000

13. जार्ज ग्रियर्सन, भारत का भाषा सर्वेक्षण, खंड 1, भाग 1, (अनु.) उदयनारायण तिवारी, प्रकाशन शाखा, सूचना-विभाग, उत्तर प्रदेश, प्रथम संस्करण, 1959
14. जानकी वल्लभ शास्त्री, मानस चिन्तन, हिन्दी साहित्य सम्मेलन, इलाहाबाद
15. ढुँढिराज गोपाल पलुसकर (सं.), संगीत रामचरितमानस, काशी विश्वविद्यालय, वाराणसी, 1956
16. तुलसीदास, रामचरितमानस, गीता-प्रेस गोरखपुर, उनहत्तरवाँ संस्करण, संवत् 2045
17. त्रिभुवननाथ चौबे, रामचरितमानस का टीका-साहित्य, सम्भावना प्रकाशन, सुल्तानपुर, प्रथम संस्करण, 1975
18. धीरेन्द्रनाथ सिंह, आधुनिक हिन्दी के विकास में खड्‌ग विलास प्रेस की भूमिका, बिहार राष्ट्रभाषा-परिषद, पटना, खृष्टाब्द, 1986
19. धीरेन्द्रनाथ सिंह (सं.), जानकी मंगल नाटक, नागरी प्रचारिणी सभा, काशी प्रथम संस्करण।
20. नेमिचन्द्र जैन (सं.), मुक्तिबोध-रचनावली, भाग पाँच, राजकमल प्रकाशन, दिल्ली, पेपरबैक्स संस्करण, 1985
21. नर्मदेश्वर चतुर्वेदी, संगीतज्ञ कवियों की हिन्दी रचनाएँ, साहित्य भवन लिमिटेड, प्रयाग, प्रथम संस्करण, 1955
22. नारायण प्रसाद बेताब 'बेताब चरित', राष्ट्रीय नाट्य विद्यालय, नई दिल्ली, संस्करण 2002
23. पुरुषोत्तम अग्रवाल, 'अकथ कहानी प्रेम की, कबीर की कविता और उनका समय', राजकमल प्रकाशन, दिल्ली, पहला संस्करण, 2009
24. फादर कामिल बुल्के, रामकथा, हिन्दी परिषद्, प्रयाग, पंचम संसोधित संस्करण, 1997
25. बलदेव प्रसाद मिश्र, तुलसी दर्शन, हिन्दी साहित्य सम्मेलन, इलाहाबाद।
26. बलवन्त गार्गी, रंगमंच, (अनु. अतुल भारद्वाज, कृष्ण कुमार), राजकमल प्रकाशन, दिल्ली, प्रथम हिन्दी संस्करण 1998
27. बाबूराम शुक्ल, तुलसी सूक्त सुधाकर भाष्य, श्रीराम ग्रन्थाकार, मणिपर्वत अयोध्या।
28. भगवतशरण उपाध्याय, भारतीय कला की भूमिका, पीपुल्स पब्लिशिंग हाउस, दिल्ली, द्वितीय संस्करण, 1991
29. भगवती प्रसाद सिंह रामभक्ति में रसिक सम्प्रदाय, अवध साहित्य मन्दिर, बलरामपुर, प्रथम संस्करण, 1957

30. भगवती प्रसाद सिंह, रामकाव्यधारा : अनुसन्धान एवं अनुचिन्तन, लोकभारती प्रकाशन, इलाहाबाद, प्रथम संस्करण, 1976
31. भगवती प्रसाद सिंह (सं), श्री राम विश्वकोश, सिद्धार्थ प्रकाशन, वाराणसी, प्रथम संस्करण, 1992
32. भुवनेश्वर नाथ मिश्र 'माधव', राम भक्ति में मधुर उपासना, बिहार राष्ट्रभाषा परिषद, पटना।
33. भानुशंकर मेहता, सो काशी सेइस कस न, बुक फेथ इंडिया, दिल्ली, 1999
34. महेन्द्र सिंह रन्धावा, कांगड़ा साहित्य अकादेमी, नई दिल्ली, द्वितीय आवृत्ति 1984
35. माता प्रसाद गुप्त, तुलसीदास, लोकभारती प्रकाशन, इलाहाबाद, छठा संस्करण, 2002
36. मुकुन्द लाठ, संगीत एवं चिन्तन, प्रभात प्रकाशन, नई दिल्ली, प्रथम संस्करण, 1994
37. रवीन्द्रनाथ ठाकुर, रवीन्द्रनाथ के निबन्ध, भाग 2, साहित्य अकादेमी, द्वितीय संस्करण, 1977
38. राज्येश्वर मित्र, मुगल भारत का संगीत चिन्तन, नेशनल पब्लिशिंग हाउस, दिल्ली, संस्करण का उल्लेख नहीं।
39. राधेश्याम कथावाचक, मेरा नाटक काल, राष्ट्रीय नाट्य विद्यालय, नई दिल्ली, पहला संस्करण 2004
40. रामकिंकर उपाध्याय, मानस-मुक्तावली, बिरला अकादमी ऑफ आर्ट एंड कल्चर, कलकत्ता, तृतीय संस्करण, 1988
41. रामचन्द्र शुक्ल, हिन्दी साहित्य का इतिहास, नागरी प्रचारिणी सभा, काशी, बीसवाँ पुनर्मुद्रण 1980
42. रामचन्द्र शुक्ल, गोस्वामी तुलसीदास, नागरी प्रचारिणी सभा, वाराणसी
43. रामचन्द्र तिवारी, कथा राम कै गूढ़, विश्वविद्यालय प्रकाशन, वाराणसी, प्रथम संस्करण 1999
44. राममनोहर लोहिया, मर्यादित, उन्मुक्त और असीमित व्यक्तित्व और रामायण मेला, राममनोहर लोहिया समता विद्यालय न्यास, हैदराबाद, (प्रथम मुद्रण 1962) तृतीय प्रति मुद्रण, 1973
45. रामविलास शर्मा, निराला की साहित्य साधना, भाग–एक, राजकमल प्रकाशन, दिल्ली, 1979

46. रामाश्रय झा 'रामरंग', संगीत रामायण, उत्तर प्रदेश संगीत नाटक अकादमी, लखनऊ।
47. लल्लन राय, तुलसी की साहित्य-साधना, वाणी प्रकाशन, दिल्ली, 2000
48. लालमणि मिश्र, संगीत और समाज, मधुकली प्रकाशन, भोपाल, प्रथम संस्करण, अगस्त, 2000
49. विद्यानिवास मिश्र, रामायण का काव्यमर्म, प्रभात प्रकाशन, दिल्ली, प्रथम संस्करण, 2001
50. विष्णुकान्त शास्त्री, तुलसी के हिय हेरि, लोकभारती प्रकाशन, इलाहाबाद, द्वितीय संस्करण, 2000
51. विश्वनाथ त्रिपाठी, लोकवादी तुलसीदास, राधाकृष्ण प्रकाशन, दिल्ली, प्रथम आवृति, 1999
52. विश्वनाथ प्रसाद तिवारी (सं.) तुलसीदास, लोकभारती प्रकाशन, इलाहाबाद, प्रथम संस्करण, 1999
53. विश्वनाथ प्रसाद मिश्र (सं.), रामचरितमानस, काशीराज संस्करण, सर्वभारतीय काशीराज-न्यास, रामनगर दुर्ग, 1961
54. विश्वनाथ प्रसाद मिश्र, गुसाईं तुलसीदास, वाणी वितान प्रकाशन, वाराणसी, 1965
55. शिवनन्दन सहाय, गोस्वामी तुलसीदास, बिहार राष्ट्रभाषा परिषद्, पटना, प्रथम संस्करण, 1961
56. सच्चिदानन्द वात्स्यायन (सं.), जन जनक जानकी, प्रभात प्रकाशन, दिल्ली, प्रथम संस्करण, 1984
57. सावित्री श्रीवास्तव, नाभादास कृत भक्तमाल तथा प्रियादास कृत टीका का पाठालोचन, अभिनव भारती, इलाहाबाद, प्रथम संस्करण, 1981
58. सैयद नजमुल रजा रिजवी, अट्ठारहवीं सदी के जमींदार, पीपुल्स पब्लिशिंग हाउस, नई दिल्ली 1988
59. स्वामी करपात्री, रामायण मीमांसा, राधाकृष्ण धनुका प्रकाशन संस्थान, वृन्दावन, तृतीय संस्करण, 2001
60. हजारीप्रसाद द्विवेदी, हिन्दी साहित्य : उद्भव और विकास, राजकमल प्रकाशन, नई दिल्ली, पुनर्मुद्रित, 1995

सन्दर्भ-ग्रन्थ सूची : अंग्रेजी

1. Ananda Coomaraswamy, Rajput Painting Vol. I, Motilal Banarasidas, New Delhi, 2nd Edition 1976
2. Ananda Coomaraswamy, Essays in National Idealism, Munshiram Manoharlal Publishers Ltd. First Edition, 1981
3. Anuradha Kapur, Actors, Pilgrims, Kings and Gods : The Ramlila at Ramanagar, Seagull Books, Calcutta, New Delhi, Paperback Edition 2004
4. Ashish Khokar, Sriram Bhartiya Kala Kendra, A History, Sumitra Charat Rama Reminisces, Lustre Press, Roli Books, Undated
5. A.L. Basham, The Wonder That was India, Rupa and Co. Seventh Impression, 1998
6. B.N.Goswamy, The Painter Nainsukh and his Patron Balvant Singh in Barbara Stoller Miller (ed.) Power of Art, Patronage in Indian Culture, Oxford University Press, Delhi,1992
7. Baba Ramachandra Papers, Part-I, Speeches and Writing File No. 2, Nehru Memorial Museum and Library, New Delhi
8. Banshidhar Tripathy, Sadhus of India, Popular Prakashan, Bombay, 1978
9. Barbara Stoller Miller (ed.), Power of Art, Patronage in Indian Culture, Oxford University Press, Delhi, 1992
10. B.R. Deodhar, Pillars of Hindustani Music, Sangam Books, London, 1933
11. B.S. Kesavan, History of Printing and Publishing in India, Vol. III, National Book Trust, Delhi, First Edition, 1977
12. C.A. Bayly, The Local Roots of Indian Politics, Clarendon Press, Oxford, 1975
13. C.A. Bayly, Empire and Information, Intelligence Gathering and Social Communication in India, 1780-1870, Cambridge University Press, First South Asian Edition, 1999
14. David Lorenzen (ed.) Bhakti Religion in North India, Manohar

India, First Published In India, 1995
15. D.P. Ghosh, An Illustrated Ramayana Manuscript of Tulsidas and Pats from Bengal, Journal of the Indian Society of Oriental Art, Vol.13, Calcutta, 1945
16. D.P. Sinha, Sachidanand Sahai (ed.) Ramayana Tradition and National Culture in Asia, Directorate of Cultural Affairs, Government of Uttar Pradesh, Lucknow, 1989
17. Erwin Neumayer and Christine Schelberger, Popular Indian Art : Raja Ravi Verma and the Printed Gods of India, Oxford University Press, N. Delhi, 2003
18. Francis Fukoyama, Trust : The Social Virtues and the Creation of Prosperity, Penguin Books, New York, England, 1996
19. F.S. Growse, The Ramayana of India, Motilal Banarasidas, New Delhi, Reprint 1998, (First Published, 1891)
20. George Grierson, Notes on Tulsidas, Nawal Kishore Press, Lucknow, 1920
21. Gulam Mohammad Sheikh, Coomaraswamy and Rajput Painting in Paroksa Gulam Mohammed Sheikh, K.G. Subramanyan, Kapila Vatsyayan (eds.), Lalit Kala Akademi, New Delhi 1984
22. G.S. Ghurye, Indian Sadhus, Popular Prakashan, Bombay, 1953.
23. Hiranand Shastri, Indian Pictorial Art as Developed in Book Illustration, Baroda State Press, 1936
24. Indurama Srivastava, Dhrupada, Motilal Banarasidas, Delhi, First Edition, 1980
25. Jawaharlal Nehru, An Autobiography, Jawaharlal Nehru Memorial Fund, OUP, Delhi, Fifth Impression, 1987
26. J.B. Tavernier Travels in India, Tr. by V. Ball, Oriental Books Reprint Corporation, New Delhi, First Edition, 1977
27. Joan L. Erdman (ed.) Arts Patronage in India, Manohar, Delhi 1992
28. John Guy (ed.), Palm leaf and Paper : Illustrated Manuscripts of India and Southeast Asia, National Gallery of Victoria, Melbourne, 1982
29. J.M. Macfie, The Ramayana of Tulsidas or The Bible of Northern India, T. and T. Clark, Edinburgh, 1930
30. Jyotindra Jain, Ganga Devi : Tradition and Expression in Mithila Painting, Mapin Publishing Pvt. Ltd., Ahmadabad and The Mithila Museum, Niigata, Japan, 1997
31. J.N. Carpenter. The Theology of Tulsidas, Christian Literary Society, Madras, 1918
32. Kajri Jain, New Visual Technologies in the Bazaar, Reteritorilastion

of the Sacred in the Popular Print Culture, Sarai Reader 2003
33. Kajri Jain, Gods in the Bazaar,The Economics of indian Calendar Art, Duke University press, 2007
34. Kalikankar Dutta, Survey of India's Social Life and Economic Condition in the Eighteenth Century, Munshiram Manoharlal Publisher's Pvt. Ltd. Delhi, Second Revised Edition, 1978
35. Kalyan Kumar Ganguli, Cultural History of Rajasthan, Sandeep Prakashan, Delhi 1983
36. Kapila Vatsyayan, Jaur Gita Govind, National Museum, New Delhi, 1979
37. Karl Khandelwala, Moti Chandra, New Documents of Indian Painting, The Board of Trustee of Prince of Wales Museum of Western India, Bombay, 1969
38. Karl Khandelwala, The Development of Style in Indian Painting, The Macmillan Co. of India Ltd. Delhi, 1974
39. Karine Schomer. et.al. (ed.), The Idea of Rajasthan, Manohar, First Published, 1994
40. K.M. Panmikar, Hindi Society at Cross Roads, Bombay, 1955
41. Kshitimohan Sen, Medieval Mysticism of India, Oriental Books Reprint Corporation, New Delhi, First Edition, 1974
42. MacDougal, The Way of Salvation in The Ramayana of Tulsidas, University of Chicago, Illinois, 1926
43. Madan Gopal, Tulsidas : A Literary Biography, The Book Abode, New Delhi, 1977
44. Mohan Khokar, His Dance, His Life : A Portrait of Uday Shankar, Himalaya Books, New Delhi, 1983
45. M.K. Brijlal Singh, The Kingdom That was Kotah, Lalit Kala Akademi, New Delhi
46. M.K. Gandhi, The Collected Works of Mahatma Gandhi. Vol. 28, Publication Division, New Delhi, 1925
47. M.K. Gandhi, The Selected Works of Mahatma Gandhi, Vol. V, Navajivan Trust Ahmadabad, Third Reprint Edition, 1955
48. M.N. Srinivas, Social Change in Modern India, Orient Longman, Indian Edition, 1972
49. M. Nagabhusana Sharma, Tolu Bommalata, Sangeet Natak Akademi, New Delhi, First Edition, 1985
50. M.S. Randhawa, Indian Paintings, Government. Museum and Art Gallery Chandigarh, 1986
51. M.S. Randhawa, Kangra Paintings of the Bihari Satsai, National

Museum, New Delhi 2nd Impression, 1982
52. Nagendra (ed.), Tulsidas his mind and Art, National Publishing house, New Delhi, 1997
53. Narayan H. Kulkarni (ed.) Chatrapati Shivaji : Architect of Freedom, Chatrapati Shivaji Smarak Samiti, Delhi, 1975
54. Niranjan Goswami, Catalogue of Paintings of the Asutosh Museum Ms. of the Ramcaritmanas, Asutosh Museum of Indian Art, Calcutta, 1981
55. Norvin Hein, The Miracle Plays of Mathura, Oxford University Press, Bombay, Calcutta, Madras, First Published, 1972
56. Paula Richman (ed.), Questioning Ramayanas, Oxford University Press, 2000
57. Paula Richman (ed.) Many Ramayanas, Oxford University Press First Edition, 1992
58. Percy Brown, Indian Painting Under Mughal, Cosmo Publications, New Delhi, 1981
59. Peter Van Der Veer, Gods on Earth, Oxford University Press, Delhi, 1989
60. Philip Lutgendorf, The Life of a Text, Performing the Ramcaritmanas of Tulsidas, Oxford University Press, First Indian Edition, 1994
61. Projesh Banerjee, Uday Shankar and His Art, B.R. Publishing Corporation Ltd. Delhi, First Published, 1982
62. Projesh Banerjee, Indian Ballet Dancing, Abhinav Publications, New Delhi, First Published, 1983
63. Ramdutt Bhardwaj, The Philosophy of Tulsidas, Munshiram, Manoharlal Publishers Pvt. Ltd. New Delhi, First Edition, 1979
64. Ranjit Guha and Gayatri Chakravarty Spivak (eds.) Selected Subaltern Studies, Oxford University Press, Oxford, New York, 1988
65. Richard Burghart, The Founding of The Ramanandi Sect, Ethno history 25, spring, 1978
66. Richard Schechner, Performative Circumstances from the Avant Garde to Ramlila, Seagull Books, Calcutta, 1983
67. Romila Thapar, Cultural Transaction and Early India : Tradition and Patronage, in Social Scientist, Prabhat Patnaik (ed.) Vol. 15, Number 2, Feb. 1987
68. S.A.A. Rizvi, Muslim Revivalist Movement in Northern India in the Sixteenth and Seventeenth Centuries, Munshiram, Manoharlal Publishers Pvt. Ltd., Delhi, 1st Edition, 1965
69. Satish Chandra, Standard of Living, in Tapan Roy Chaduri and Irfan

Habib (eds.) Cambridge Economic History of India, Cambridge University Press, Cambridge, First Published, 1982
70. Sunil Kothari, Kathak, Indian Classical Dance Art, Abhinav Publications, First Published, 1989
71. Suniti Kumar Chatterji, The Ramayana. Prajna, Calcutta, First Edition, 1978
72. Sushmita Pandey, Medieval Bhakti Movement, Kusumanjali Prakashan, Meerut, First Edition, 1989
73. Tarachand, Society and State in the Mughal Period, The Publication Division, Faridabad, July 1961
74. Vasudha Dalmia, H.V. Steitencron (eds.), Representing Hinduism, Sage Publication, New Delhi, Thousand Oaks, London 1995
75. V.A. Smith, Akbar the Great, S. Chand and Co. Delhi, Second Indian Reprint, 1962
76. William R. Pinch, Peasants and Monks in British India, Oxford University Press, New Delhi, First Indian Edition, 1996
77. William R. Pinch, Warrior Ascetics and Indian Empires,Cambridge University Press, New York, 2006
78. W. G. Archer, Central Indian Painting, Faber and Faber's, London, 1956

अनुक्रमणिका

●●●